KB220873

깨달음은 더디 온다

사막 교부와 교모 지음
이덕주 풀어엮음

깨달음은 더디 온다

말씀에서 말씀으로 살아 낸

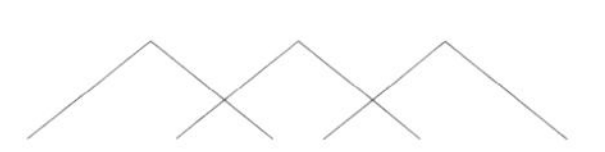

사막 교부와 교모의 인생 가르침

사자와 어린양

일러두기

- 본문에 인용한 성경 구절은 대한성서공회에서 펴낸 개역개정판을 따랐습니다. 다른 번역본을 인용한 경우 따로 표기하였습니다.
- 책 내용을 알리기 위해 SNS 등에 공유할 경우, 편저자 이름, 책 제목, 출판사 이름을 꼭 넣어 주십시오. [이덕주, 《깨달음은 더디 온다》(사자와어린양)]

나무들처럼 좁은 문으로 들어가기를 힘씁시다.
겨울 폭풍을 견뎌 내지 못한 나무는
여름에 열매를 맺을 수 없습니다.
우리도 그러합니다.

지금은 폭풍의 계절입니다.
수많은 시련과 유혹을 견뎌 낸 자만이
하늘나라에 들어갈 수 있을 것입니다.

—테오도라 암마

차례

머리말

위기의 시대에 능력을 발하는 사막 영성

모두들 위기라고 한다. '코로나 사태' 이후 더욱 그렇다. 길거리에 나가서 전도도 할 수 없고 예배도 마음대로 드릴 수 없으니, 교회도 목사도 있으나 마나 한 시대가 되었다고 한다. 문 닫는 것은 회사와 상점만이 아니다. 문 닫는 교회도 많고 목회를 포기한 목사도 많다. 교인들의 이탈도 심하고 남아 있는 교인들도 불안하기는 마찬가지다. 우리만 그런 것이 아니다. 전 세계가 함께 겪고 있는 위기다. 인류의 종교 역사를 살펴보면 한 세대가 끝나고 다음 세대가 열리는 '종말론적 위기상황'(eschatological crisis)에서는 언제나 전쟁과 기근과 온역(瘟疫)이 등장하는데, 지금이 그런 때인 것 같다. 성경은 그때를 '하나님의 날'이라 불렀다. 이러한 때 우리는 어떻게 해야 하나? 오늘 아침 읽은 아모스서 말씀이다.

주 여호와의 말씀이니라. “보라, 날이 이를지라. 내가 기근을 땅에 보내리니 양식이 없어 주림이 아니며 물이 없어 갈함이 아니요 **여호와의 말씀을 듣지 못한 기갈**이라. 사람이 이 바다에서 저 바다까지, 북쪽에서 동쪽까지 비틀거리며 여호와의 말씀을 구하려고 돌아다녀도 얻지 못하리니 그날에 아름다운 처녀와 젊은 남자가 다 갈하여 쓰러지리라.” (아모스 8:11-13)

말씀의 기갈? 언뜻 보면 우리나라는 해당되지 않는 것 같다. 자유롭게 대면 예배는 드리지 못하지만 그래도 방역 규칙을 지키면서 예배를 드리고 온라인상으로 목사들의 설교를 들을 수 있다. 또한 텔레비전이나 인터넷 동영상을 통해 얼마나 많은 설교와 성경강좌를 들을 수 있는가? 스마트폰 안에는 우리말뿐 아니라 각 나라 언어로 번역된 성경말씀이 고스란히 담겨 있어 언제 어디서든 마음만 먹으면 말씀을 듣고 볼 수 있다. 오히려 ‘말씀 풍년’이 아닐까? 그런데도 교인들은 여전히 말씀에 갈증을 느껴 여기저기 기웃거리며 말씀을 구하고 있다. 풍요 속의 빈곤이랄까? 왜 그렇게 되었을까?

아모스와 같은 시대에 활동했던 호세아에게 주셨던 말씀이다.

내 백성이 지식이 없으므로 망하는도다. 네가 지식을 버렸으니 나도 너를 버려 내 제사장이 되지 못하게

> 할 것이요 네가 네 하나님의 율법을 잊었으니 나도 네 자녀들을 잊어버리리라. 그들은 번성할수록 내게 범죄하니 내가 그들의 영화를 변하여 욕이 되게 하리라. 그들이 내 백성의 속죄제물을 먹고 그 마음을 그들의 죄악에 두는도다. 장차는 백성이나 제사장이나 동일함이라. 내가 그들의 행실대로 벌하며 그들의 행위대로 갚으리라. (호세아 4:6-9)

백성이나 제사장이나 '동일'하다고 했다. 목사나 교인이나, 교인이나 교인이 아닌 사람이나 별반 다를 것이 없다는 말씀이다.

사실 '기름 부음'을 받은 제사장은 일반인과 구별되어야 했다. 제사장은 의복부터 달랐다. 겉옷은 물론 속옷도 달랐고, 가슴 흉패와 머리에 쓰는 관에는 '카도쉬'(*qadosh*)라는 글자가 새겨졌다. '거룩하다'는 말이지만 본래는 '구별되다'라는 뜻이다. 의복만 다를 것이 아니라 생각과 말과 행동도 달라야 했다. 그런데 그들은 그렇지 못했다. 삶이 풍요롭고 여유로웠던 것이 원인이었다. '고기를 탐하는' 제사장은 온전히 불태워 버렸어야 할 속죄제물까지 빼돌려 먹었다. 그 결과 제물에 담겨 있던 죄에 오염된 제사장의 말과 행동은 죄를 제물에 전가했던 일반 백성의 그것과 다를 바 없게 되었다. 그래서 하나님은 분노하셨고 제사장 직책을 박탈했다.

한때 한국 교회 강단에서 목사들이 "너희는 택하신 족속이요 왕 같은 제사장들이요 거룩한 나라요 그의 소유가 된 백성"(베드로전서 2:9)이라는 말씀을 인용하여 "이스라엘 민족에게 맡기셨던 '제사장 나라' 직분을 우리 민족에게 맡기셨다"며 자긍심을 고취하는 설교를 많이 했다. 또 "너희는 모든 민족 중에서 내 소유가 되겠고 너희가 내게 대하여 제사장 나라가 되며 거룩한 백성이 되리라"(출애굽기 19:5-6)라는 말씀도 곧잘 인용했다. 그런데 하나님은 이 말씀을 이스라엘 민족에게 주시며 "너희가 내 말을 잘 듣고 내 언약을 지키면"(출애굽기 19:5)이라는 전제 조건을 달았다. 율법과 계명을 잘 지켜 행할 때에만 '제사장 나라'로서 권한과 책임을 맡기시겠다는 말씀이다. 그런데 그렇게 살지 못했다. 그러니 '제사장' 직분을 박탈당한 것도 당연했다. 이름만, 껍데기만 제사장 나라와 민족이 된 것이다.

그렇게 호세아와 아모스 말씀을 읽다 보니 '말씀의 기갈'과 그로 인한 교회의 위기상황이 이해되었다. 문제는 들음에 있지 않고 '행함'에 있었다. 말씀은 많은데 감동이 없고, 감동이 없으니 행함도 없다. 말씀을 전하는 설교자부터 전한 '말씀대로' 살아 보여야 할 터인데 그러지 못하니 그런 목사의 설교를 듣고 갈증을 느낀 교인들이 이리저리 방황한다.

이 점에서 목사로, 또한 목회자를 양성하는 신학교 교수로 사역하다 은퇴한 내가 제일 부끄러웠다. 학생들이나 교인들 앞에서 "말씀대로 삽시다" 하고선 정작 나 자신은 그 책무에서 예외시켰다. 강단이나 강대에서 '거룩한 척' 위선과 가식으로 꾸몄던 나였다. 은퇴하고 나니 현역 때 저지른 잘못과 오류가 더욱 뚜렷하게 드러났다.

은퇴 후 3년이 지났음에도 여전히 잘못한 것만 생각나서 회개와 반성밖에 할 것이 없었다. 은퇴 후 성경 쓰기와 말씀 묵상에 주력한 이유도 그 때문이다. 그런 내게 위로가 된 말씀이 있다.

> "오라, 우리가 여호와께로 돌아가자. 여호와께서 우리를 찢으셨으나 도로 낫게 하실 것이요 우리를 치셨으나 싸매어 주실 것임이라. 여호와께서 이틀 후에 우리를 살리시며 셋째 날에 우리를 일으키시리니 우리가 그의 앞에서 살리라. 그러므로 우리가 여호와를 알자. 힘써 여호와를 알자. 그의 나타나심은 새벽 빛같이 어김없나니 비와 같이, 땅을 적시는 늦은 비와 같이 우리에게 임하시리라" 하니라. (호세아 6:1-3)

하나님을 '바로 알기.' 이제부터라도 하나님의 '말씀대로 살기.' 그것이 답이었다. 그리고 은퇴 후 내 남은 삶의 목표가 되었다.

그러고 보니 한국교회사가 전공인 내가 지금까지 쓴 논문이나 책은 모두 한국 땅에서 하나님의 말씀을 들었을 뿐 아니라 그것을 삶으로 증명해 보인 사람과 교회 이야기였다. 특히 신학교 교수 시절, 강의 교재용으로 쓴 《한국 영성 새로 보기》(신앙과지성사)가 그러했다. 선교 초기와 일제 강점기, 가난과 고난, 시련과 박해 시대에 '기도와 말씀'이라는 한국 기독교 영성의 맥을 잡아 주었던 정경옥과 이세종, 이용도, 이명직, 신석구, 김교신, 최태용, 송창근, 주기철, 김세지, 전삼덕 등의 신앙 고백을 담은 책이었다.

"네가 학생들 앞에서 그 책을 읽어 가며 감동적으로 설명했잖느냐? 그러니 이제는 네가 그렇게 살아 보여 주어야 하지 않겠느냐? 제자들에게 부끄럽지 않도록."

두렵고 떨리는 말씀이었다. 그런데 고난과 박해 시대를 말씀으로 살았던 신앙 선조들의 삶을 요즘 같은 번영과 풍요의 시대에서 살아 내기가 쉽지 않을 것은 당연했다. 차라리 박해 시대가 믿음을 지키기엔 유리하지 않을까? 아무도 나를 핍박하지 않는 상황에서 '십자가 영성'을 경험한다는 것이 얼마나 어려운 일인가?

그런 중에 사막 교부와 교모의 말씀은 내게 용기와 도전이 되었다. 왜냐하면 그들은 '박해 이후'(post-persecution) 시대를 살면서 누구보다 치열하게 하나님을 알기 위해 애썼고 들려진 말씀대로 살아 낸 사람들이었기 때문이다.

왜 사막 교부인가?

로마제국 안에서 300년 가까이 지속되던 기독교 박해는 313년 로마 황제 콘스탄티누스의 밀라노 칙령으로 종식되었다. 기독교는 더 이상 박해를 받지 않을 뿐만 아니라 황제가 공인한 '제국의 종교'가 되었다. 로마제국 시민이면 누구나 기독교를 믿어야 하는 시대가 된 것이다.

그렇게 환경이 바뀌자 교회의 체질과 속성도 바뀌었다. 지하 토굴이나 묘지에 숨어 예배를 드리던 사람들이 지상으로 올라와 귀족들이 예배당으로 제공한 화려한 저택에서 예배를 드렸다. 시간이 흐르면서 예배 참석자들도 바뀌었다. 노예와 가난한 부녀자가 줄어든 대신 귀족과 부자가 늘어났다. 예배를 집전하는 사제의 의복도 한층 우아하고 화려하게 변했다. 기독교의 빈곤 시대가 가고 풍요의 시대가 온 것이다.

그런 중에 교회의 주도권을 잡기 위해 시리아 안디옥과 이집트 알렉산드리아, 로마제국의 새로운 수도가 된 콘스탄티노플, 그리고 옛 수도 로마가 경쟁했다. 이런 배경에서 기독론과 삼위일체론, 교회론, 성령론 등을 둘러싸고 교리 논쟁이 벌어졌고 그것은 교회 분열로 이어졌다. 기독교를 공인함으로써 제국 내 평화가 이루어질 것으로 기대했던 황제는 교회 갈등과 분쟁을 조정하느라 골머리를 앓았다. 325년 니케아 공의회로 시작해서 431년 에베소 공의회, 451년 칼케돈 공의회가 그렇게 해서 소집되었지만 문제는 해결되지 않았다. 교회는 오히려 정통과 이단으로 나뉘어 같은 '그리스도의 이름'으로 서로가 서로를 정죄하는 비극을 연출했다. 박해 시대에는 없었던 현상들이다.

이러한 때에 홀연히 도시를 떠나 사막과 광야로 들어간 기독교인들이 있었다. 물론 이들보다 앞서 사막과 광야로 들어간 기독교인들이 없지 않았다. 다만 앞선 사람들이 박해 시대에 박해를 피하여 사막으로 들어갔다면, 이들은

'자발적으로' 고난의 길을 선택했다. 사막을 선택한 이들의 목적은 오직 하나, 기독교 신앙의 궁극적 목표인 '그리스도의 완전'(*perfectio Christi*)을 경험하고 실천하는 것이었다. 이를 위해 그들은 사막과 광야 혹은 산에 움막을 짓거나 동굴 속에서 수십 년간 은둔해 살며 오로지 기도와 묵상, 노동과 청빈을 추구함으로써 말씀을 '온전하게' 사는 경지에 이르렀다. 그들에게서 말씀의 권위가 확인되었고 기도의 능력이 나타났다.

그리고 소문을 들은 도시 교회의 지도자들과 교인들이 사막으로 찾아와 말씀과 조언을 구했다. 이로써 사막에서 회생된 십자가 영성이 도시 교회로 흘러 들어갔다. 풍요와 안락의 시대에 소멸되어 가던 기독교 영성이 다시 살아나게 된 배경이다. 그렇게 '하나님의 말씀'의 부르심에 응답하여 사막으로 들어간 이들을 '사막 교부와 교모'(Desert Father and Mother)라 불렀다. 이는 도시 교회를 배경으로 활동했던 일반 '교부'(Church Father)와 구별하여 붙인 것이다.

수도자의 아버지, 성 안토니

사막 영성의 불꽃을 지켜 낸 사막 교부와 교모의 이야기를 하기에 앞서 '사막 교부의 조상', '수도자의 아버지'로 불리는 성 안토니(St. Antony)에 대해 알아보자.

안토니는 251년경 이집트 알렉산드리아에서 남쪽으로 65킬로미터 정도 떨어진 나일 강변의 부유한 농가에서 출생했다. 그는 어려서부터 학교 교육보다는 교회에 가서 성경 말씀 듣는 것을 즐겨했다. 스무 살 때 부모를 잃고 가장이 된 안토니는 아버지가 남겨 준 농장과 재산 그리고 여동생을 돌봐야 하는 처지가 되었다. 아버지 장례식을 치른 지 6개월 후 어느 주일에 교회에 들어가다가 사제가 낭독하는 성경말씀을 들었다. "예수께서 이르시되 '네가 온전하고자 할진대 가서 네 소유를 팔아 가난한 자들에게 주라. 그리하면 하늘에서 보화가 네게 있으리라. 그리고 와서 나를 따르라'"(마태복음 19:21). 그는 그것을 하나님의 계시로 받아들였다.

안토니는 집으로 돌아와 남매가 사는 데 필요한 집과 약간의 돈만 남기고 모든 재산을 팔아 가난한 사람들에게 나누어 주었다. 그리고 몇 달 뒤 교회에 들어가다가 또다시 말씀을 들었다. 주님의 산상보훈 마지막 대목이었다. "그러므로 내일 일을 위하여 염려하지 말라. 내일 일은 내일이 염려할 것이요 한 날의 괴로움은 그날로 족하니라"(마태복음 6:34). 안토니는 그것도 하나님의 계시로 받아들이고 하나님께 자신을 온전히 드리기로 작정했다. 그래서 누이동생을 과부들끼리 사는 집에 맡겨 보살펴 달라고 부탁한 후 남은 집도 팔아 가난한 자들에게 나누어 주었다. 이십대인 275년경의 일이었다.

집을 떠난 안토니는 마을 외곽에서 은둔생활을 하는 수도사들과 함께 지냈다. 그의 수도생활은 처음부터 유혹과 시련의 연속이었다. "웬 고생이냐? 집이 가까우니 돌아가자." "네 동생이 불쌍하지도 않느냐?" "이렇게 해서만 천국 가는 것은 아니지 않느냐? 남들처럼 살면서도 얼마든지 천국 갈 수 있지 않느냐?" 그러나 안토니는 함께 있던 수도사들의 도움을 받아 유혹을 이겨 냈다.

마을 근처에서 수년 동안 살던 안토니는 마을을 떠나 사람들이 살지 않는 곳에서 홀로 지내기로 결심하고 내륙 사막으로 들어가 오래된 공동묘지의 쓰지 않는 무덤에서 살았다. 거기서도 안토니는 계속 사탄과 마귀에게 유혹과 시험을 받았다. 어떤 때는 마귀가 강도로 변장하고 나타나 안토니를 죽을 지경이 되도록 때리는가 하면 종종 아름다운 여인으로 변장하고 나타나 유혹하기도 했다. 거의 먹지 못하고 탈진해서 죽어 가던 그를 지나가던 상인들이 발견해서 마을로 데려와 살려 낸 적도 여러 번이었다. 안토니는 깨어나자마자 곧바로 사막으로 다시 들어갔다.

그런 후에도 사탄과 마귀의 유혹과 시험은 지속되었다. 주님을 향한 그의 열정과 의지가 강할수록 마귀의 시험과 방해도 강했다. 안토니는 기도 외에 의지할 것이 없었다. 그러나 기도를 해도 시련은 그치지 않았다.

한번은 마귀들에게 둘러싸여 온몸이 불덩이처럼 뜨거워져 죽을 것만 같았다. 주님께 도움을 요청했지만 응답이 없었다. 마귀는 "소용없다. 주님도 너를 버렸다" 하고 속삭였다. 그런 절망적인 상황에서 안토니는 버틸 수 있는 힘조차 없음을 인정하고 모든 것을 포기했다. 그리고 죽음에 임박해서 "내 영혼을 아버지 손에 맡기나이다" 하는 순간, 그의 방 안에 밝은 빛이 비치면서 마귀들이 사라지고 몸의 고통도 없어졌다. 그리고 빛 가운데 예수 그리스도가 보였다. 안토니는 "그동안 어디 계셨습니까? 왜 고통이 시작될 때 오셔서 구해 주지 않으셨습니까?" 하고 물었다. 그러자 이런 음성이 들렸다. "안토니, 나는 처음부터 여기 있었다. 나는 다만 네가 행동하기를 기다렸다. 이제부터 너를 도우리니 네가 어디를 가든지 함께하리라." 주님이 기다리신 것은 안토니가 자기의 전 존재를 포기하고 주님께 맡기는 '믿음의 순간'이었다. 그가 집을 떠난 지 10년 만에 얻은 축복이었다.

이런 회심 체험을 한 후 안토니는 멀리 스케티스 사막으로 들어가 군인들이 쓰다가 버리고 간 요새를 거처로 삼았다. 거기서도 사탄과 마귀의 유혹이 있었지만 능히 견뎌 이길 만했다. 그곳에서 안토니는 일 년에 두 차례 지나가던 낙타 상인들이 주는 빵을 먹으며 살았다. 그렇게 스케티스 산에서 20년 동안 생활하면서 안토니는 주님과 동행하는 '영의 사람'이 되었다. 기도의 능력으로 귀신을 내쫓고 병자들을 고친다는 소문이 퍼지면서 도시의 사제와 교인들이 그를 찾아왔다.

그에게 가르침을 받으려는 수도자들도 나왔다. 자연스럽게 사막에 수도공동체가 생겼다. 그러나 안토니는 여전히 혼자 있기를 원했다. 그래서 안토니는 나일 강 건너편 동쪽으로 사흘 길을 가서 그곳 피스피르 산에 굴을 파고 들어가 살기 시작했다. 그러나 오래지 않아 그곳에도 가르침을 받으려는 제자들이 찾아왔다. 결국 안토니는 나일 강을 경계로 동쪽과 서쪽 사막을 오가며 제자와 수도사들을 돌봐

주었다.

안토니는 제자들에게도 '홀로' 살면서 수행할 것을 권했다. 라틴어로 수도사를 뜻하는 '모나쿠스'(*monachus*, monk)나 '수도원'을 뜻하는 '모나스테리움'(*monasterium*, monastery)은 모두 '혼자' 혹은 '홀로'라는 뜻을 지닌 '모노스'(*monos*)에서 유래된 것이다.

안토니가 도시를 떠나 사막을 찾은 것은 사람을 떠나 주님께 더 가까이 가고, 주님과 동행하기 위해서였다. 안토니를 찾아온 제자나 수도사들도 같은 목적이 있었기에 '함께'(*communis*) 생활하면 서로 도움이 될 수도 있었겠지만, 같이 지내다 보면 상호 갈등과 마찰이 불가피했다. 아브라함과 모세, 엘리야에게 나타나셨던 것처럼 하나님은 '일대일 독대(獨對)'를 원하셨다. 안토니는 제자들에게도 각자 생활하는 움막(cella)을 마련하여 살되 토요일과 주일에는 함께 모여 예배와 교제를 나누며 신심이 약한 형제들을 도와주도록 했다. 안토니는 그렇게 사막에서 홀로 살다가 105세를 일기로 356년에 숨을 거두었다.

그 무렵 양쪽 사막에 살던 수도사들은 1,000여 명에 달했다. 안토니의 전기를 쓴 아타나시우스는 이에 대하여 "사막이 도시로 변했다"라고 했다. 그러나 안토니로 인해 사막에 새로 건설된 도시는 그가 떠나온 풍요와 죄악의 '세속도시'(*civitatio seculari*)와는 전혀 다른, 거룩한 성도들이 모여 사는 '하나님의 도성'(*civitatio Dei*)이었다.

사막 영성의 불쏘시개

안토니가 불붙인 '사막 영성의 불꽃'은 그의 사후에도 꺼지지 않고 계속 타올랐다. 사막에서 영의 불꽃이 계속 타오를 수 있었던 것은 안토니가 지핀 모닥불에 불쏘시개가 계속 공급되었기 때문이다. 안토니처럼 말씀에 순종하여, 혹은 말씀에 이끌려 도시를 떠나 사막으로 나온 사막 교부들이 뒤를 이었다. 몇 명만 간추려 살펴보자.

우선 사막 교부 중에 '순종과 겸비의 화신'으로 불렸던 키 작은 요한(John the Dwarf)이 있다. 339년경 이집트 테사 마을에서 가난한 농부의 아들로 출생했으며, 선천적 왜소증으로 주변에서 '난쟁이'로 놀림을 받았다. 신심이 깊었던 그는 18세 때 출가하여 스케티스 사막으로 들어갔다. 거기서 안토니의 제자 암모나스(Ammonas)에게 12년 동안 가르침을 받았다. 그리고 더 깊은 사막 페트라로 들어가 홀로 은둔과 침묵의 수도생활을 했다.

요한이 스케티스에서 암모나스에게 지도를 받을 때 함께 훈련받았던 포에멘(Poemen)이 있다. 스케티스 부근에서 목동으로 살던 포에멘은 두 동생 아눕(Anoub)과 파에시우스(Paesius)와 함께 출가해 암모나스의 지도를 받았다. 그리고 408년 스케티스가 이교도들에게 함락되자 동생들과 함께 테레누티스로 옮겨 수도생활을 계속했다. 자식들이 보고 싶어 울면서 찾아온 어머니를 문 밖에 세워 두고, "어머니,

당신의 자식들을 이 세상에서 보고 싶습니까? 아니면 저세상에서 보고 싶습니까?" 하며 돌려보낸 이야기가 유명하다.

스케티스에서 키 작은 요한에게 지도를 받았던 아르세니우스(Arsenius)는 세속적인 측면에서 사막 교부 가운데 출신 배경과 지위가 제일 높았다. 로마제국 원로원 의원이었고 학식이 풍부하여 로마 황제 테오도시우스 1세 궁정에서 왕자들의 교육을 담당한 고위 관료였다. 그렇게 궁정에서 호의호식하며 살던 어느 날, "주여, 나를 구원의 길로 이끄소서"라고 기도하다가 "아르세니우스, 사람들로부터 도망쳐라. 그러면 살리라"라는 음성을 들었다. 그는 즉시 궁정을 빠져나와 배를 타고 알렉산드리아를 거쳐 스케티스 사막으로 들어갔다. 거기서 키 작은 요한에게 가르침을 받다가 더 깊은 사막 페트라로 옮겨 침묵과 은둔 수행을 통해 '그리스도의 겸비'를 이루었다.

아르세니우스 못지않게 그리스도의 겸비를 실천한 인물이 마카리우스(Macarius)다. 그는 본래 낙타 상인이었으나 출가하여 사제 서품을 받은 후 자신이 살던 마을 근처에서 은둔 수도를 시작했다. 그런데 그 마을에 살던 한 처녀가 임신한 뒤 추궁하는 부모에게 "마을 밖에 사는 은둔 수사가 상대자"라고 거짓말을 했다. 이에 여자의 부모와 마을 사람들이 그를 끌어다가 폭언과 폭행을 가하며 딸을 책임지라고 했다. 마카리우스는 아무런 변명도 하지 않고 일 년 동안 열심히 일해서 여인을 먹여 살렸다. 그런데 출산예정일이 지나도 아기는 나오지 않고 여인은 고통스러워했다. 그 원인을 알았던 여인은 그제야 부모에게 거짓말한 것과 진짜 아이 아버지가 누구인지를 밝혔다. 부모와 마을 사람들이 용서를 빌려고 마카리우스를 찾아갔으나 만나지 못했다. 마카리우스는 마을 사람들의 칭송을 두려워하여 스케티스 사막으로 들어가 더욱 철저한 금욕과 은둔 수행을 했다. 그는 주변에서 성자로 칭송받았으나 마지막 순간까지 "나는 아직도 수도사가 되지 못했다"며 높은 자리를 사양했다.

사막으로 들어간 사막 수도자들 가운데 남자만 있는 것은 아니다. 여자도 적지 않았다. 여성으로서 사막에 들어가 성인(聖人) 반열에 오른 여성을 '사막 교모'(Desert Mother)라 하는데 일반적으로 **'암마'**(*amma*)란 칭호로 불렸다. 이는 남자 교부에게 붙이는 **'압바'**(*abba*)와 대비되는 명칭이다. 암마와 압바는 '어머니'와 '아버지'를 뜻한다. 제자들이 스승을 높여 부르는 칭호였다. 사막 압바(교부)에 비하여 암마(교모)에 대한 자료와 정보는 상대적으로 빈약하다. 그런 중에도 아르세니우스와 포에멘, 마카리우스 등과 동시대에 살았던 사막 교모 몇 명의 이름이 알려져 오고 있다.

우선 도시에서 가정주부로 살다가 출가한 뒤 공동묘지에 마련한 무덤방에 들어가 종신 은둔생활을 했던 **알렉산드라**(Alexandra)가 있다. 그는 처소의 문을 걸어 잠그고 조그만 창문으로 넣어 주는 음식을 먹으며 지냈다. 알렉산드라는 10년 넘게 남자든 여자든 어떤 사람의 얼굴도 보지 않은 채 살았다.

반면에 이사도라(Isadora)는 사람들 속에서 살되 그들에게 무시를 당하기 위해 일부러 정신이 온전치 못한 여인처럼 위장하고 살았다. 이사도라는 나중에 수도원에 식모로 들어가서 살았는데 넝마를 뒤집어쓰고 가장 힘들고 어려운 일만 골라 했다. 그 무렵 피테룬(Piteroun)이라는 압바가 있었다. 그는 기도하던 중 "타베니시 수도원으로 가보라. 거기서 넝마를 쓰고 사는 여인을 볼 것이다. 그는 어떤 수모도 견뎌 내며 사랑으로 모든 사람을 섬기고 있다. 그의 마음은 늘 하나님을 향하고 있다. 그런데 너는 홀로 살면서도 생각은 늘 세상을 향하고 있구나" 하는 음성을 들었다. 그래서 피테룬 압바는 수도원을 찾아가 이사도라에게 무릎을 꿇고 복을 빌어 달라고 간구했다. 그 광경을 본 수도원 식구들이 놀라서 그동안 이사도라를 구박한 것에 용서를 빌었다. 이사도라는 그곳에서 더 이상 '내적 평화'를 이룰 수 없음을 알고 수도원을 홀연히 빠져 나갔다. 그 후 이사도라를 본 사람이 없었다.

지방정부 집정관의 아내였던 테오도라(Theodora)는 부와 안락을 포기하고 사막으로 들어가 남이 주는 음식으로 먹고사는 극빈의 삶을 살았다. 테오도라는 "나무가 겨울 폭풍을 견뎌 내야 열매를 맺듯 우리도 고난과 시련을 통해 믿음의 열매를 맺을 수 있다"고 고백했다. 말년에는 바닷가 헤시카스 수도원에 머물렀는데 많은 남성 수도자와 교회 지도자들이 찾아와 조언을 구했다고 한다.

사라(Sarah)는 수도생활을 시작한 후 처음 15년간은 욕정의 유혹 때문에 힘든 시련을 겪었지만 기도의 힘으로 마침내 승리했다. 그 역시 고난과 시련이 닥쳤을 때 "이 시련을 멈춰 주소서"라고 기도하지 않고 "주여, 내게 힘을 주소서"라고 기도했다. 사라 암마는 60년 동안 강변에서 살았는데 그동안 한 번도 눈을 돌려 강을 보지 않았다고 한다. 바깥을 보지 않고 자신만 지켜보며 수행한 암마였다.

이집트 사막 교모 가운데 가장 널리 알려진 인물이 신클레티카(Syncletica)다. 그의 생애는 안토니와 비슷하다. 신클레티카는 270년경 알렉산드리아의 부요한 기독교인 집안에서 출생했는데 오빠 둘이 있었지만 모두 일찍 죽었다. 그의 부모는 총명하고 용모가 아름다운 딸을 부자 청년과 결혼시키려 했고 그와 결혼하려는 남자들도 많았다. 하지만 어려서부터 성경말씀 듣기를 좋아했던 신클레티카는 결혼하지 않고 동정을 지키겠다고 결심했다. 그리고 집에서부터 금식과 금욕생활을 했다. 스무 살이 되었을 때 부모가 죽고 말 못 하는 여동생만 남았다. 신클레티카는 아버지의 유산을 가난한 이들에게 나눠 주고 동생과 함께 마을 밖 가족 묘지로 가서 수도생활을 시작했다. 마을 사제가 찾아와 젊고 아름다운 처녀가 수도생활을 하지 못할 것이라고 하자 신클레티카는 사제가 보는 앞에서 자기 머리털을 잘라 스스로 아름다움을 포기했다. 그리고 동생과 함께 사막으로 들어가 치열하게 수행했다. 그의 나이 육십이 되었을 때는 사막에서 유명한 교모가 되었고 그 주변에 많은 수녀가 모여들었다.

영성에서 영성으로

이처럼 사막 교부와 교모에 의해 시작된 영성 수련은 시간이 흐르면서 체계적인 수도원 운동으로 발전했다.

이집트에서 수도원을 처음 설립한 이는 파코미우스(Pachomius)다. 292년경 이집트 테베에서 출생한 그는 스무 살 때 로마 군대에 징집되어 수년간 로마 내전에 참전한 후 고향으로 돌아왔다가 부상당한 병사들을 헌신적으로 돌봐주는 기독교인들의 모습에 감동해 기독교로 개종했다. 세례를 받은 뒤 은둔 수도사 팔레몬(Palaemon)에게 훈련을 받았고 안토니와 마카리우스의 수행을 좀 더 체계적이고 조직적으로 발전시킬 필요성을 느껴 318-323년 어간에 타베니시에서 공동체(cenobitic) 수도원을 창설했다.

그 전까지는 수도사들이 개인별로 움막을 짓고 살면서 일주일에 한 번 함께 모여 예배를 드리는 형태로 생활했는데 파코미우스는 모든 수도사가 같은 공간에서 함께 생활하면서 수도하는 방식을 취했다. 그는 과거 로마 군대에 복무했던 경험을 살려 수도원장을 중심으로 철저한 규율과 질서 속에서 수도생활을 하도록 지도했다. 이것이 오늘까지 이어진 이집트 정교회(콥트교회) 수도원 전통이 되었다. 그리고 파코미우스의 수도원은 시리아와 그리스에도 전파되어 동방 교회 수도원 운동을 촉진했다.

그렇게 이집트 사막에서 피어난 '영성의 불꽃'은 로마 제국 내 다른 지역으로 확산되었다. 408년 이집트 사막 영성의 보금자리였던 스케티스가 이교도들에게 유린되자 그곳에 살던 수도자들은 시리아와 팔레스타인, 아라비아, 소아시아 지역으로 피신하여 수도생활을 계속했다. 그들을 통해 이집트 사막 영성이 지중해 연안 지역으로 확산되었다. 그리고 사막 교부들의 명성을 듣고 이집트를 찾아온 순례자들에 의해서도 사막 영성이 서방 교회에 알려졌다. 대표적인 인물이 서방 교회 첫 수도원 설립자로 알려진 카시안(Cassian)이다. 360년경 스키티아(현 불가리아와 루마니아 접경 지역)의 부요한 가정에서 출생한 카시안은 라틴어와 헬라어에 능통하고 신심이 깊었다. 그는 청년 시절 친구 게르마누스(Germanus)와 함께 성지순례 여행에 나서 시리아를 거쳐 베들레헴의 수도원에서 3년간 수도생활을 했다. 그리고 이집트로 가서 15년가량 머물면서 사막에서 생활하는 수도자들을 만나 폭넓게 교류했다.

그 무렵 이집트 사막 교부들은 반(反)오리게네스파였던 알렉산드리아 주교 테오필루스(Pope Theophilus of Alexandria)로부터 심한 핍박을 받고 있었다. 이에 카시안은 오리게네스파에 속한 수도자 300여 명과 함께 콘스탄티노플로 가서 총대주교 크리소스토무스(John Chrysostom)에게 도움을 요청했다. 그러나 그곳에서 도움을 받지 못한 카시안은 로마 교황 인노센트 1세에게 도움을 요청하기 위해 로마를 방문했다. 그런데 로마 교황은 카시안에게 "이집트식의 수도원을 세워 달라"는 요청을 했다. 이에 카시안은 415년 갈리아 남부 마르세유에 성 빅토르 수도원을 설립했다. 이것이 서방 교회 최초 수도원이 되었다. 카시안은 수도자들을 위해 이집트에서 얻은 경험을 정리하여 《수도강령》(*Institutes*)과 《대화록》(*Conferences*)을 저술했다. 수도의 기본 과정과 이집트 사막 교부의 언행을 담은 이 두 책은 중세 서방 교회의 수도원 운동을 이끈 베네딕토회(Benedictine)와 시토회(Cistercian), 트라피스트회(Trappist) 수도원 운동에 지대한 영향을 끼쳤다.

그리고 5세기에 이르러 그동안 구전으로 내려오던 사막 교부와 교모의 어록을 수록한 《사막 교부 금언집》(*Apophthegmata Patrum*)이 나왔다. 사막 교부와 교모 130여 명이 남긴 1,300여 말씀을 담은 이 책은 4세기 말부터 이집트 수도사들에 의해 코이네 헬라어로 기록되기 시작했고, 5세기 접어들어 펠라기우스(Pelagius)와 집사 요한에 의해 라틴어로 번역되었다. 이 책을 통해 이집트 사막 영성에 대한 정보와 자료가 서방 교회에 널리 알려지게 되었다.

사막 교부 금언집은 중세 서방 교회 신학을 정립한 아우구스티누스와 히에로니무스, 안셀무스 등에게도 영향을 끼쳤으며 종교개혁 후에는 유럽의 재세례파와 경건주의, 모라비안 신도운동, 웨슬리의 영적각성운동에도 영향을 주었다. 그리고 20세기에 이르러 토머스 머튼과 헨리 나우웬 같은 영성 운동가에 의해 사막 교부 말씀들이 재해석되어 현대 교회에 소개되었다.

우리나라에서는 1990년대 들어서 가톨릭의 분도출판사와 개신교의 은성출판사에서 사막 교부 금언집을 비롯하여 사막 교부에 관한 책을 집중적으로 번역, 출판하여 사막 영성에 대한 한국 교회의 관심을 불러일으켰다.

말씀에서 말씀으로

나 역시 목회 초기 때 사막 교부 금언집을 읽으면서 많은 도전과 감동을 받은 기억이 있다. 그러나 그간 내 전공이 한국교회사였기 때문에 사막 교부에 대한 본격적인 연구나 집필은 할 마음도, 기회도 없었다. 가끔 '마음 수양'을 위해 꺼내 읽는 정도였다.

그리고 2018년 정년 은퇴한 뒤 시간적 여유가 생겼다. 그래서 영국에서 구약학으로 학위를 받고 미국에서 목회를 시작한 딸아이에게 "기독교 영성에 관한 책을 읽고 싶으니 보내 달라"고 부탁했다. 딸아이는 사막 교부에 관한 책을 10여 권 보내 왔다. 그렇게 해서 30년 만에 사막 교부를 다시 읽게 되었다. 은퇴 후에 읽으니 내용이 새로웠다. 특히 2020년 이후 '코로나 사태'로 외부 집회나 강연, 강의 계획이 모두 취소되어 본의 아니게 집에서 칩거하게 된 나는 움막에서 침묵하며 살았던 사막 교부와 비슷한 환경에서 그분들의 글을 읽다 보니 더욱 은혜가 되었다. 분주하게 살면서 잃어버렸던 마음의 평화가 회복되는 느낌이었다. 참회와 반성으로 일관했던 그분들의 기도에 동감하였다. 그래서 읽는 김에 번역을 시작했다. 책 전체를 번역하기보다는 내 마음을 두드린 말씀만 골라서 번역했다. 그렇게 시작한 사막 교부 번역은 순전히 나 자신을 위한 것이었다.

그렇게 일 년 동안 틈틈이 번역한 것을 가까운 친구들에게 보여 주었다. 읽어 본 그들도 나와 같은 감동을 느끼는 것 같았다. 나를 비롯하여 영성에 '목마른' 교인이 적지 않음을 알았다. 그렇게 내가 번역한 원고를 읽어 본 사람 가운데 이현주 선생이 있었다. 그는 내가 신학교로 들어가기 전에 근무했던 기독교문사 편집부에서 함께 일했던 이다. 이후 홍성사 편집부로 자리를 옮긴 뒤 내 책《한국 교회 처음 이야기》,《한국 교회 처음 여성들》,《기독교 사회주의 산책》 등을 출간하는 데 마음을 같이했다. 그런 인연으로 이 선생과 종종 만나 책과 교회에 대한 이야기를 나누었는데, "목사님, 이번에 제가 개인 출판사를 등록했는데 사막 교부 책을 제가 내고 싶어요" 했다. 나로서는 이미 사막 교부에 관한 한글 책이 스무 권 가까이 나와 있는 상황에서 완전한 번역물도 아니고 새로운 창작물도 아닌 원고를 책으로 내기가 쑥스러웠다. 하지만 이 선생은 예의 저돌적인 자세로 "코로나 사태로 침울해진 한국 교회에 뭔가 새로운 영성의 활력을 불어넣어야 하지 않겠어요?" 하며 원고 정리를 독촉했다.

그리고《한국 교회 처음 이야기》와《한국 교회 처음 여성들》을 책임편집했던 한수경 편집자가 뜻을 같이하여 서로 의견을 나누며 출간하게 되었다.

이 책은 사막 교부와 교모에 대한 말씀을 완역한 것도 아니고 그들에 대한 연구서도 아니다. 계몽 수준의 '사막 교부·교모 읽기' 정도로 생각하면 될 것이다. 이런 관점에서 사막 교부와 교모들의 수행 과정에 초점을 맞추어 스무 개 주제로 그들의 말씀을 분류 정리했다. (스무 개 주제는 차례를 참고하면 좋겠다.)

정리를 하고 보니 어린 시절 고향 친구들과 즐겨 했던 '스무고개' 놀이가 생각났다. 둘이 짝을 지어 한 사람이 마음속으로 어떤 사물이나 인물을 생각하고 있으면 상대방이 그에게 "동물입니까" "먹을 수 있는 것입니까?" "우리나라에 있는 것입니까?" "지금 우리 눈에 보이는 것입니까?"라는 식으로 질문한다. 그러면 "예"와 "아니요"로만 대답해야 한다. 그렇게 스무 번 질문을 던져 상대방 마음속 생각을 알아내는 게임이다. 그 과정이 마치 도시를 떠나 사막으로 들어간 수도자들이 기도와 묵상, 침묵과 노동, 절제와 겸비를 수행하면서 수행 초기에는 어렴풋했던 하나님의 형상이 회복되고 어느 순간 그리스도의 완전을 체득하는 경지에 이르는 감격을 누리는 것과 비슷했다.

그렇게 출가로부터 임종에 이르는 모든 수행 과정에서 수도자들을 움직인 것은 오직 성경과 계시를 통해 들려오는 '주님의 말씀'이었다. 그들은 말씀에 순종하여 집을 떠났고 역경과 시련 속에서도 말씀을 통해 용기와 지혜를 얻었다. 그런 맥락에서 스무 개 고비마다 그들을 움직였을 성경말씀을 골라 보았다. 그리고 말씀대로 산 결과 터득한 바를 증언과 고백으로 남긴 말씀들을 정리했다. 그러고 보니 사막 교부와 교모는 한마디로 '말씀에서 말씀으로'(word to word) 산 사람들이었다.

1

—

떠나라!

출가와 떠남, 포기에 대한 가르침

여호와께서 아브람에게 이르시되 "너는 너의 고향과 친척과 아버지의 집을 떠나 내가 네게 보여 줄 땅으로 가라. 내가 너로 큰 민족을 이루고 네게 복을 주어 네 이름을 창대하게 하리니 너는 복이 될지라. 너를 축복하는 자에게는 내가 복을 내리고 너를 저주하는 자에게는 내가 저주하리니 땅의 모든 족속이 너로 말미암아 복을 얻을 것이라" 하신지라. 이에 아브람이 여호와의 말씀을 따라갔고 롯도 그와 함께 갔으며 아브람이 하란을 떠날 때에 칠십오 세였더라.

(창세기 12:1-4)

어떤 관리가 물어 이르되 "선한 선생님이여, 내가 무엇을 하여야 영생을 얻으리이까?" 예수께서 이르시되 "네가 어찌하여 나를 선하다 일컫느냐? 하나님 한 분 외에는 선한 이가 없느니라. 네가 계명을 아나니 간음하지 말라, 살인하지 말라, 도둑질하지 말라, 거짓 증언 하지 말라, 네 부모를 공경하라 하였느니라." 여짜오되 "이것은 내가 어려서부터 다 지키었나이다." 예수께서 이 말을 들으시고 이르시되 "네게 아직도 한 가지 부족한 것이 있으니 네게 있는 것을 다 팔아 가난한 자들에게 나눠 주라. 그리하면 하늘에서 네게 보화가 있으리라. 그리고 와서 나를 따르라" 하시니 그 사람이 큰 부자이므로 이 말씀을 듣고 심히 근심하더라. 예수께서 그를 보시고 이르시되 "재물이 있는 자는 하나님의 나라에 들어가기가 얼마나 어려운지 낙타가 바늘귀로 들어가는 것이 부자가 하나님의 나라에 들어가는 것보다 쉬우니라" 하시니 듣는 자들이 이르되 "그런즉 누가 구원을 얻을 수 있나이까?" 이르시되 "무릇 사람이 할 수 없는 것을 하나님은 하실 수 있느니라." 베드로가 여짜오되 "보옵소서. 우리가 우리의 것을 다 버리고 주를 따랐나이다." 이르시되 "내가 진실로 너희에게 이르노니 하나님의 나라를 위하여 집이나 아내나 형제나 부모나 자녀를 버린 자는 현세에 여러 배를 받고 내세에 영생을 받지 못할 자가 없느니라" 하시니라. (누가복음 18:18-30)

예수께서 무리에게 말씀하실 때에 그의 어머니와

동생들이 예수께 말하려고 밖에 섰더니 한 사람이 예수께
여짜오되 "보소서. 당신의 어머니와 동생들이 당신께
말하려고 밖에 서 있나이다" 하니 말하던 사람에게
대답하여 이르시되 "누가 내 어머니이며 내 동생들이냐?"
하시고 손을 내밀어 제자들을 가리켜 이르시되 "나의
어머니와 나의 동생들을 보라. 누구든지 하늘에 계신
내 아버지의 뜻대로 하는 자가 내 형제요 자매요
어머니이니라" 하시더라. (마태복음 12:46-50)

그러나 내게는 우리 주 예수 그리스도의 십자가 외에
결코 자랑할 것이 없으니 그리스도로 말미암아 세상이
나를 대하여 십자가에 못 박히고 내가 또한 세상을
대하여 그러하니라. (갈라디아서 6:14)

성경과 기독교 역사는 '떠난' 사람들의 이야기로 꾸며져 있다. 믿음의 조상 아브라함으로부터 시작해서 이삭과 야곱, 요셉, 모세, 다윗, 엘리야, 이사야, 느헤미야 등 구약의 인물은 물론이고 신약의 세례 요한, 그리스도의 제자 베드로와 야고보, 요한, 바울 등 성경의 주인공들은 하나같이 "떠나라!"는 '하늘의 음성'을 듣고 고향과 부모의 집을 떠나 낯선 곳에서 '하늘의 뜻'을 구하고 이를 이루며 산 사람들이다.

도시를 떠나 사막으로 들어간 교부와 교모도 마찬가지였다. 그들은 도시를 떠나 사막과 광야로, 편안한 집을 떠나 동굴

과 움막으로 삶의 자리를 바꾸었다.

그들은 떠났을 뿐만 아니라 버렸다. 함께 살던 가족과 친척, 그동안 누렸던 지위와 명예, 가지고 있던 재산과 재물을 버리고 홀연히 떠났다. 왜 그랬을까?

교회에서 설교를 듣다가, 성경말씀을 읽다가, 혹은 기도하고 묵상하던 중에 홀연히 "버리고 떠나라!"는 하늘의 음성을 들었다. 그리고 성경의 사람들이 그러했듯이 말씀의 명령에 따라 실행했을 뿐이다. 그들은 그렇게 떠난 다음에도 버리고 떠나온 것과의 인연을 끊기 위해 무던히도 애를 썼다.

~

한 형제가 세속과 결별을 선언하고 자기 소유를 팔아 가난한 이들에게 나눠 주었다. 자신이 쓸 것으로 조금 남겨 둔 채 안토니 압바를 찾아갔다. 그 사실을 전해 들은 안토니는 "그대가 진정 수도자가 되기를 원합니까? 그러면 마을로 내려가서 고기 몇 점을 사서 벗은 몸에 붙인 후 다시 이리로 오시오" 했다. 그는 성자가 시킨 대로 했다. 그러자 개와 새들이 그의 몸에 달려들었다.

돌아온 그를 보고 안토니가 물었다. "시키는 대로 했더니 어떠했습니까?" 그는 대답 대신 상처 난 자기 몸을 보여주었다. 그러자 안토니가 말했다. "세상과 결별했다고 하면서도 자신을 위해 뭔가를 남겨 둔 사람은 마치 이와 같아서 마귀들이 싸우듯이 달려들기 마련입니다."

~

어느 날 안토니 압바가 콘스탄티누스 황제로부터 수도 콘스탄티노플을 방문해 달라는 편지를 받았다. 그는 어떻게 해야 할지 몰라 제자 바울 압바에게 "가야 할까?" 하고 물었다. 제자는 이렇게 대답했다. "가신다면 그저 안토니라 불릴 것이지만, 가시지 않고 여기 머무신다면 안토니 '압바'로 불릴 것입니다."

~

메게티우스 압바는 갖고 있던 모든 것을 그대로 두고 움막을 떠났으며 다시는 그곳으로 돌아오지 않았다고 한다. 그가 평생에 소유한 것은 칼 한 자루뿐으로, 그는 그 칼로 갈댓잎을 잘라 바구니를 만들어 식량을 구했다.

~

스케티스 교회 근처에 로마 출신 수도사 한 명이 살고 있었다(아르세니우스 압바로 보인다). 그에게는 시종이 한 명 있었다. 교회 사제는 로마인 수도사의 건강이 좋지 않음을 알고 교회에 들어온 물품 중에서 필요한 것들을 시종을 통해 보내 주었다. 로마인 수도사는 스케티스에 와서 25년간 살면서 '통찰력'을 은사로 받아 유명해졌다.

한 이집트인이 그 소문을 듣고 수도사를 만나러 왔다. 그는 로마인 수도사가 육적으로 금욕생활을 하고 있을 것으로 생각했다. 두 사람은 함께 숙소로 들어가 기도를 한 후

앉았다.

이집트인이 둘러보니 로마인 수도사는 좋은 옷을 입고 있었고 침대보에 작은 베개까지 갖춘 침대도 있었다. 발도 깨끗했고 샌들도 신고 있었다. 스케티스에는 극도의 금욕 생활을 하는 수도사가 많아 이런 식으로 사는 수도사를 본 적이 없던 이집트인은 매우 놀랐다. 성자는 그가 가진 통찰력으로 이집트인이 충격을 받았음을 알아챘다.

그는 곁에 있던 시종에게 "나를 찾아오신 분을 위해 오늘 만찬을 즐깁시다" 했다. 그러자 시종은 채소 몇 가지로 요리를 했다. 그들은 함께 식사를 했고, 성자는 건강을 위해 포도주를 조금 마셨다. 저녁이 되어 그들은 시편 열두 편을 낭송한 뒤 잠자리에 들었다. 날이 새자 이집트인은 성자에게 "저를 위해 기도해 주세요" 하고는 떠났다.

이집트인이 아무런 감동도 얻지 못하고 떠났음을 안 성자는 미안한 마음이 들어 사람을 보내 그를 데려오게 했다. 성자는 다시 온 그를 기쁘게 맞이하고 물었다.

"어느 나라 분입니까?" "이집트 사람입니다."

"어느 도시인가요?" "도시 사람은 아닙니다."

"그러면 어떤 일을 하시나요?" "양을 칩니다."

"어디서 주무시나요?" "들판에서 잡니다."

"그러면 누워 주무실 만한 것이 있나요?" "들판에서 자는데 침대를 가져갈 수는 없지요."

"그렇다면 어떻게 주무십니까?" "맨땅에서 잡니다."

"들판에서는 어떤 음식, 어떤 술을 드시나요?" "들판에 어찌 음식과 술이 있겠습니까?"

"그러면 무엇을 먹고 지내시나요?" "마른 빵을 먹지요. 간혹 약초가 있으면 그것도 먹고 물도 마시지요."

"엄청난 고행이군요! 그곳에 목욕탕도 있나요?" "없습니다. 시냇물이 있어서 거기서 몸을 씻습니다."

질문을 통해 이집트인이 세상에서 힘든 생활을 하고 있음을 파악한 성자는 과거 자신이 세상에서 어떻게 살았는지를 알려 주는 것이 이집트인을 돕는 일이라 생각했다. "지금 그대가 보고 있는 이 불쌍한 놈은 전에 로마 황제의 궁전에서 고위 관리로 지냈습니다." 성자가 자기 이야기를 시작도 안 했는데 이집트인은 놀라워하며 부끄러운 마음으로 그의 이야기를 경청했다. 성자의 이야기는 계속되었다.

"그 후 저는 로마를 떠나 이곳 사막으로 왔습니다. 그대가 보다시피 저는 저택과 많은 보화를 버리고 이 작은 움막으로 왔습니다. 비싼 이불에 황금 침대를 버리고 이곳에 왔는데 하나님은 이 작은 침대와 가죽 덮개를 주셨습니다. 그곳에서 입었던 의복은 최고급 천으로 만든 비싼 옷이었는데 지금 이곳에서는 흔한 천으로 만든 옷을 입고 있습니다. 그곳에서는 식탁에 앉아 황금 그릇에 담긴 귀한 음식만 먹었는데 이곳에서는 하나님께서 채소 조금과 포도주 한 잔 정도를 주셨습니다. 그곳에서는 수많은 노예가 나를 섬겼는데 이곳에서는 저 불쌍한 노인네가 나를 돌보게 하셨습니다. 그곳에는 목욕탕이 있었지만 여기서는 물을 조금 가져다가 내 발을 씻을 뿐입니다. 나는 발이 약해서 꼭 샌들을 신어야 합니다. 그곳에서 즐기던 음악과 향연 대신 여기서는 매일 밤 시편 열두 편을 낭송합니다. 그곳에서는 습관적으로 죄를 지었는데 여기서는 규칙적으로 기도생활을 합니다. 그러니 나의 약함을 보고 놀라지 마시기 바랍니다."

성자의 말을 듣고 정신을 차린 이집트인은 이렇게 외쳤다. "오, 두렵도다. 세상에서 힘들게 살았는데 이제 평안을 얻었도다. 전에는 갖지 못했던 것을 이제 얻었도다. 압바님은 그토록 편안했던 것들을 버리고 이처럼 겸손과 가난을 얻으셨군요."

이집트인은 큰 깨달음을 얻고 돌아갔고, 성자의 친구가 되어 종종 방문해 도움을 주었다. 그도 역시 분별력을 얻고 성령의 향기가 충만한 사람이 되었다.

~

마카리우스 압바가 외출한 사이 그의 처소에 도둑이 들었다. 성자가 돌아와 보니 도둑이 낙타에 물건을 싣고 있었다. 성자는 손님인 척하며 처소 안으로 들어가 도둑이 낙타에 물건 싣는 것을 도와주었다. 물건을 다 실은 도둑은 낙타를 일으켜 세우려고 막대기로 때렸다. 그런데 아무리 때려도 낙타가 일어나지 않았다.

그것을 본 성자는 처소로 들어가 남아 있던 작은 괭이를 들고 나와 낙타 등에 얹어 놓으며 도둑에게 말했다. "형제님, 낙타가 이것까지 원했나 봅니다." 그러고는 낙타를 발로 차면서 "일어나" 하고 명했다. 그러자 낙타는 그 명령을 받고 벌떡 일어나 앞으로 나아갔다. 그러나 얼마 가지 않아 낙타는 다시 무릎을 꿇고 앉아 버렸다. 결국 등에 실린 모든 물건을 내려놓고서야 낙타는 길을 떠났다.

~

테오도레 압바가 좋은 책 세 권을 얻고는 마카리우스 압바를 찾아가 말했다. "책 세 권을 받았는데 거기서 많은 유익을 얻었습니다. 형제들도 그 책을 읽고 큰 유익을 얻었습니다. 그 책을 계속 갖고 있어 저와 형제들이 유익을 얻는 것이 좋을까요, 팔아서 가난한 사람들에게 나눠 주는 것이 좋을까요? 어떻게 하는 것이 옳을지 가르쳐 주십시오." 그러자 성자가 답했다. "그대는 옳게 행동하였소. 하지만 아무것도 소유하지 않는 편이 제일 좋은 것이오." 그 말을 듣고 테오도레는 가지고 있던 책을 팔아 그 돈을 가난한 사람들에게 나눠 주었다.

~

카시안 압바의 말이다. "사막 동굴에 사는 수도자가 있었습니다. 어느 날 그의 친척이 찾아와 '당신 부친이 병이 들어 죽을 것 같으니 내려와 유산을 상속하시오' 했습니다. 그러자 수도자는 '그분이 돌아가시기 전에 내가 세상에 대하여 죽었으니 죽은 자가 산 자의 유산을 받을 수는 없습니다' 했습니다."

~

어떤 수도사가 마을 밖에 거하면서 수년 동안 마을에 들어가지 않았다. 그가 형제들에게 말했다. "보시오. 내가 얼마나 오랫동안 마을에 돌아가지 않았는지. 그런데 당신들은 수시로 마을에 들어가고 있구려." 수도사들이 그 이야기를 포에멘 압바에게 전하자 포에멘이 말했다. "나는 밤만 되면 마을로 들어가서 내가 살던 곳을 둘러보고 옵니다. 그렇게 하는 이유는 '내가 떠나온 곳을 다시는 가보지 않았다'는 헛된 명예심에 사로잡히지 않기 위함입니다."

~

펠루시아 이시도레 압바의 말이다. "소유욕은 위험하고 끔찍합니다. 만족을 모르기 때문입니다. 우리 영혼이 소유욕에 사로잡히면 악의 정점에 이를 때까지 휘몰아칩니다. 그러므로 우리는 처음부터 그것을 멀리해야 합니다. 한번 그것에 휘말리면 헤어 나오기 어렵기 때문입니다."

~

갈라디아 사람 바울 압바의 말이다. "수도자가 움막생활에 필요해서 소유하고 있는 사소한 물건일지라도 그것에 집착해 분주하면 그것은 마귀의 장난에 빠진 것입니다. 나 자신이 그런 경험을 했습니다." 그는 늘 이런 말을 했다. "언제나 예수님을 가까이."

~

카리온 압바는 부인과 두 아이를 남겨 두고 세속을 떠나 스케티스에서 살았다. 얼마 후 이집트 전역에 기근이 들었을 때 부인은 전 재산을 잃고 아들 자카리아스와 딸아이를 데리고 카리온 압바를 찾아왔다. 그들은 성자가 사는 곳에서 얼마 떨어진 습지대에 머물렀다. 수도자들은 스케티스 외곽의 습지에 우물을 파고 성전을 짓고 살았는데 여인이 와서 전에 알고 지내던 수도사나 남자를 만날 때면 멀리 떨어져서 대화하는 것이 스케티스의 관습이었다. 그래서 그 여인도 멀리 떨어져 앉아 성자에게 말했다. "당신이 수도사로 떠난 후 고향에 기근이 들었습니다. 당신의 아이들을 키울 수가 없어요." 그러자 성자는 "내게로 보내시오" 했고, 여인은 아이들에게 "너희 아버지에게 가라" 했다.

두 아이가 성자에게 다가가던 중 어린 딸아이는 돌아서서 어머니에게 달려갔고 아들은 아버지 곁에 남았다. 성자는 부인에게 "잘되었소. 그대는 딸을 데리고 떠나시오. 이 아이는 내가 돌보겠소" 하였다. 그렇게 해서 성자는 그 아이를 스케티스에서 키웠다. 그가 카리온 압바의 아들인 것을 모든 이가 알았다.

소년이 자라 청년이 되자 카리온 압바가 아들을 더 챙긴다고 여기저기서 수군거렸다. 소문을 들은 성자는 아들을 불러 "자카리아스야, 우리 이곳을 떠나 다른 곳으로 가자. 수도자들이 수군거리는구나" 하였다. 그러자 청년은 "압바님, 여기서는 모두 내가 압바님 아들인 것을 압니다.

그런데 다른 곳으로 가면 더 이상 제가 압바님 아들이라고 말하지 못할 텐데요" 하였다. 그러나 성자는 "일어나라. 여기를 떠나자" 하였다.

그렇게 해서 그들은 테바이드로 갔고, 그곳에 처소를 마련하고 몇 년 동안 지냈다. 그러나 그곳에서도 아들에 대해 수군거리는 소리가 들렸다. 성자는 다시 "자카리아스야, 일어나라. 스케티스로 돌아가야겠다" 하였다.

며칠 후 그들은 스케티스에 도착했고, 또다시 수군거리는 소리가 들렸다. 이에 아들 자카리아스는 옷을 벗고 질산염으로 가득 찬 습지에 뛰어들어 코만 내놓은 채 견딜 수 없을 때까지 참았다. 몇 시간 후 그가 연못 밖으로 나왔을 때는 온몸이 나병환자처럼 바뀌어 있었다. 그가 옷을 다시 입고 성자에게 돌아왔을 때 아버지도 아들을 알아보지 못할 정도였다.

그 후 자카리아스가 성찬에 참석하러 나갔다. 성찬을 집례하던 스케티스 사제 이시도레 압바는 모습이 변한 자카리아스를 보고 놀랐다. 사제는 이렇게 말했다. "지난주일 자카리아스는 사람 모습으로 여기 나왔는데 지금은 천사가 되어 나타났습니다."

카리온 압바는 이런 말을 했다. "나는 내 아들 자카리아스보다 더 많은 노력을 했음에도 겸비와 침묵에서는 그의 분량을 따르지 못하고 있습니다." 또 이런 말도 했다. "자식을 데리고 사는 수도자는 심지가 여간 굳지 않으면 퇴보하게 됩니다. 심지가 굳어 퇴보하지 않더라도 진보하기는 어렵습니다."

아피 압바로 불리는 옥시린쿠스 주교는 수도사였을 때 대단히 엄격한 수도생활을 했다고 한다. 그는 주교로 선출된 후 도시에 살면서도 그때처럼 엄격한 생활을 하고 싶었으나 그렇게 할 수가 없었다. 그래서 하나님 앞에 엎드려 기도했다. "제가 주교직을 맡은 것 때문에 당신의 은총이 떠난 것입니까?" 그러자 이런 음성이 들렸다. "아니다. 네가 홀로 있을 때는 하나님이 네 도움이 되었지만 지금 네가 세상에 있을 땐 사람들이 네 도움이 될 것이다."

포에멘 압바와 그 형제들이 이집트에 있을 때 어머니는 아들들이 보고 싶었으나 볼 수가 없었다. 그래서 그들이 교회 가는 시간을 알아본 뒤 그 시간에 맞춰 길목에서 기다렸다. 그런데 교회로 가던 중에 어머니를 본 그들은 다른 길로 돌아서 교회에 도착한 후 어머니 면전에서 문을 닫아걸었다. 그러자 어머니가 울면서 문을 두드리며 하소연했다. "내 사랑하는 아이들아, 꼭 보고 싶구나."

이를 들은 동생 아눕 압바가 포에멘 압바에게 가서 "나이 많은 여인이 문밖에서 저렇게 울고 있는데 우리가 어찌하면 좋겠습니까?" 하였다. 문 안에 서 있던 포에멘도 문밖에서 애타게 울고 있는 어머니의 소리를 들었다. 그는 밖을 향해 "여인이여, 왜 그렇게 울고 있습니까?" 하였다.

어머니는 아들 목소리를 알아듣고 더욱 비통하여 울부짖었다. "내 아들아, 너희를 보고 싶구나. 너희를 볼 수 없는 거니? 나는 네 어미가 아니더냐? 너희를 젖 먹여 키우지 않았더냐? 네 목소리를 들으니 더욱 애가 타는구나."

성자가 말했다. "지금 여기서 우리를 보시겠습니까? 아니면 장차 올 날에 우리를 보시겠습니까?" 그러자 어머니가 물었다. "지금 여기서 너희를 보지 못하면 장차 올 날에 너희를 볼 수 있느냐?" "지금 우리를 보지 않고 물러가신다면 저세상에서 우리를 볼 수 있을 겁니다." 이에 어머니는 기쁨에 가득 차서 "저세상에서 너희를 확실히 볼 수 있다니 지금 여기서 너희를 보고 싶지 않구나" 하며 돌아갔다.

한 형제가 포에멘 압바를 찾아와 물었다. "제가 유산을 물려받게 되었는데 어떻게 하면 좋겠습니까?" 성자가 말했다. "가시오. 사흘 후에 다시 오시오. 그때 말해 주리다." 그가 사흘 후에 다시 왔을 때 성자는 이렇게 말했다. "형제여, 내가 뭐라고 말해 줄까요? 만약 교회에 기부하라고 하면 교회에서는 그 돈으로 의자를 만들 것입니다. 친척들에게 주라고 하면 그대가 얻을 유익은 없을 겁니다. 가난한 이들에게 주라고 하면 그대는 따르지 않을 것입니다. 그러니 그대가 원하는 대로 하시오. 그건 내 일이 아닙니다."

제노 압바는 수도생활을 시작한 이래 어느 누구에게도 그 무엇을 받지도 주지도 않기로 작정했다고 한다. 그렇다 보니 멀리서 무언가를 가져온 사람은 성자가 받지 않아서 마음에 상처를 입었고, 성자에게서 무언가 징표를 받기 위해 멀리서 왔던 사람은 아무것도 받지 못해 상처를 입었다. 이에 성자가 생각했다. '어찌하면 좋을꼬? 뭔가를 가져온 사람도 상처를 입고 뭔가를 받기 원하는 사람도 상처를 입으니. 이렇게 하는 것이 좋겠다. 뭔가를 가져온 사람의 것을 받아 두었다가 뭔가를 원하는 사람이 오면 주어야겠다.' 그렇게 해서 성자는 마음이 편안해졌으며 모든 사람을 만족시켰다.

실바누스 압바의 제자 네트라스 압바는 시나이 산에서 움막생활을 할 때 자기 몸을 잘 돌보며 살았다. 그러나 그가 바란의 주교가 된 후에는 과할 정도로 금욕적인 생활을 했다. 그러자 제자들이 물었다. "압바님, 우리가 사막에 있을 때는 이런 금욕생활을 하시지 않았잖습니까?" 성자가 대답했다. "사막에서는 내적 평화와 빈궁이 내게 있어 내 몸이 아프지 않도록 내가 스스로 돌봐야 했습니다. 거기에서는 가진 것이 없었기에 필요한 것도 없었습니다. 그런데 세상에 나온 후에는 가진 것이 많고 내가 아프게 될지라도 돌봐 줄 손길이 많습니다. 그래서 내 안에 수도자 정신이라도 소멸되지 않도록 금욕생활을 하는 것입니다."

～

노인 수도자 몇 명이 아르세니우스 압바를 찾아와 굳이 만나겠다고 하자 성자가 그들을 만나 주었다. "다른 사람과 어울리지 않고 혼자 사는 것이 어떠십니까?" 이에 성자는 이렇게 말했다. "처녀가 자기 아버지 집에서 사는 동안은 뭇 총각이 그녀와 결혼하고 싶어 하겠지만 그가 한 남자를 남편으로 맞이한 후에는 더 이상 모든 사람을 설레게 할 수 없지요. 그녀가 전에 혼자 살면서 즐겼던 생활을 다시 누릴 수는 없을 것입니다. 영적인 생활도 마찬가지입니다. 모든 사람에게 드러나면 더는 그 누구도 만족시킬 수 없는 법입니다."

～

포에멘 압바가 말했다. "수도자가 두 가지만 극복하면 세상으로부터 자유로울 수 있습니다." 한 형제가 "그것이 무엇입니까?" 하고 묻자 성자가 답했다. "육신의 안락과 헛된 영광입니다."

～

포에멘 압바의 말이다. "수도자는 자기 밖에 있는 권세에 대해 알 필요가 없습니다. 그러나 그 권세가 내 안에 들어오려고 하면 싸워서 내쫓아야 합니다."

~

닐루스 압바의 말이다. "자신을 모든 사람에게서 쫓겨난 자로 여기는 수도자는 행복합니다."

~

오르 압바의 말이다. "도망치려거든 사람들로부터 도망치시오. 그렇지 않으면 세상이나 세상에 있는 사람들이 그대에게 어리석은 일을 하도록 만들 것입니다."

~

거세한 요한 압바가 수도사들에게 한 말이다. "우리가 세상에서 도망친 것과 똑같이 육의 욕망에서도 도망쳐야 합니다."

2

왜 사막이며 광야인가?

영적 훈련에 대한 가르침

여호와께서 그를 황무지에서, 짐승이 부르짖는 광야에서 만나시고 호위하시며 보호하시며 자기의 눈동자같이 지키셨도다. 마치 독수리가 자기의 보금자리를 어지럽게 하며 자기의 새끼 위에 너풀거리며 그의 날개를 펴서 새끼를 받으며 그의 날개 위에 그것을 업는 것같이 여호와께서 홀로 그를 인도하셨고 그와 함께한 다른 신이 없었도다. (신명기 32:10-12)

주께서는 주의 크신 긍휼로 그들을 광야에 버리지 아니하시고 낮에는 구름 기둥이 그들에게서 떠나지 아니하고 길을 인도하며 밤에는 불 기둥이 그들이 갈 길을 비추게 하셨사오며 또 주의 선한 영을 주사 그들을

가르치시며 주의 만나가 그들의 입에서 끊어지지
않게 하시고 그들의 목마름을 인하여 그들에게 물을
주어 사십 년 동안 들에서 기르시되 부족함이 없게
하시므로 그 옷이 해어지지 아니하였고 발이 부르트지
아니하였사오며 또 나라들과 족속들을 그들에게 각각
나누어 주시매 그들이 시혼의 땅 곧 헤스본 왕의 땅과
바산 왕 옥의 땅을 차지하였나이다. (느헤미야 9:19-22)

하나님이여, 주는 나의 하나님이시라.
내가 간절히 주를 찾되 물이 없어 마르고 황폐한 땅에서
내 영혼이 주를 갈망하며 내 육체가 주를 앙모하나이다.
내가 주의 권능과 영광을 보기 위하여 이와 같이
성소에서 주를 바라보았나이다. 주의 인자하심이
생명보다 나으므로 내 입술이 주를 찬양할 것이라.
이러므로 나의 평생에 주를 송축하며 주의 이름으로
말미암아 나의 손을 들리이다. (시편 63:1-4)

그들이 떠나매 예수께서 무리에게 요한에 대하여
말씀하시되 "너희가 무엇을 보려고 광야에 나갔더냐?
바람에 흔들리는 갈대냐? 그러면 너희가 무엇을 보려고
나갔더냐? 부드러운 옷 입은 사람이냐?
부드러운 옷을 입은 사람들은 왕궁에 있느니라.
그러면 너희가 어찌하여 나갔더냐? 선지자를 보기
위함이었더냐? 옳다. 내가 너희에게 이르노니

선지자보다 더 나은 자니라."

(마태복음 11:7-9)

성경에서 광야 혹은 사막은 하나님의 택하심을 받은 사람과 백성들이 하나님의 뜻을 깨닫고 경험하는 곳이다.

모세는 애굽(이집트) 바로의 궁을 떠나 미디안 광야에서 40년 동안 장인의 양을 친 후에야 호렙 산에서 하나님의 임재와 계시를 경험했다. 또한 이스라엘 백성을 이끌고 애굽을 떠난 뒤에도 수르 광야와 신 광야, 르비딤 광야, 시내(시나이) 광야, 네겝 사막, 바란 광야를 40년간 전전하면서 하나님의 능력과 인도하심을 경험한 후에야 요단 강 건너 '젖과 꿀이 흐르는' 약속의 땅에 들어갈 수 있었다. 이후에도 구약의 사사들과 사무엘, 다윗은 물론 엘리야를 비롯한 선지자들은 광야와 사막에서 하나님의 훈련과 연단을 받으며 '하늘의 뜻'을 깨우쳤다.

예수 그리스도도 출가한 후 광야에서 40일 금식기도로 공생애를 시작하셨고, 바울 역시 다메섹 회심 후 아라비아 사막에서 3년간 은둔 수련하면서 '셋째 하늘에 들어 올리는' 신비체험을 한 후 사도로서 사역을 시작했다.

하나님의 사람들에게 사막과 광야는 하나님의 임재와 말씀을 경험하는 은총의 장소였다. 사막 교부와 교모가 도시와 가족을 떠나 광야로 나간 이유도 그러했다. 그들은 사람들을 떠나 홀로 있으면서 오로지 하나님 한 분만 느끼고 대화하였다.

아르세니우스 압바가 출가하기 전 로마 황제의 궁정에 있을 때 이런 기도를 했다. "주님, 나를 구원의 길로 이끄소서." 그러자 음성이 들렸다. "아르세니우스, 사람들을 피하라. 그러면 구원받을 것이다." 아르세니우스는 궁정을 떠나 홀로 은둔생활을 하면서도 "주님, 나를 구원의 길로 이끄소서" 하고 같은 기도를 드렸다. 그러자 다음과 같은 음성이 들렸다. "아르세니우스, 피하여라, 침묵하여라, 항상 기도하여라. 그렇게 해야만 죄를 짓지 않을 수 있다."

이사야 압바가 마카리우스 압바에게 "한 말씀 주십시오" 했다. 그러자 성자는 "사람들로부터 도망치시오"라고 답했다. "사람들로부터 도망친다는 것이 무슨 뜻입니까?" 하고 이사야가 묻자 성자는 답했다. "그대 움막에 앉아서 그대의 죄를 회개하며 우는 것입니다."

아이오 압바도 마카리우스 압바에게 "한 말씀 주십시오" 했다. 성자는 이렇게 말했다. "사람들을 피하시오. 그대 움막 안에 거하며 그대의 죄로 인해 애통하시오. 사람들과의 대화를 즐기지 마시오. 그러면 구원받을 것입니다."

안토니 압바가 이런 말을 했다. "물고기가 물 밖에 나와 오래 있으면 죽는 것같이 수도자들이 자기 움막에서 나와 바깥세상에서 어슬렁거리며 세상 사람들과 어울려 많은 시간을 보내면 내적 평화와 긴장감을 잃어버리기 쉽습니다. 물고기가 물로 돌아가려 하는 것처럼 우리도 서둘러 우리 움막으로 돌아가야 합니다. 바깥세상에 오래 있다 보면 내적 감찰 능력을 잃어버리기 쉽기 때문입니다."

~

어떤 수도사가 아르세니우스 압바를 찾아와 말했다. "이런 생각들 때문에 힘이 듭니다. '먹지 않으면 일도 할 수 없어, 이만했으면 됐어. 나가서 병자들을 돌봐야지, 그것도 선행이야.'" 그것이 사탄의 유혹인 것을 안 성자는 이렇게 말했다. "가서 먹고 마시고 주무시오. 아무 일도 하지 마시오. 다만 그대의 움막만은 떠나지 마시오." 움막의 수도자를 바른길로 인도하는 것은 인내뿐인 것을 성자는 알고 있었다.

~

테바이드 사막 움막에서 홀로 살던 수도사가 있었다. 하루는 '별 효과도 없는데 여기서 이런 식으로 살 필요가 있을까? 수도원으로 들어가 살면서 진보를 이루어야겠다' 생각하고 파프누티우스 압바를 찾아가 자기 생각을 말했다. 이에 성자는 이렇게 말했다. "돌아가시오. 가서 그대 움막에 머무시오. 아침에 기도 한 번, 저녁에 기도 한 번, 밤에 기도 한 번을 하시오. 배고프면 먹고 목마르면 마시고 피곤하면 주무시오. 움막에 머물러 그렇게 지내고 다른 생각은 하지 마시오."

그 수도사는 돌아가다가 요한 압바를 만나서 파프누티우스 압바가 해준 말을 전했다. 그러자 요한 압바는 이렇게 말했다. "아예 기도도 하지 마시오. 다만 움막 안에만 계시오." 그 수도사는 가다가 아르세니우스 압바도 만났다. 두 성자가 해준 이야기를 들려주자 그는 이렇게 말했다. "다른 두 분이 말씀하신 대로 하시오. 그대에게 다른 말은 해줄 것이 없소이다." 수도사는 만족해서 돌아갔다.

한번은 안토니 압바가 니트리아 산에 있는 수도자 아문을 방문했다. 아문이 말했다. "기도해 주신 덕분에 수도원 형제들이 늘어났습니다. 그중 얼마라도 좀 더 편안하게 살 수 있게 숙소를 지으려 합니다. 여기서 얼마나 떨어진 곳에 지으면 좋을까요?" 성자는 "아홉 시에 식사를 한 후 사막으로 나가서 한번 찾아봅시다" 하였다. 그래서 그들은 식사 후 사막으로 들어가 걷기 시작했다. 해가 지고 나서야 안토니가 멈추어 이렇게 말했다. "기도합시다. 그리고 이곳에 십자가를 세웁시다. 우리처럼 하고 싶은 이들이 있다면 그들을 위해 여기에 방을 꾸미지요. 거기에 있는 사람이 여기 있는 사람을 만나고 싶으면 아홉 시에 식사를 조금 한 후 출발해야 할 것입니다. 그렇게 해야 서로 마음의 번민 없이 만날 수 있을 것입니다." 그 거리는 20킬로미터였다.

~

겔라시우스 압바는 수도원에서 지낼 때 사막으로 가고 싶은 생각에 종종 사로잡혔다고 한다. 하루는 제자에게 이렇게 말했다. "제발 부탁이니 이번 한 주 동안은 내가 무슨 일을 하든 아무 말도 하지 마시오." 그러고는 지팡이를 들고 수도원 안에 있는 뜰을 걷기 시작했다. 걷다가 피곤하면 앉아 쉬고 다시 일어나 걸었다. 저녁이 되자 스스로에게 이렇게 말했다. "사막을 걷는 사람은 빵도 못 먹고 채소만 먹겠지. 너도 힘이 없으니 채소를 좀 먹자." 또 이렇게 말하였다. "사막에 있는 사람은 침대에서 못 자고 밖에서 자겠지. 너도 그렇게 하렴." 그러고는 마당에서 잠을 잤다.

그렇게 사흘간 걸으며 저녁에는 치커리 잎을 조금 먹고 밖에서 잤다. 그러다 보니 몸이 약해져 번민이 생겼다. 그러나 이런 말로 이겨 냈다. "사막에서처럼 할 수 없다면 방에 들어가 조용히 자기 죄를 회개하며 지내라. 여기저기 방황하며 다니지 말고. 사람이 무슨 일을 하든 하나님의 눈을 피할 수 없나니 하나님은 선을 행하는 이들을 아시느니라."

~

라이투에 있던 아문 압바가 시소에스 압바를 만나러 클리스마로 찾아왔다. 그때 시소에스 압바는 사막을 떠나온 것으로 슬퍼하고 있었다. 아문이 시소에스에게 말했다. "압바님, 그 일로 뭘 그렇게 슬퍼하십니까? 연세도 많으셔서 사막에서 하실 일도 별로 없잖습니까?" 그러자 성자는 슬퍼하며 이렇게 대답했다. “아문 압바, 무슨 말씀을 하시는 게요? 사막에서 누렸던 내 영혼의 자유가 별것 아니었다는 말입니까?”

~

모세 압바가 스케티스로 마카리우스 압바를 찾아가 말했다. “조용히 기도만 하고 싶은데 형제들 때문에 그렇게 할 수 없습니다.” 그러자 성자는 이렇게 말했다. “그대는 예민한 사람이고 다른 형제를 멀리 보내지도 못할 분입니다. 그러니 홀로 평화롭게 살기 원하면 사막 한가운데, 페트라로 들어가십시오. 거기서 평화롭게 지낼 수 있을 것입니다.” 그렇게 해서 모세 압바는 평안을 얻게 되었다.

~

세리누스 압바는 일은 열심히 하면서도 하루 동안 작은 빵 두 조각만 먹었다고 한다. 대단한 금욕 실천가였던 욥 압바가 그를 찾아와서 말했다. “저는 움막 안에 있을 때는 매사에 철저히 행하지만 밖으로 나오면 다른 형제들처럼 행동합니다.” 그 말을 들은 세리누스 압바가 이렇게 말했다. “그대만 있는 움막 안에서 그대가 세운 규칙대로 행하는 것은 그리 대단한 일이 아닙니다. 움막 밖으로 나와서도 그렇게 규칙을 지킬 수 있어야 합니다.”

~

한 형제가 포에멘 압바에게 "독방에서는 어떻게 살아야 합니까?" 하고 물었다. 성자는 이렇게 대답했다. "독방에서 정결하게 산다는 말은 손으로 일하고, 하루에 한 끼만 먹고, 침묵하고 묵상한다는 의미입니다. 독방에서 진보를 이루면 자신을 다스려 어디를 가든지 기도 시간을 잊지 않고 조용히 기도하게 됩니다. 일할 수 없는 형편에서도 기도만큼은 잊지 않고 조용한 가운데 하게 됩니다. 이렇게 살다 보면 그대는 악한 것으로부터 자유롭게 될 것입니다."

~

신클레티카 암마의 말이다. "어느 수도원에 들어가든 거기에 머물고 다른 곳으로 옮기지 마십시오. 자주 옮기는 것이 수도자들에게는 해가 될 뿐입니다. 이는 마치 어미 새가 자기 알을 버리고 다른 둥지로 날아가서 새끼들이 부화하기를 기다리는 것과 같습니다. 수녀든 수도사든 이리저리 옮겨 다니면 냉담해지고 믿음도 소멸됩니다."

~

언젠가 오르 압바가 테오도레 압바와 함께 진흙으로 집을 짓다가 서로 바라보며 이렇게 말했다. "하나님께서 지금 우리를 찾아오신다면 우린 어떻게 해야 할까요?" 그들은 진흙을 그대로 두고 울면서 자기 움막으로 돌아갔다.

~

제노 압바의 말이다. "유명한 곳에서 살지 말고 유명한 사람 곁에서도 살지 말며 집의 주초를 하루 만에 세우지 마십시오."

~

포에멘 압바의 말이다. "남이 그대를 부러워할 만한 곳에서는 살지 마십시오. 그런 곳에서는 진보를 이룰 수 없습니다."

3

무엇을 먹고 입고 어디서 살까?

의식주에 대한 가르침

네 하나님 여호와께서 이 사십 년 동안에 네게 광야 길을 걷게 하신 것을 기억하라. 이는 너를 낮추시며 너를 시험하사 네 마음이 어떠한지 그 명령을 지키는지 지키지 않는지 알려 하심이라. 너를 낮추시며 너를 주리게 하시며 또 너도 알지 못하며 네 조상들도 알지 못하던 만나를 네게 먹이신 것은 사람이 떡으로만 사는 것이 아니요 여호와의 입에서 나오는 모든 말씀으로 사는 줄을 네가 알게 하려 하심이니라. (신명기 8:2-4)

그때에 세례 요한이 이르러 유대 광야에서 전파하여 말하되 "회개하라. 천국이 가까이 왔느니라" 하였으니 그는 선지자 이사야를 통하여 말씀하신 자라. 일렀으되

"광야에 외치는 자의 소리가 있어 이르되 너희는 주의
길을 준비하라. 그가 오실 길을 곧게 하라" 하였느니라.
이 요한은 낙타털 옷을 입고 허리에 가죽 띠를 띠고
음식은 메뚜기와 석청이었더라. (마태복음 3:1-4)

그때에 예수께서 성령에게 이끌리어 마귀에게 시험을
받으러 광야로 가사 사십 일을 밤낮으로 금식하신 후에
주리신지라. 시험하는 자가 예수께 나아와서 이르되
"네가 만일 하나님의 아들이어든 명하여 이 돌들로
떡덩이가 되게 하라." 예수께서 대답하여 이르시되
"기록되었으되 '사람이 떡으로만 살 것이 아니요
하나님의 입으로부터 나오는 모든 말씀으로 살 것이라'
하였느니라" 하시니. (마태복음 4:1-4)

그러므로 내가 너희에게 이르노니 목숨을 위하여 무엇을
먹을까 무엇을 마실까 몸을 위하여 무엇을 입을까
염려하지 말라. 목숨이 음식보다 중하지 아니하며 몸이
의복보다 중하지 아니하냐. 공중의 새를 보라. 심지도
않고 거두지도 않고 창고에 모아들이지도 아니하되
너희 하늘 아버지께서 기르시나니 너희는 이것들보다
귀하지 아니하냐. 너희 중에 누가 염려함으로 그 키를
한 자라도 더할 수 있겠느냐. 또 너희가 어찌 의복을
위하여 염려하느냐. 들의 백합화가 어떻게 자라는가
생각하여 보라. 수고도 아니하고 길쌈도 아니하느니라.

그러나 내가 너희에게 말하노니 솔로몬의 모든 영광으로도 입은 것이 이 꽃 하나만 같지 못하였느니라. 오늘 있다가 내일 아궁이에 던져지는 들풀도 하나님이 이렇게 입히시거든 하물며 너희일까 보냐. 믿음이 작은 자들아. 그러므로 염려하여 이르기를 무엇을 먹을까, 무엇을 마실까, 무엇을 입을까 하지 말라. 이는 다 이방인들이 구하는 것이라. 너희 하늘 아버지께서 이 모든 것이 너희에게 있어야 할 줄을 아시느니라. 그런즉 너희는 먼저 그의 나라와 그의 의를 구하라. 그리하면 이 모든 것을 너희에게 더하시리라. (마태복음 6:25-33)

모세의 인도로 애굽을 탈출한 이스라엘 백성은 광야생활에 적응하지 못해 고생을 많이 했다. 특히 먹고 마시는 문제가 심각했다. 수르 광야와 르비딤 광야에서 마실 물이 떨어졌을 때, 신 광야에서 양식이 떨어졌을 때, 백성들은 모세와 아론을 찾아가 "애굽에 있을 때는 비록 노예로 살았지만 먹고 마시는 문제는 없었다" 하면서 "왜 우리를 끌고 나왔느냐?"고 원망했다. 그럴 때마다 하나님은 모세를 통해 생수와 만나를 공급해 주셨다.

그들이 애굽에서 먹었던 고기와 빵은 노예 시절에 먹었던 '노예 음식'이었다. 그러나 광야에서 먹게 된 만나와 생수는 자유를 얻은 하나님의 백성만 먹을 수 있는 '하늘 양식'이었다. 그렇게 40년 동안 광야에서 생수와 만나를 먹으면서 이스라엘

백성의 체질이 바뀌었다. 자존심도 없이 주인이 시키는 대로 굴종하며 살았던 노예 체질에서 하나님의 율법 안에서 자유로운 하나님 백성 체질로 바뀌었다. 도시 음식과 광야 음식이 다르다. 광야에서는 광야 음식을 먹어야 한다. 광야에 살면서 도시 음식을 구할 거면 애초에 떠나지 말았어야 했다.

의복도 마찬가지다. 광야에서는 광야 옷을 입어야 한다. 제사장 집안 출신으로 예루살렘 성안에서 살았던 요한이 광야로 나오면서 에봇 대신 낙타 털옷을 입고, 백성들이 제사용으로 바친 고기와 떡을 포기한 채 메뚜기와 석청을 먹은 이유도 거기에 있다.

사막과 광야로 나간 교부와 교모도 그렇게 음식과 의복을 바꾸었다. 모든 것이 부족한 광야에 적응하기 위해 '최소한'의 음식과 의복으로 생활했다. 그들은 의복이나 음식보다 더 귀한 '하나님의 나라와 그의 뜻을 구하기' 위해 도시를 버리고 광야를 택했기 때문이다.

~

한 수도원장이 포에멘 압바에게 물었다. "하나님을 두려워하는 마음을 어떻게 얻을 수 있습니까?" 성자가 답했다. "우리의 배가 치즈와 음식으로 가득 차 있으니 어찌 하나님을 두려워하는 마음이 생기겠습니까?"

~

신클레티카 암마의 말이다. "세상의 부귀영화에 현혹

되지 않도록 자신을 지키십시오. 거기에는 뭔가 중요한 것이 있을 것 같지만 실은 헛된 쾌락일 뿐입니다. 세상 사람들은 진수성찬을 좋아합니다. 그러나 여러분은 때때로 금식하고 소박한 음식에 감사함으로써 저들의 풍요한 음식이 가져다주지 못하는 것을 얻을 수 있습니다. 성경에도 '주린 자에게는 쓴 것이라도 달다'(잠언 27:7)고 했습니다. 빵으로 자신을 채우지 말며 술을 탐하지 말 것입니다."

~

피오르 압바는 식사 때 백 보씩 걸으면서 음식을 먹곤 했다. 왜 그런 식으로 식사를 하느냐고 누군가 물었더니 이렇게 답했다. "먹는 것을 주된 것으로 여기지 않기 위함입니다. 식사는 부수적인 것일 뿐입니다." 또 다른 사람이 같은 질문을 하자 이번에는 이렇게 답했다. "내가 먹는 동안 마음이 육적인 쾌락을 느끼거나 즐기지 않게 하기 위해서입니다."

~

에바그리우스 압바의 말이다. "수도자는 규칙적으로 식사하되 조금씩 먹고 남에게 베풂으로 무아의 경지에 이를 수 있습니다."

~

키 작은 요한 압바의 말이다. "왕이 적국의 도시를 점령

하려면 먼저 물과 음식을 차단해 굶주리게 해 적들의 항복을 받아 냅니다. 육의 정욕을 이기는 법도 그렇습니다. 단식과 금식을 하게 되면 그 영혼을 괴롭히던 적들이 약해집니다."

~

이시도레 압바의 말이다. "주기적으로 금식을 하되 교만에 빠지지는 마시오. 그것을 자랑스럽게 여기려거든 차라리 고기를 먹는 것이 낫습니다. 교만에 빠져 자신을 영광스럽게 여기는 것보다 고기를 먹는 것이 더 좋습니다."

~

카시안 압바가 게르만인 동료와 함께 성자를 만나러 이집트로 갔다. 성자는 그들을 환대하며 대접했다. 그들은 "팔레스타인에서는 누가 방문을 하더라도 금식 규정을 지키는데 성인께서는 우리를 환대하며 금식 규정을 지키지 않으시니 무슨 연고입니까?" 하고 물었다. 그러자 성자는 이렇게 대답했다.

"금식은 언제나 할 수 있는 것입니다. 그러나 당신들을 맞이하는 일은 그렇지 않습니다. 또한 금식이 유용하고 필요한 것이기는 하나 그것은 우리가 선택할 수 있는 것입니다. 반면에 선행을 베푸는 것은 우리에게 부여된 하나님의 법입니다. 따라서 저는 그대 안에 계신 그리스도를 맞이하는 것에 최선을 다해야 합니다. 그러나 당신들이 떠난 후 저는 다시 금식에 들어갈 것입니다. 주님도 '혼인 집 손님들이 신랑과 함께 있을 때에 금식할 수 있느냐? 신랑과 함께 있을 동안에는 금식할 수 없느니라. 그러나 신랑을 빼앗길 날이 이르리니 그날에는 금식할 것이니라'(마가복음 2:19-20) 하셨습니다."

~

한번은 스케티스 수도사들에게 '이번 주는 금식'이라는 지시가 내려졌다. 그런데 마침 이집트에서 수도자 몇 명이 모세 압바를 만나러 스케티스로 왔다. 성자는 그들을 위해 음식을 준비했다. 그의 숙소에서 연기가 나는 것을 보고 이웃 사람들이 사제들을 찾아가서 말했다. "보시오. 모세가 계율을 어겼습니다. 그가 움막에서 요리를 하고 있습니다." 그러자 사제들은 "그분이 올라오면 우리가 말하겠소이다" 하였다. 금식이 풀리는 토요일이 되자 사제들은 사람들이 보는 앞에서 모세에게 말했다. "모세 압바님, 압바님은 사람들의 계명은 어겼지만 하나님의 계명은 지키셨군요." 그들은 모세 압바의 평소 소행을 잘 알고 있었다.

~

한 형제가 마토에스 압바에게 물었다. "금식하는 날인데 어떤 형제가 이른 아침부터 찾아올 때는 어떻게 해야 합니까? 고민이 됩니다." "마음에 거리낌이 없으면 그 형제와 함께 식사하십시오. 그렇게 하는 것이 옳습니다. 하지만 누가 오는 것도 아닌데 식사를 했다면 그것은 당신의 의지에 따른 것뿐입니다."

~

요셉 압바가 포에멘 압바에게 "금식은 어떻게 하는 것이 좋습니까?" 하고 물었다. "내 경우에는 매일 먹되 조금씩, 배부르지 않을 만큼 먹는 것이 좋습니다." 요셉이 "압바님이 젊었을 때는 한 번에 이틀씩 금식하시지 않았습니까?" 하고 묻자 성자는 이렇게 말했다. "그랬지요. 사흘씩, 나흘씩, 어떤 때는 일주일씩 금식하였지요. 그런데 교부님들이 여러 가지 방법으로 금식을 실천하신 다음, 매일 조금씩 먹는 것이 가장 좋은 금식법인 것을 발견하셨지요. 그분들이 제게 가르쳐 주신 것은 '가벼운 것이 제일 좋다'는 것입니다."

~

어떤 형제가 한 주일 내내 금식을 하다가 평정심을 잃었다는 말을 듣고 포에멘 압바가 한 말이다. "그는 엿새 동안 먹지도 않고 버틸 수 있었지만 자기 안의 분노는 쫓아내지 못했습니다."

~

하루는 실바누스 압바가 제자 자카리아스와 함께 어떤 수도원에 들렀다. 그들은 거기서 하루를 묵고 떠나기 직전에 수도사들이 내놓은 음식을 조금 먹었다. 그리고 수도원 밖으로 나섰는데 한 제자가 옆에 물병이 놓여 있는 것을 보고 마시려 했다. 성자는 "자카리아스, 금식일입니다" 하였다. "하지만 스승님, 우리가 방금 음식을 먹지 않았던가요?" 하고 제자가 물었다. 성자가 말했다. "우리가 먹은 이유는 저들이 사랑으로 베풀어 준 것이었기 때문입니다. 하지만 우리끼리라면 금식을 해야 합니다."

~

신클레티카 암마의 말이다. "사탄이 꾸민 금욕도 있습니다. 사탄의 제자들이 그렇게 실천합니다. 그렇다면 거룩한 금욕과 사탄의 금욕을 어떻게 구분할 수 있을까요? 그것은 균형을 유지하는지 유지하지 않는지 여부로 알 수 있습니다. 금식하는 방식도 단순해야 합니다. 나흘이나 닷새 금식한 후 그 이튿날 폭식을 하는 방식으로 하면 안 됩니다. 적당하게 하지 않으면 잘못되기 쉽습니다. 젊고 건강할 때 금식하는 것이 좋습니다. 나이가 들면 약해서 금식을 하고 싶어도 할 수 없게 됩니다. 금식을 미리 해두면 마치 보화를 쌓아 놓는 것 같아서 금식할 수 없을 때가 되어도 평안할 수 있습니다."

~

전해 오는 이야기로는 아르세니우스 압바가 궁정에 살 때는 그보다 화려한 옷을 입은 사람을 볼 수 없었다고 한다. 그런데 교회에 들어와서는 그보다 초라한 옷을 입은 사람을 볼 수 없었다고 한다.

~

몸에 모포 하나 두르고 고행을 하던 수도자가 암모나스 압바를 만나러 갔다. 그를 만난 성자는 "그렇게 해도 소용없을 겁니다" 하였다. 그러자 수도사는 이렇게 말했다. "내게는 세 가지 생각밖에 없습니다. 사막으로 들어가 방랑하며 지내든지, 나를 아는 사람이 없는 외국으로 가든지, 아니면 움막에 들어가 아무에게도 문을 열어 주지 않고 이틀에 한 끼만 식사하는 것입니다." 그러자 성자가 말했다. "세 가지 방법 모두 당신에게는 적합하지 않소이다. 차라리 당신 처소에 머물러 있으면서 매일 조금씩 먹고 마음을 잘 다스리며 지내면 구원을 받을 것입니다."

~

팜보 압바의 말이다. "수도자의 옷은 입다가 문밖에 사흘 동안 내놓아도 아무도 가져가지 않을 그런 것이어야 합니다."

4

—

쉬지 말고 기도하라

기도생활에 대한 가르침

나의 영혼아, 잠잠히 하나님만 바라라. 무릇 나의 소망이 그로부터 나오는도다. 오직 그만이 나의 반석이시요 나의 구원이시요 나의 요새이시니 내가 흔들리지 아니하리로다. 나의 구원과 영광이 하나님께 있음이여, 내 힘의 반석과 피난처도 하나님께 있도다. 백성들아, 시시로 그를 의지하고 그의 앞에 마음을 토하라. 하나님은 우리의 피난처시로다. (시편 62:5-8)

또 너희는 기도할 때에 외식하는 자와 같이 하지 말라. 그들은 사람에게 보이려고 회당과 큰 거리 어귀에 서서 기도하기를 좋아하느니라. 내가 진실로 너희에게 이르노니 그들은 자기 상을 이미 받았느니라. 너는 기도할 때에 네 골방에 들어가 문을 닫고 은밀한 중에 계신 네 아버지께 기도하라. 은밀한 중에 보시는 네 아버지께서 갚으시리라. 또 기도할 때에 이방인과 같이 중언부언하지 말라. 그들은 말을 많이 하여야 들으실 줄 생각하느니라. 그러므로 그들을 본받지 말라. 구하기 전에 너희에게 있어야 할 것을 하나님 너희 아버지께서 아시느니라. (마태복음 6:5-8)

진실로 너희에게 이르노니 무엇이든지 너희가 땅에서 매면 하늘에서도 매일 것이요 무엇이든지 땅에서 풀면 하늘에서도 풀리리라. 진실로 다시 너희에게 이르노니 너희 중의 두 사람이 땅에서 합심하여 무엇이든지 구하면 하늘에 계신 내 아버지께서 그들을 위하여 이루게 하시리라. 두세 사람이 내 이름으로 모인 곳에는 나도 그들 중에 있느니라. (마태복음 18:18-20)

항상 기뻐하라. 쉬지 말고 기도하라.
범사에 감사하라. 이것이 그리스도 예수 안에서 너희를 향하신 하나님의 뜻이니라. (빌립보서 5:16-18)

너희 중에 고난당하는 자가 있느냐? 그는 기도할 것이요, 즐거워하는 자가 있느냐? 그는 찬송할지니라. 너희 중에 병든 자가 있느냐? 그는 교회의 장로들을 청할 것이요, 그들은 주의 이름으로 기름을 바르며 그를 위하여

기도할지니라. 믿음의 기도는 병든 자를 구원하리니 주께서 그를 일으키시리라. 혹시 죄를 범하였을지라도 사하심을 받으리라. 그러므로 너희 죄를 서로 고백하며 병이 낫기를 위하여 서로 기도하라. 의인의 간구는 역사하는 힘이 큼이니라. (야고보서 5:13-16)

기도는 사람과 하나님이 만나는 사건이다. 그래서 기도 현장에는 사람과 하나님이 함께 있어야 한다. 사람만 있어서는 아니 된다. 하나님의 임재가 확인된 상태에서 드리는 기도라야 효력이 있다. 그런 기도 현장에서 사람은 자신의 바람과 소원을 하나님께 아뢰고 하나님은 당신의 뜻과 의지를 사람에게 알린다.

하나님의 말씀을 듣고 노아는 산 위에 방주를 만들었고, 아브라함은 집을 떠났다. 야곱은 루스 광야(벧엘)에서 하나님의 음성을 듣고 얍복 강 나루(브니엘)에서 하나님을 뵌 후 기도의 제단을 쌓았다. 또한 출애굽한 이스라엘 백성은 수르 광야와 신 광야, 르비딤 광야, 시나이 광야를 지나면서 물과 양식이 떨어져 난관에 봉착할 때마다 지도자 모세를 찾아가 원망과 불평을 쏟아 냈지만, '하나님의 사람' 모세는 그때마다 하나님께 부르짖어 기도함으로 난관을 극복하는 하나님의 비책과 방법을 알아냈다. 광야에서는 불평 대신 기도하는 자만이 하나님의 능력과 은총을 경험했다.

예수님이 변화산에 올라가셨을 때, 어떤 사람이 산 아래

들판에 있던 제자들에게 귀신 들린 아들을 데려와 고쳐 달라고 요청했다. 제자들은 그동안 예수님이 하셨던 방식대로 갖은 노력을 했으나 실패했다. 결국 산에서 내려오신 예수님에 의해 문제는 해결되었다. 머쓱해진 제자들이 "우리는 어찌하여 능히 귀신을 쫓아내지 못하였나이까?" 하고 묻자 주님은 "기도 외에 다른 것으로는 이런 종류가 나갈 수 없느니라" 하셨다(마가복음 9:28-29).

광야와 사막으로 들어간 교부와 교모가 추구한 것이 바로 이런 '능력의 기도'였다. 하나님의 임재 안에서 하나님의 능력과 보호하심, 그리고 인도하심을 체험하려는 성자들의 기도로 광야는 은혜의 동산이 되었다.

누군가 마카리우스 압바에게 "기도는 어떻게 해야 합니까?" 하고 묻자 성자가 대답했다. "길게 말을 늘어놓을 필요는 없습니다. 두 손을 펼친 후 '주님, 주님의 뜻대로 하옵소서. 주님이 아시오니 자비를 베푸소서' 하면 됩니다. 걷잡을 수 없이 번민이 차오를 때면, '주님 도와주세요!' 하면 됩니다. 그러면 우리에게 무엇이 필요한지 잘 아시는 주님께서 자비를 베풀어 주실 것입니다."

테오도라 암마의 말이다. "평안 가운데 사는 것이 좋습니다. 슬기로운 사람은 기도를 쉬지 않습니다. 수도자가 순결을 지키며 평안 가운데 사는 것은 대단한 일입니다. 특히 젊은 시절부터 그리하면 좋습니다. 그렇지만 알아야 할 것이 있습니다. 평안 속에 살기로 결심하는 순간 악마가 와서 게으름과 두려움, 악한 생각을 심어 그대 영혼을 짓누를 것입니다. 또한 육신도 공격하여 병을 앓게 하고 무릎도 약하게 만들며 신체 각 기관을 아프게 할 것입니다. 그렇게 영과 육이 약해져서 질병에 걸리면 성자라 할지라도 기도를 할 수 없다고 여깁니다.

그러나 깨어 있으면 이 모든 유혹은 사라집니다. 실제로 어떤 수도자는 감기와 열병에 걸리기만 하면 그때부터 기도를 시작했습니다. 두통이 생겼을 때도 그렇게 했습니다. 그런 상황에 처하면 스스로 이렇게 말했습니다. '아프구나. 죽을 것 같구나. 그러니 죽기 전에 일어나 기도해야겠다.' 수도자는 이런 식으로 자신을 쳐서 달래며 기도했고, 기도를 하고 나면 열이 사라졌습니다. 그런 식으로 수도자는 악마와 대항하며 기도함으로 자신을 이겨 나갈 수 있었습니다."

~

한 형제가 안토니 압바를 찾아왔다. "저를 위해 기도해주세요." 성자가 그에게 말했다. "당신에게 베풀 자비가 내게는 없소. 하나님도 마찬가지외다. 당신이 직접 하나님께 기도하고 애쓰지 않는 한 말이오."

~

키 작은 요한 압바의 말이다. "나는 큰 나무 밑에 앉아 있다가 수많은 맹수와 뱀의 공격을 받는 사람과 같습니다. 저들의 공격을 더 이상 피할 수 없을 때 나무 위로 올라가야 사는 것처럼 사악한 생각이 사방에서 저를 공격해 올 때, 내 힘으로는 도저히 저들을 대적할 수 없을 때, 나는 기도로 하나님께 피합니다. 그러면 적으로부터 안전하게 됩니다."

~

금욕을 강조하는 유키트파(Euchites) 수도사들이 에나톤으로 루키우스 압바를 만나러 왔다. 성자가 그들에게 물었다. "그대들은 무슨 일을 해서 삽니까?" "우리는 일을 하지 않습니다. 단지 사도의 말씀처럼 쉬지 않고 기도만 합니다." 성자가 다시 물었다. "그러면 먹지도 않습니까?" "먹습니다." "그러면 여러분이 음식을 먹는 동안 누가 여러분을 위해 기도합니까?" 그들은 말이 없었다.

또 성자가 그들에게 "잠도 자지 않느냐?"고 물었더니 그들은 "잔다"고 대답했다. "그러면 여러분이 잠자는 동안에는 누가 여러분 대신 기도합니까?" 하고 물으니 그들은 마땅한 답을 내놓지 못했다.

성자가 그들에게 말했다. "용서하시기 바랍니다. 여러분은 여러분이 말한 대로 하지 못하고 있군요. 제가 손으로 일을 하면서도 쉬지 않고 기도하는 법을 알려 드리지요. 저는 야자나무 잎을 씻고 끈을 꼬면서 '주여, 자비를 베푸소서. 당신의 무한하신 자비와 선하심에 의지하여 비옵나니 저의 죄를 씻으시고 죄로부터 저를 구하소서'라고 기도합니다." 그런 다음 "이렇게 하면 기도가 아닙니까?" 하고 묻자 그들은 "기도입니다"라고 대답했다.

성자는 이어서 말했다. "그렇게 하루 종일 기도하면서 일하면 동전 열세 개 정도를 벌 수 있습니다. 번 동전 가운데 두 개는 문밖에 두고 나머지 돈으로 먹을 것을 삽니다. 그러면 문밖에 두었던 동전을 가져간 사람은 내가 먹을 때와 잠잘 때 나를 위해 기도합니다. 그렇게 해서 나는 하나님의 은총으로 쉬지 말고 기도하라는 말씀을 지킬 수 있게 되었습니다."

~

사람들이 귀신 들린 사람을 롱기누스 압바에게 데려왔다. 압바는 그들에게 "나는 아무것도 할 수 없습니다. 제노 압바에게 데려가세요" 하였다. 사람들이 그를 제노 압바에게 데려갔고, 제노 압바는 귀신을 내쫓기 위해 갖은 노력을 다했다. 그러자 귀신이 울부짖으면서 이렇게 말했다. "제노여, 그대가 나를 쫓아냈다고 생각하는가? 아니다. 저 아래 기도하고 있는 롱기누스가 보이는가? 그의 기도가 두려워서 떠날 뿐이다. 그대가 뭐라 한들 대꾸할 내가 아니다."

~

스케티스에 있던 모세 압바가 페트라에 가야 할 일이

생겼다. 그가 페트라로 가던 중에 지쳐 피곤해 '그곳에 가면 물을 구할 수나 있을까?' 하고 생각했다. 그때 "가라. 아무 걱정도 하지 마라"라는 음성이 들렸다. 그 말을 듣고 계속 가서 페트라에 도착했을 때 수도사 몇 명이 그를 만나러 왔다. 물이 조금밖에 남아 있지 않았지만 성자는 그 남은 물로 손님들을 위해 콩죽을 끓였다. 그리고 불안한 표정으로 처소를 들락날락하면서 하나님께 기도했다. 얼마 후 비구름이 몰려와 페트라 일대에 비가 내려 모든 동이에 물을 가득 채울 수 있었다.

그런 일이 있고 난 후 손님들이 성자에게 물었다. "왜 그렇게 들락날락하셨습니까?" 성자가 대답했다. "하나님께 따지려고 그랬습니다. '당신께서 저를 이리로 보내시지 않았습니까? 그런데 지금 당신 종들에게 필요한 물이 없습니다' 하고 말입니다. 그래서 들락날락하면서 물을 주시기까지 하나님께 간구했습니다."

아프리카인 모세 압바가 한 말이다. "사람의 행위가 그의 기도와 일치되지 않으면 어떤 수고를 해도 헛될 뿐입니다." 한 수도사가 물었다. "기도와 행위가 일치된다는 것은 무슨 뜻입니까?" 성자가 답했다. "우리가 기도한 내용과 배치되는 일을 더 이상 해서는 아니 됩니다. 사람이 자기 뜻을 포기하면 하나님께서 그와 화해하시고 그의 기도를 들어주십니다." 수도사가 또 물었다. "수도자 자신이 곤경에 처했을 때는 누가 도와줍니까?" 성자가 말했다. "하나님은 우리의 피난처시요 힘이시니 환난 중에 만날 큰 도움이시라"(시편 46:1).

~

닐루스 압바의 말이다. "그대에게 해를 끼친 형제에게 무엇이든 보복하면 그것은 기도할 때 반드시 그대 마음에 돌아올 것입니다." 그는 이런 말도 했다. "기도는 관용의 씨앗이며 분노를 청소합니다." 또 이런 말도 했다. "기도는 슬픔과 좌절을 치료하는 약입니다." "바른 기도를 하려면 그대 마음이 요동치지 않게 하십시오. 그렇지 않으면 헛된 기도가 됩니다."

~

닐루스 압바의 말이다. "가시오. 가서 그대가 소유한 모든 것을 팔아 가난한 사람들에게 나눠 준 뒤 자기를 버리고 십자가를 지시오. 그리하면 부족함 없는 기도를 할 수 있을 것입니다." 그는 또 이런 말도 했다. "지혜를 사랑함으로 무엇이든 참고 견디면 기도하는 시간에 그 열매가 나타날 것입니다." 이런 말도 했다. "기도를 하면서 모든 것이 그대가 바라는 대로 이루어질 것으로 기대하지 마시오. 하나님께 맡기시오. 그러면 평온할 것이며 기도에 감사가 넘칠 것입니다."

에피파니우스 압바의 말이다. "선지자 다윗은 늦은 밤 자기 전에 기도하고 한밤중에도 깨어서 기도하고 날이 밝기 전 새벽에는 서서 주님께 기도하고 짬만 나면 기도하고 저녁이든 한낮이든 수시로 기도했습니다. 그래서 '내가 하루 일곱 번씩 주를 찬양하나이다'(시편 119:164) 할 수 있었습니다."

제노 압바의 말이다. "하나님께서 기도를 속히 들어주시기 원한다면, 하나님을 향하여 두 손을 들어 구하기 전에 온 마음을 다해 자기 원수를 위해 기도해야 합니다. 그렇게 해야만 무엇을 구하든 하나님께서 들어주실 것입니다."

신클레티카 암마의 말이다. "제일 쓴 약이 독한 병균을 몰아내듯이 금식하며 드리는 기도는 악한 생각들을 쫓아냅니다."

5

일하기 싫거든 먹지도 말라

노동생활에 대한 가르침

안식일을 기억하여 거룩하게 지키라. 엿새 동안은 힘써 네 모든 일을 행할 것이나 일곱째 날은 네 하나님 여호와의 안식일인즉 너나 네 아들이나 네 딸이나 네 남종이나 네 여종이나 네 가축이나 네 문안에 머무는 객이라도 아무 일도 하지 말라. 이는 엿새 동안에 나 여호와가 하늘과 땅과 바다와 그 가운데 모든 것을 만들고 일곱째 날에 쉬었음이라. 그러므로 나 여호와가 안식일을 복되게 하여 그날을 거룩하게 하였느니라.

(출애굽기 20:8-11)

형제 사랑에 관하여는 너희에게 쓸 것이 없음은 너희들 자신이 하나님의 가르치심을 받아 서로 사랑함이라.

너희가 온 마게도냐 모든 형제에 대하여 과연 이것을
행하도다. 형제들아, 권하노니 더욱 그렇게 행하고
또 너희에게 명한 것같이 조용히 자기 일을 하고
너희 손으로 일하기를 힘쓰라. 이는 외인에 대하여
단정히 행하고 또한 아무 궁핍함이 없게 하려 함이라.

(데살로니가전서 4:9-12)

형제들아, 우리 주 예수 그리스도의 이름으로 너희를
명하노니 "게으르게 행하고 우리에게서 받은 전통대로
행하지 아니하는 모든 형제에게서 떠나라. 어떻게 우리를
본받아야 할지를 너희가 스스로 아나니 우리가 너희
가운데서 무질서하게 행하지 아니하며 누구에게서든지
음식을 값없이 먹지 않고 오직 수고하고 애써 주야로
일함은 너희 아무에게도 폐를 끼치지 아니하려 함이니
우리에게 권리가 없는 것이 아니요 오직 스스로 너희에게
본을 보여 우리를 본받게 하려 함이니라. 우리가 너희와
함께 있을 때에도 너희에게 명하기를 '누구든지 일하기
싫어하거든 먹지도 말게 하라' 하였더니 우리가 들은즉
너희 가운데 게으르게 행하여 도무지 일하지 아니하고
일을 만들기만 하는 자들이 있다 하니 이런 자들에게
우리가 명하고 주 예수 그리스도 안에서 권하기를 조용히
일하여 자기 양식을 먹으라" 하노라.

(데살로니가후서 3:6-12)

우리나라에서도 처음 교회 시절 '안식일 규정'은 아주 엄격했다. 1910년 경술국치로 일본의 식민통치가 시작되자 "일본의 통치를 받으며 살 수 없다"고 해서 함경도 성진의 기독교인 가족들이 두만강 건너 북간도에 들어가 황무지를 개간하여 '구세동'(救世洞)이라는 이름의 신앙 공동체를 만들었다. 주민 전체가 교인이었기 때문에 주일에는 전혀 일하지 않았다. 사람뿐 아니라 짐승과 농기구까지 안식을 취했다. 행여나 주일에 몰래 일하다가 걸리면 마을 사람들이 모두 보는 앞에서 촌장에게 볼기를 맞았다.

그런데 어느 주일에 한 사람이 예배당에 들어가려다가 촌장으로부터 "당신은 예배에 참석할 수 없소" 하며 거부당했다. 그가 왜 그러냐고 묻자 촌장은 "당신은 지난 엿새 동안 열심히 일하지 않았기 때문이오"라고 했다. 주일에 일하는 것만 규칙 위반이 아니라 엿새 동안 열심히 일하지 않은 것도 규칙 위반이었다. 안식일은 엿새 동안 열심히 일한 자에게 주어지는 축복이었다.

사막에 들어간 교부와 교모는 기도만큼 일도 열심히 했다. 그들은 삼이나 아마로 끈이나 밧줄을 꼬거나 야자나무 줄기와 갈대로 바구니를 만들었다. 그렇게 만든 물건을 수도사들이 직접 시장에 내다 팔기도 했지만 낙타 상인들이 정기적으로 와서 가져가 팔기도 했다. 그렇게 번 돈으로 빵과 소금, 의복을 사서 생활했다. 때론 텃밭을 가꾸어 채소와 과일을 스스로 얻었다. 수도자들에게 노동은 곧 기도였다.

한 수도사가 시나이 산으로 실바누스 압바를 찾아왔다. 그때 다른 수도사들이 열심히 일하는 모습을 보고 그 수도사가 실바누스 압바에게 물었다. "성경말씀에 '썩을 양식을 위하여 일하지 말라'(요한복음 6:27), '마리아는 이 좋은 편을 택하였다'(누가복음 10:42)고 하지 않았습니까?" 그러자 성자는 곁에 있던 자기 제자에게 일렀다. "자카리우스, 이 형제분에게 성경책을 가져다주시오. 방 안에 계시도록 하고 아무 일도 시키지 마시오." 그렇게 해서 손님은 하루 종일 방 안에서 성경만 읽었다.

누군가 와서 식탁으로 안내할 줄 알았는데 저녁 아홉 시가 되어도 아무도 오지 않자 그가 일어나 성자를 찾아갔다. "오늘 식사는 안 하십니까?" 그러자 성자가 말했다. "우리는 이미 먹었습니다" "왜 저는 부르지 않았습니까?" "당신은 영적인 분이라 음식은 먹지 않는 줄 알았습니다. 그러나 우리는 먹어야 사는 육적인 사람들이라 음식을 얻기 위해서 열심히 일을 합니다. 하지만 당신은 좋은 편을 택하였고 하루 종일 성경책만 읽었으니 육적인 음식은 먹을 필요가 없겠지요."

그 말을 들은 수도사는 뉘우치며 "압바님, 용서해 주세요" 하였다. 성자가 말했다. "마리아에게는 마르다가 있어야 합니다. 마르다가 있었기에 마리아가 칭찬을 받을 수 있었습니다."

~

키 작은 요한 압바가 함께 수도하던 형제에게 말했다. "사적인 일은 이제 그만하고 천사처럼 일도 하지 않고 쉼 없이 하나님만 찬미하고 싶습니다." 그러고는 수도복을 벗고 사막으로 들어갔다가 일주일 만에 돌아왔다. 그는 형제의 이름을 부르며 문을 두드렸지만 형제는 문을 열어 주지 않고 "누구요?" 하고 물었다. "당신의 형제 요한입니다." "요한은 천사가 되었습니다. 그는 더 이상 사람이 아닙니다." 그러자 요한이 애원하며 "접니다. 저예요" 하였다. 그래도 그는 문을 열어 주지 않고 밤새 밖에 세워 두었다.

아침이 되자 형제는 문을 열며 이렇게 말했다. "그대는 사람입니다. 그러니 먹으려면 다시 일해야 합니다." 실망했던 요한은 그 앞에 엎드려 "용서해 주세요" 하고 빌었다.

~

사제였던 이삭 압바는 젊을 때 크로니우스 압바와 함께 산 적이 있다. 크로니우스 압바는 이삭에게 무슨 일을 하라고 말한 적이 없었다. 오히려 나이 많고 쇠약해진 몸으로 손수 음식을 만들어 이삭과 다른 사람들을 대접했다. 그 후 이삭 압바는 페르메의 테오도레 압바와 함께 살았다. 그분도 그에게 아무 일도 시키지 않고 손수 식탁을 준비한 후 "형제님, 이리로 와서 드세요" 하였다. 이삭이 "압바님을 도와 드리려고 왔는데 제게 아무 일도 시키지 않으시는 이유가 무엇인지요?" 하고 물어도 그는 아무 대답을 하지 않았다. 그래서 이삭은 웃어른들을 찾아가 사정을 아뢰었다.

그러자 어른들이 와서 성자께 말씀드렸다. "압바님, 이 형제가 압바님 처소에 온 것은 도와 드리려 함인데 어찌하여 아무 일도 시키지 않으십니까?" 그러자 성자가 대답했다. "저도 공동체 수도사인데 제가 어찌 그에게 지시를 할 수 있겠습니까? 제가 아는 한 그에게 뭘 하라고 지시한 적은 없습니다. 하지만 그가 하려고만 한다면 자신이 본 대로 내가 하던 일을 할 수 있을 것입니다."

그때부터 이삭 압바는 성자가 하려고 하는 일을 주도적으로 먼저 하기 시작했다. 그렇게 성자는 무엇을 하든지 침묵 가운데 했고, 제자에게 침묵으로 일하는 법을 가르쳤다.

한 형제가 피스타몬 압바에게 물었다. "손으로 만든 물건을 팔 때마다 걱정이 되니 어떻게 하면 좋습니까?" 성자가 답했다. "시소에스 압바님과 그 형제분들도 만든 물건을 팔았는데 전혀 힘들어하지 않으셨습니다. 그러니 그대도 물건을 팔 때는 물건값을 한 번만 말씀하십시오. 그리고 조금 깎아 주고 싶으면 그렇게 하십시오. 그렇게 하면 평안을 얻을 것입니다."

그러자 형제가 다시 물었다. "제가 다른 방법으로 필요한 만큼을 벌 수 있는데 그런 경우라도 손으로 하던 일을 계속해야 할까요?" 성자가 답했다. "다른 방법으로 필요한 것을 얻을 수 있다 하더라도 손으로 하는 일은 그만두지 마시기 바랍니다. 일은 할 수 있는 만큼 하십시오. 다만 걱정하면서까지는 하지 마십시오."

~

포에멘 압바의 말이다. "스승 팜보 압바님은 세 가지 육체의 일을 하셨습니다. 첫째는 매일 저녁까지 금식, 둘째는 침묵, 셋째는 많은 노동입니다."

~

세리누스 압바의 말이다. "나는 내 모든 시간을 거두고 꿰매고 꼬는 일에 썼습니다. 이 모든 일에서 하나님의 손이 나를 붙들어 주지 않으셨다면 나는 먹지도 못했을 것입니다."

~

키 작은 요한 압바의 말이다. "내가 스케티스에 있을 때는 영으로 하는 일이 우선이고 손으로 하는 일은 그다음이었는데, 지금은 거꾸로 돼서 손으로 하는 일이 우선이고 영으로 하는 일은 그다음이 되었습니다."

6

시험에 들게 하지 마시옵고

시험과 유혹, 시련에 대한 가르침

뱀이 여자에게 물어 이르되 “하나님이 참으로 너희에게 동산 모든 나무의 열매를 먹지 말라 하시더냐?” 여자가 뱀에게 말하되 “동산 나무의 열매를 우리가 먹을 수 있으나 동산 중앙에 있는 나무의 열매는 하나님의 말씀에 ‘너희는 먹지도 말고 만지지도 말라. 너희가 죽을까 하노라’ 하셨느니라.” 뱀이 여자에게 이르되 “너희가 결코 죽지 아니하리라. 너희가 그것을 먹는 날에는 너희 눈이 밝아져 하나님과 같이 되어 선악을 알 줄 하나님이 아심이니라.” 여자가 그 나무를 본즉 먹음직도 하고 보암직도 하고 지혜롭게 할 만큼 탐스럽기도 한 나무인지라. 여자가 그 열매를 따 먹고 자기와 함께 있는 남편에게도 주매 그도 먹은지라. (창세기 3:1-6)

이때로부터 예수 그리스도께서 … 많은 고난을 받고 죽임을 당하고 제삼 일에 살아나야 할 것을 제자들에게 비로소 나타내시니 베드로가 예수를 붙들고 항변하여 이르되 "주여, 그리 마옵소서. 이 일이 결코 주께 미치지 아니하리이다." 예수께서 돌이키시며 베드로에게 이르시되 "사탄아, 내 뒤로 물러가라. 너는 나를 넘어지게 하는 자로다. 네가 하나님의 일을 생각하지 아니하고 도리어 사람의 일을 생각하는도다." (마태복음 16:21-23)

이 사람들은 물 없는 샘이요 광풍에 밀려가는 안개니 그들을 위하여 캄캄한 어둠이 예비되어 있나니 그들이 허탄한 자랑의 말을 토하며 그릇되게 행하는 사람들에게서 겨우 피한 자들을 음란으로써 육체의 정욕 중에서 유혹하는도다. (베드로후서 2:17-18)

그들이 감각 없는 자가 되어 자신을 방탕에 방임하여 모든 더러운 것을 욕심으로 행하되 오직 너희는 그리스도를 그같이 배우지 아니하였느니라. 진리가 예수 안에 있는 것같이 너희가 참으로 그에게서 듣고 또한 그 안에서 가르침을 받았을진대 너희는 유혹의 욕심을 따라 썩어져 가는 구습을 따르는 옛사람을 벗어버리고 오직 너희의 심령이 새롭게 되어 하나님을 따라 의와 진리의 거룩함으로 지으심을 받은 새사람을 입으라. (에베소서 4:19-24)

사탄의 목적은 오직 하나, 하나님의 뜻과 사역을 거스르는 것이다. 히브리어 '사탄'(*satan*)이란 단어 자체가 '거스르다', '반대하다', '거역하다'라는 뜻을 담고 있다. 그러나 사탄도 하나님의 통제를 받으며 하나님이 허락하신 한도 안에서 자기 역할을 수행하기 때문에(욥기 2장) 하나님을 직접 공격하거나 거스르지 못하고 사람을 공략 대상으로 삼는다. 사탄은 하나님으로부터 멀리 떨어져 있는 사람, 하나님을 마음에 두지 않는 사람에게는 관심도 없다. 하나님과 가까이하면 할수록 사탄의 유혹과 공략이 강력해진다. 그래서 하나님의 뜻을 따르려는 사람은 사탄의 유혹과 시험을 피할 수 없다.

첫 인간인 아담과 하와를 비롯하여 믿음의 조상 아브라함과 이삭, 야곱, 요셉, 모세도 그러했으며 성군 다윗도 사탄의 유혹을 피하지 못했다. 심지어 사탄은 '하나님의 아들' 예수 그리스도까지 제자를 동원해서 유혹하고 시험했다. 어떻게 하든지 하나님과 사람 사이를 떼어 놓으려는 것이 사탄의 일관된 목적이다. 따라서 하나님과 그리스도를 따르려는 사람에게 사탄의 유혹은 피할 수 없는 관문이다. 그것이 곧 '좁은 문'이다.

광야는 예로부터 사탄이 유혹하고 시험하는 장소였다. 이스라엘 백성의 광야 40년과 예수 그리스도의 광야 40일 그리고 사도 바울의 광야 3년이 그러하였다. 사막과 광야로 들어간 교부와 교모도 예외는 아니었다. 이들에게 가장 견디기 힘들었던 것은 뜨거운 태양과 거친 사막바람 같은 바깥 환경이 아니었다. 타락한 아담의 후예로서 사탄의 유혹에 약한 육을 입고 살면서 속으로부터 솟구치는 온갖 음욕과 탐욕, 육정과 욕정을

다스리기가 더 어려웠다. 그것은 곧 자기와의 싸움이었다.

~

신클레티카 암마의 말이다. "우리는 마귀에 대적하기 위해 안팎으로 무장해야 합니다. 마귀는 밖에서만 공격하는 것이 아니라 안에서도 소요를 일으킵니다. 그럴 때 우리 마음은 너무 많은 짐을 실어 가라앉을 지경에 처했는데 거센 풍랑까지 일어 요동치는 배와 같습니다. 우리도 이와 같이 밖으로는 잘못된 행실로 인해, 안으로는 마음의 죄로 인해 무너질 것 같습니다. 그러므로 우리는 밖으로부터 오는 사람들의 공격에도 대비해야 하지만 우리 속마음의 타락에도 대항해야 합니다."

~

에프림 압바가 길을 가다가 창녀를 만났다. 창녀는 교태를 부리며 그를 유혹했다. 그 여인은 성자와 몸은 섞지 못하더라도 화라도 내게끔 하려고 애를 썼다. 어느 누구도 성자가 화내는 것을 본 적이 없기 때문이다. 성자는 그 여인에게 "나를 따라오시오" 하고는 많은 사람이 모여 있는 곳으로 가서 "여기서 합시다. 당신이 원하는 대로 하시오" 하였다. 그 여인이 "이렇게 사람들이 많이 모여 있는데 어떻게 여기서 합니까? 부끄러워서 못 하겠어요" 하자 성자가 말했다. "그대가 사람들 앞에서도 얼굴을 붉히는데 하물며 숨긴 모든 것을 어둠 가운데서도 아시는 하나님 앞에서는 어떻게 하겠습니까?" 그 여인은 아무것도 얻지 못한 채 부끄러워하며 떠나갔다.

❧

사제 이시도레 압바는 마음으로부터 "너는 대단한 인물이야"라는 유혹을 받곤 했다고 한다. 그럴 때면 "내가 안토니 압바와 비교할 수 있을까? 팜보 압바와 비교할 수 있을까? 하나님을 기쁘시게 한 성자들에 견줄 수 있을까?" 하는 말로 자문자답하면서 그 유혹을 물리치고 마음의 평안을 얻었다. 전투력이 강한 사탄들이 그에게 몰려와 "결국엔 너도 지옥에 갈 것이다" 하고 위협할 때는 이렇게 답했다고 한다. "내가 그곳에 가게 될지라도 너는 내 아래 있음을 보게 되리라."

❧

한번은 모세 압바가 음욕의 시험을 받았다. 도저히 숙소에 머물 수 없어 스승 이시도레 압바를 찾아갔다. 성자는 그에게 다시 숙소로 돌아가라고 권했다. 하지만 모세는 "압바님, 그렇게 할 수 없습니다" 하면서 돌아가지 않으려 했다. 그러자 성자는 모세를 데리고 옥상에 올라가 "저기 서쪽을 보시오" 하고 말했다. 그가 보니 마귀 한 부대가 출전을 앞두고 이리저리 날아다니고 있었다. 성자는 "이번에는 동쪽을 보시오" 하였다. 동쪽을 보니 거기에는 환하게 빛나는 옷을 입은 수천수만의 천사들이 보였다.

성자가 말했다. "보시오. 이쪽은 주님께서 성자들을 돕기 위해 보내시는 천사들이오. 저쪽은 그들이 싸워서 물리쳐야 할 사탄들이오. 저들이 많다 한들 우리를 도울 천사들에는 한참 미치지 못한다오." 모세 압바는 그 말에 용기를 얻고 자기 숙소로 돌아갔다.

~

올림피우스 압바가 음욕의 시험을 받은 적이 있었다. 그는 속으로 '가자, 가서 아내를 맞이하자' 하고는 일어나 나가서 진흙으로 여인을 하나 만들고 '여기 네 아내가 있다. 아내를 먹여 살리려면 일해야 한다'고 생각했다. 그리고 일하기 시작했다. 힘이 들었다. 다음 날 그는 다시 나가 진흙으로 소녀를 만들고는 '네 아내가 아이를 낳았구나. 아이를 먹이고 입히려면 더 열심히 일해야겠다' 생각하며 더 많은 일을 했다. 그러다가 지쳐 속으로 말했다. '지쳐서 더 이상 못 하겠다.'

열심히 노력하는 모습을 보신 하나님은 그에게서 음욕을 거두어 가셨다. 그리고 말씀하셨다. "그 정도 가지고 지쳤다면 아내를 얻을 생각은 그만 접어라." 그는 평화를 얻었다.

~

누군가 모세 압바에게 물었다. "유혹과 악한 생각이 덮칠 때는 어떻게 해야 합니까?" 성자가 대답했다. "애통하면서 선하신 하나님의 도우심을 간구해야 합니다. 하나님은 간절하게 기도하는 자에게 평안을 주십니다. 그래서 성경에 '여호와는 내 편이시라. 내가 두려워하지 아니하리니 사람이 내게 어찌할까'(시편 118:6) 하였던 것입니다."

~

마토에스 압바의 말이다. "사탄은 사람의 마음이 어떤 욕정을 이겨 낼지 알지 못합니다. 그래서 거둘 생각도 하지 않고 씨부터 마구 뿌립니다. 어떤 때는 음욕을, 어떤 때는 비방을, 어떤 때는 나쁜 욕정의 씨앗을 종류별로 뿌립니다. 그리고 사람의 마음이 반응을 하면 그때부터 그것을 가꾸기 시작합니다."

~

아가톤 압바의 제자 아브라함이 포에멘 압바에게 물었다. "악마는 어떻게 나를 대적할까요?" 포에멘이 말했다. "악마가 그대를 대적한다고요? 악마는 그대가 그대 의지대로 행동하는 한 절대로 대적하지 않습니다. 우리를 대적하는 것은 우리의 의지입니다. 왜냐하면 우리의 의지는 악마 같은 것이어서 그것을 채우기 위해 애쓰기 때문입니다. 악마가 대적하는 사람을 보고 싶습니까? 모세 같은 사람이라야 악마의 대적을 받습니다."

~

한 수도사가 신성모독의 유혹을 받으며 고뇌했다. 그

는 그런 유혹을 받은 것 자체를 부끄러워했다. 그래서 위대한 성자들이 살고 있는 곳으로 찾아갔지만 자신이 유혹받은 것이 부끄러워 정작 입을 열지 못했다.

이번에는 포에멘 압바를 찾아갔다. 성자는 그가 괴로워하는 것을 알았고, 속을 털어놓지 못하고 있는 그를 보면서 안타까워했다. 하루는 성자가 선수를 쳐서 이렇게 말했다. "형제는 지금까지 오랫동안 나를 찾아와 당신을 힘들게 하는 것이 무엇인지 말해 왔습니다. 그런데 이번에는 아무 말도 하지 않는군요. 매번 그대 마음을 털어놓지 않고 걱정하며 돌아갔습니다. 자, 무슨 일입니까? 말해 보시오, 형제여."

그러자 수도사는 "마귀가 나를 유혹하여 하나님을 모욕하게 하려고 합니다. 그것을 털어놓기가 부끄러웠습니다" 하였다. 그런데 이 말을 하는 순간 그의 마음이 편안해졌다. 성자는 이렇게 말했다. "형제여, 걱정하지 마시오. 앞으로 그런 생각이 들 때마다 이렇게 말하시오. '사탄아, 그건 내 소관이 아니다. 그런 불경스러운 생각일랑 너나 가지고 있으렴. 내 마음이 그것을 원치 않는다.' 그대 마음이 원치 않는 것이라면 무엇이든 오래 머물지는 않을 것입니다." 수도사는 치유를 받고 돌아갔다.

한 형제가 포에멘 압바에게 말했다. "고난이 조금만 닥쳐도 내 마음이 지칩니다." 성자가 말했다. "열일곱 나이로 유혹을 끝까지 이겨 낸 요셉을 알지요? 하나님께서 그런 그를 영광스럽게 하셨습니다. 욥을 보십시오, 그가 어떻게 고난 중에도 끝까지 참고 견뎌 냈는지. 그 어떤 유혹도 하나님 안에 있는 우리의 희망을 꺾을 수 없습니다."

~

신클레티카 암마의 말이다. "마귀의 간계는 여러 가지입니다. 궁핍으로 넘어뜨리지 못하면 풍요로 유혹합니다. 모욕과 수치로 이기지 못하면 영광과 칭찬을 동원합니다. 건강으로 꺾지 못하면 질병으로 칩니다. 쾌락으로 넘어뜨리지 못하면 피치 못할 시련을 동원합니다. 여기에다 치명적인 질병을 더하여 하나님을 향한 우리의 사랑을 시험합니다. 마귀는 미칠 것 같은 열기와 타는 목마름으로 그대의 육신을 괴롭힐 것입니다. 그대는 죄인이기 때문에 이 모든 시련을 감내해야 합니다. 다만 다가올 심판의 날, 의로운 심판 이후에 받을 형벌, 꺼지지 않는 불의 심판을 기억하고 지금 이곳에서 이루어지는 것들로 인해 좌절하지 마시오. 하나님께서 그대를 방문하시어 그대 입술에 말씀을 담아 주셨으니 곧 '여호와께서 나를 심히 경책하셨어도 죽음에는 넘기지 아니하셨도다'(시편 118:18) 하였습니다.

그대는 전에 무쇠 덩어리였으나 불로 연단을 받아 불순물이 제거되었습니다. 의로운 자로서 병에 걸렸다면 힘에 힘을 더할 것입니다. 금덩어리입니까? 불로 연단을 받아 정금이 되어야 합니다. 육체의 가시가 있습니까?(고린도후서 12:7) 기뻐하십시오. 바울이 받았던 고난과 같은 영광을 입은 자가 또 있습니까? 불의 연단을 받았습니까? 얼음의 연단을 받았습니까? 성경말씀에도 '우리가 불과 물을 통과하였더니 주께서 우리를 끌어내사 풍부한 곳에 들이셨나이다'(시편 66:12) 하였습니다.

첫째 환난에서 벗어났습니까? 두 번째 환난을 준비하십시오. 주시는 은총 가운데 큰 목소리로 거룩한 말씀만 외우십시오. '오직 나는 가난하고 슬프오니 하나님이여, 주의 구원으로 나를 높이소서'(시편 69:29). 그렇게 비참한 일들을 당하면서 그대는 완전에 이르게 됩니다. 주님이 말씀하셨습니다. '그를 부를 때에 여호와께서 들으시리로다'(시편 4:3). 그러니 우리는 적들이 우리를 지켜보고 있음을 인식하고 입을 크게 벌려 마음의 연단을 받아야 할 것입니다."

신클레티카 암마의 말이다. "우리라고 해서 유혹에서 면제받을 수는 없습니다. 성경말씀에도 '선 줄로 생각하는 자는 넘어질까 조심하라'(고린도전서 10:12)고 하였습니다. 우리는 어둠 속에 항해하는 자들입니다. 시편 기자는 우리 인생을 바다로 표현하였습니다. 바다는 거친 풍랑이 이는 바다와 고요한 바다가 있습니다. 우리는 고요한 바다를 항해하는 것과 같고 세속 사람들은 거센 풍랑의 바다를 항해하는 것과 같습니다. 그러나 어둠과 폭풍 속에서 항해하던 세속인들 가운데도 간혹 구원받는 이들이 있습니다. 정신을 차려야 할 때 주의하였기 때문입니다. 반면에 의로운 태양의 안내를 받으며 평온하게 항해하던 우리도 때로 방심해서 밑바닥까지 떨어질 때가 있습니다. 하지만 우리는 의로우신 분의 인도하심으로 이내 평온한 바다를 항해하게 됩니다."

~

베사리온 압바의 말이다. "마음에 다툼이 없고 평안하면 오히려 그것을 두려워해야 합니다. 이는 우리가 누릴 자격도 없는 기쁨에 사로잡혀 곁길로 가고 있음을 의미하기 때문입니다. 그대로 두면 자만해져서 기고만장하게 됩니다. 한편 하나님은 우리의 약함을 아시기 때문에 우리가 감당치 못할 시험에 들까 봐 종종 가만 내버려 두시기도 합니다."

~

키 작은 요한 압바의 말이다. "알다시피 사탄은 첫 번째로 욥의 소유를 쳤습니다. 그러나 욥은 소유를 다 잃었음에도 슬퍼하거나 하나님을 멀리하지 않았습니다. 두 번째로 사탄은 욥의 육신을 쳤습니다. 그런데도 욥은 강인한 운동선수처럼 입으로 죄짓는 일을 하지 않았습니다. 실로 하나님을 그 마음 가운데 모시고 있었기 때문에 거기로부터 끝없이 솟아 나오는 힘으로 이겨 낼 수 있었습니다."

~

오르시시우스 압바의 말이다. “강가에 집을 지을 때 불에 굽지 않은 벽돌로 기초를 세우면 하루도 버티지 못합니다. 하지만 구운 벽돌은 돌처럼 단단합니다. 마찬가지로 육적인 성정을 지닌 사람은 요셉처럼 하나님을 두려워하며 불의 연단을 받아야 합니다. 그렇지 않은 채 높은 자리에 오르면 순식간에 무너지고 말 것입니다.

사람들 속에 살면서 당하는 유혹은 여러 가지입니다. 감당할 수 없는 자리는 자기 한계를 인정하고 사양하는 것이 좋습니다. 그러나 믿음이 견고한 사람은 흔들리지 않습니다. 위대한 성자 요셉처럼 되기를 원한다면 그처럼 세상 것에 매이지 않아야 합니다. 하나님을 경외하는 자로서 한 번도 가보지 않은 곳에서 그가 당한 시련이 얼마나 컸습니까? 그러나 조상의 하나님이 그와 함께 계셨기 때문에 그는 그 모든 시련을 견뎌 낼 수 있었고 지금은 하늘나라에 조상들과 함께 머뭅니다. 그러므로 우리도 우리 한계를 알고 싸워 나갑시다. 그렇게 하더라도 하나님의 심판을 피할 수는 없을 것입니다.”

~

신클레티카 암마의 말이다. “하나님께 나아가려는 자들은 초창기에 엄청난 시련과 수없이 많은 전투를 치렀지만, 그 후에는 형언할 수 없는 기쁨을 얻었습니다. 그것은 마치 불꽃을 피우려는 사람과도 같았습니다. 처음에는 부싯돌 연기와 눈물뿐이지만 그 과정을 통해 찾던 것을 얻었습니다. 성경말씀에도 '우리 하나님은 소멸하는 불이심이라'(히브리서 12:29) 하였습니다. 그렇게 우리도 눈물과 고행으로 우리 안에 거룩한 불씨를 당겨야겠습니다."

~

포에멘 압바의 말이다. "수도자들은 육적인 것으로부터 멀리 도망쳐야 합니다. 사람들은 육적인 것과 싸우는 동시에 그것에 가까이 다가갑니다. 이는 마치 깊은 연못가에서 있는 사람과 같습니다. 마귀가 어느 때든 그를 밀어뜨려 연못에 빠뜨릴 것입니다. 그러나 육적인 것을 멀리하는 사람은 마치 연못에서 멀리 떨어져 있는 것과 같습니다. 마귀가 그를 연못으로 끌고 가서 빠뜨리려고 하더라도 하나님께서 매 순간 마귀와 대적하여 물리치도록 도와주실 것입니다."

~

포에멘 압바의 말이다. "자기 의지에 기대고 편안을 누리는 것을 상습적으로 하면 수도자는 무너집니다." 그는 또 이렇게 말했다. "육신을 편안하게 해주는 모든 것은 주님이 싫어하시는 것입니다." 그는 또 이런 말도 했다. "연기로 벌을 쫓아내고 벌들이 모은 꿀을 훔쳐 가듯이 육적인 안락이 하나님에 대한 두려움을 마음에서 몰아내고 그동안의 공적을 허물어뜨립니다."

수도자 셋이 파프누티우스 압바를 찾아가 한 말씀 들려 달라고 부탁했다. 성자가 "어떤 말씀을 듣기 원하시는지요? 영적인 말씀인가요, 육적인 말씀인가요?" 하자 그들은 "영적인 말씀입니다" 하였다. 그러자 성자는 이렇게 말했다. "가시오. 가서 안락보다는 시련을, 영광보다는 모욕을 취하고 받기보다는 주시오."

안토니 압바가 제자들에게 한 말이다. "내가 보기에 몸은 스스로 원하는 바가 있으니 그것은 자연스럽게 따라 하는 것이 좋습니다. 그럴 때도 마음의 승인이 있어야 합니다. 욕정에 사로잡히지만 않는다면 몸은 존귀한 것입니다. 이와 다른 몸의 행동이 있으니 먹거나 마심으로 자신을 더럽히거나 살찌게 하려는 것입니다. 사도 바울이 '술 취하지 말라. 이는 방탕한 것이라'(에베소서 5:18) 하신 이유도 거기 있습니다. 주님도 제자들에게 '너희는 스스로 조심하라. 그렇지 않으면 방탕함과 술 취함과 생활의 염려로 마음이 둔하여진다'(누가복음 21:34)고 하셨습니다. 이와 또 다른 행동이 있으니 그것은 싸움박질하는 자들을 충동하는 것으로 사악한 악마의 시기심에서 비롯된 것입니다.

이렇듯 몸의 행동에 세 가지가 있음을 기억하십시오. 첫째는 자연스러운 것이고, 둘째는 욕심에서 나오는 것이며, 셋째는 악마에게서 비롯된 것입니다."

이삭 압바가 포에멘 압바를 만나러 갔는데 마침 발을 씻고 있었다. 둘이 반갑게 만나 이야기를 나누던 중에 이삭 압바가 물었다. "고행을 하면서 자기 몸을 심하게 다루는 사람이 있는데 어떻게 생각하십니까?" 성자는 이렇게 답했다. "우리는 몸을 죽이라는 가르침은 받은 적이 없습니다. 다만 우리 정욕을 죽이라고 하셨지요."

신클레티카 암마의 말이다. "병이 들어 몸이 쇠약해지더라도 그것 때문에 슬퍼하지 마십시오. 우리가 병들어 몸이 허약해지고 찬미를 올리지 못할 지경이 되었어도 그것이 우리에게 유익이 되나니 곧 우리의 욕망을 소멸하기 때문입니다. 우리가 금식을 하고 맨땅에 눕는 것은 우리의 정욕을 다스리기 위함입니다. 그렇게 질병은 우리의 육정을 약화하는 효과가 있고 그 효능은 실로 큽니다. 이야말로 효과적인 금욕수행이라 할 수 있습니다. 그러니 아픈 중에도 자신을 다스려 하나님께 감사 찬미를 올리도록 합시다."

포에멘 압바가 스승 요셉 압바에게 물었다. "욕정이 나를 공격할 때 어떻게 해야 합니까? 받아들여야 할까요, 물리쳐야 할까요?" 성자는 말했다. "받아들인 후 싸워 이기십시오." 그 말을 듣고 포에멘 압바는 스케티스 처소로 돌아갔다. 그때 테베에 있던 수도자가 스케티스로 와서 형제들에게 말했다. "요셉 압바님을 찾아가 욕정이 나를 공격할 때 받아들여야 하는지 물리쳐야 하는지 여쭈었더니 압바님은 조금도 틈을 주지 말고 물리쳐야 한다고 말씀해 주셨습니다." 포에멘은 요셉 압바가 테베 수도사에게 자신에게 말한 것과 다르게 말했다는 것을 알고 요셉 압바를 만나러 파네피시스로 다시 갔다.

그는 성자에게 "압바님, 같은 문제인데 저에게 하신 말씀과 테베 형제에게 하신 말씀이 다른 이유는 무엇입니까?" 하고 물었다. 그러자 성자는 "내가 형제님을 사랑하는 줄 아시지요?" 하였다. 그가 "그럼요" 하고 대답하자 성자는 "내게 와서, 자신을 대하듯 나에게 말해 달라고 말씀하셨지요?" 하고 물었다. 그가 "그랬습니다" 하자 성자가 말했다. "욕정이 그대 안에 들어가더라도 싸워 이기면 그대는 더욱 강하게 됩니다. 그래서 나처럼 그대에게도 그렇게 말한 것입니다. 하지만 다른 형제들은 그렇게 할 수 없기 때문에 욕정이 몰려오면 바로 물리치라고 말했던 것입니다."

아눕 압바가 포에멘 압바에게 사람의 마음에 생기는 부정한 생각과 헛된 욕망에 대하여 물었다. 포에멘 압바는 이렇게 말했다. "도끼는 누가 그것으로 나무를 잘라야 소용이 있는 것 아닙니까?(이사야 10:15) 그런 나쁜 생각도 쓰지 않으면 아무 소용이 없을 것입니다."

이번에는 이사야 압바가 포에멘 압바에게 부정한 생각에 대해 물었다. 성자는 이렇게 말했다. "그것은 옷장에 옷을 잔뜩 쌓아 놓은 것과 같습니다. 그렇게 마구잡이로 쌓아 두고 기다리다 보면 시간이 지나면서 옷은 낡아집니다. 생각도 마찬가지입니다. 그런 생각이 들더라도 관심을 두지 않고 내버려 두면 옷이 낡아지듯 나쁜 생각들도 자연스럽게 사라질 것입니다."

또한 요셉 압바가 부정한 생각에 대하여 포에멘 압바에게 물었다. 성자는 이렇게 말했다. "사람이 뱀이나 전갈을 잡아서 병 안에 두고 시간이 흐르면 뱀과 전갈은 죽게 됩니다. 마귀가 가져다주는 나쁜 생각도 마찬가지입니다. 인내심을 가지고 기다리다 보면 사라지게 되어 있습니다." 또 이런 말도 했다. "육적인 소욕에 대한 생각이 엄습해 오면 즉시 물리치시오. 두 번째 다시 오더라도 물리치시오. 세 번째 다시 온다면 이번에는 그대로 내버려 두고 관심도 두지 마시오. 그러면 더 이상 그대를 어떻게 할 수 없을 것입니다."

한 형제가 포에멘 압바에게 물었다. "음욕과 분노가 나를 덮칠 땐 어떻게 하면 좋습니까?" 성자가 말했다. "이것에 대해서는 다윗이 말하였지요. '사자나 곰이 와서 양 떼에서 새끼를 물어 가면 내가 따라가서 그것을 치고 그 입에서 새끼를 건져 내었다'(사무엘상 17:34-35). 그렇게 온 힘을 다해 분노를 찢어 버리고 음욕을 쳐버려야 합니다."

~

요셉 압바가 시소에스 압바에게 물었다. "욕정은 얼마나 기다렸다가 잘라 버려야 합니까?" 성자가 되물었다. "기간을 알고 싶습니까?" 그가 그렇다고 대답하자 성자가 말했다. "생기는 즉시 잘라야 합니다."

~

오르시시우스 압바의 말이다. "사람이 그 영혼을 잘 다스리지 못하면 그가 들었던 것을 모두 잊거나 무시하게 되고, 그러면 악마가 그 안에 비집고 들어가 그를 넘어뜨릴 것입니다. 이는 등잔에 붙은 불과 같습니다. 기름을 채우는 것을 잊어버리면 불이 점점 소멸되어 암흑이 지배할 것입니다. 더 심각한 것은 쥐 한 마리가 등잔 가까이 왔다가 등잔 심지를 먹으려 드는 것입니다. 쥐는 등잔에 기름이 소진되기까지는 아무 짓도 하지 못할 것입니다. 그러나 불이 꺼지고 등잔에 열기가 사라지면 등잔에 뛰어올라 심지를 끄집어내려 하다가 등잔을 떨어뜨릴 것입니다. 흙으로 구워 만든 등잔이라면 깨질 것이지만 구리로 만든 등잔이라면 집주인이 와서 보고는 주워 기름을 다시 채울 것입니다.

마찬가지로 우리 영혼이 게으르면 성령이 점차 소멸되어 따뜻한 온기까지 사라질 것입니다. 그러면 마귀가 우리 영혼의 열정을 삼키고 사악한 생각이 우리 육신을 더럽힐 것입니다. 하지만 사람이 하나님과 떨어지지만 않으면, 그가 설혹 게으름으로 인해 멀리 떨어졌다 할지라도 하나님께서 그 자비하심으로 그에게 두려워하는 마음을 되돌려 주시고 심판 날에 받을 형벌을 기억하게 하시어 더욱 부지런함으로 자기 자신을 다스려 주님 오시는 날까지 남은 날을 성실하게 살도록 이끄실 것입니다."

키 작은 요한 압바가 한 말이다. "성자들은 여러 종류의 나무와 같습니다. 각기 다른 열매를 맺지만 물은 같은 곳에서 줍니다. 성자들의 행함은 각기 다르지만 그들 가운에 역사하시는 성령님은 한 분이십니다."

누군가 신클레티카 암마에게 청빈이 완전한 덕인지 물었다. 암마는 이렇게 말했다. "청빈을 실천할 수 있는 사람에게 그것은 완전한 덕입니다. 청빈을 유지할 수 있는 사람에게 육체는 고통이겠지만 마음은 휴식을 얻습니다. 발로 밟아서 빨아야 하는 거친 옷을 입고 사는 사람은 어디든 마음대로 갈 수 있는 것처럼 자발적으로 청빈을 실천하는 사람의 영혼은 무엇에든 강하고 평온합니다."

히페레키우스 압바의 말이다. "수도자의 보화는 자발적인 가난입니다. 형제여, 하늘에 보화를 쌓으십시오. 그곳에 다함이 없는 평안과 기쁨이 있기 때문입니다." 그는 또 이런 말도 했다. "그대 생각을 항상 하늘나라에 두십시오. 머지않아 그것을 유업으로 얻게 될 것입니다."

~

엘리아스 압바의 말이다. "영이 육과 함께 노력하지 아니하면 그 수고는 헛됩니다. 시련을 사랑하면 나중에 기쁨과 평안을 얻을 것입니다."

~

한 형제가 시소에스 압바에게 물었다. "사탄은 옛날에도 이처럼 기승을 부렸습니까?" 성자가 답했다. "사탄은 지금 더 극성을 부리고 있습니다. 자기 때가 얼마 남지 않은 것을 알고 화가 잔뜩 나서 흥분해 있기 때문입니다."

~

이사야 압바의 말이다. "하나님은 사람이 견디지 못하고 반역하여 자기 뜻대로 행하면 그 영혼을 불쌍히 여겨 그가 원치 않았던 시련을 주십니다. 그렇게라도 해서 다시 주님을 찾기를 바라시기 때문입니다."

~

테오도라 암마의 말이다. "나무들처럼 좁은 문으로 들어가기를 힘씁시다. 겨울 폭풍을 견뎌 내지 못한 나무는 여름에 열매를 맺을 수 없습니다. 우리도 그러합니다. 지금은 폭풍의 계절입니다. 수많은 시련과 유혹을 견뎌 낸 자만이 하늘나라에 들어갈 수 있을 것입니다."

~

한 수도사가 크로니우스 압바에게 물었다. "정신이 없어 혼이 흐려진 결과로 죄를 짓곤 하는데 그 전에 사태를 파악해서 제대로 살려면 어떻게 해야 합니까?" 성자는 이렇게 말했다. "이스라엘 자손의 죄로 인해 이방 민족이 하나님의 법궤를 강탈하여 자기네 신인 다곤 신전에 갖다 놓았다가 그 신상이 땅에 고꾸라졌지요?"(사무엘상 5장) 수도사가 "무슨 뜻입니까?" 하자 성자는 이렇게 말했다. "악마가 사람의 혼을 낚아 챌 때 충동심으로 그 계략에 넘어가 보이지 않는 욕정에 사로잡히는 경우가 있습니다. 그렇더라도 혼이 제대로 돌아와 영원한 심판을 기억하며 하나님을 찾으면 욕정들은 순간적으로 사라지게 됩니다. 성경말씀에도 '돌이켜 조용히 있어야 구원을 얻을 것이라'(이사야 30:15) 하였습니다."

~

"사탄은 어떤 식으로 성자를 유혹하는가?" 그 예를 시나이 산에서 살았던 니콘 압바에게서 찾아볼 수 있다.

어떤 사내가 바란족 천막에 들어갔다가 그 집 딸이 혼자 있는 것을 보고 겁탈했다. 사내는 그녀에게 "누가 그랬느냐고 물으면 은둔 수사 니콘 압바가 그랬다고 하라"고 시켰다. 딸은 아버지가 돌아왔을 때 사내가 시킨 대로 말했다.

아버지는 칼을 들고 성자를 만나러 갔다. 그가 압바 움막에 도착해서 문을 두드리자 성자가 나왔다. 칼을 뽑아 성자를 찌르려 했지만 손이 움직이지 않았다. 그래서 사제들을 찾아가 도움을 요청했다. 사제들은 성자에게 몰려가 성자의 얼굴을 마구 때리며 움막에서 쫓아내려고 했다. 성자는 그들에게 빌면서 간구했다. "하나님의 자비하심을 빌려 부탁드립니다. 제발 여기 머물러 속죄하며 살게 해주세요."

그들은 3년만 그곳에 살되 아무도 만나지 못하게 했다. 성자는 3년을 사는 동안 바깥 출입을 하지 않고 주일에만 속죄를 위해 교회에 나와 만나는 사람마다 "나를 위해 기도해 주세요"라고 부탁했다. 그러던 어느 날, 범행을 저질렀던 사내가 악마에게 이끌려 교회로 와서 실토했다. "사실은 내가 그 딸을 범했습니다. 그리고 하나님의 종에게 죄를 뒤집어씌우고 비난했습니다."

이 말을 듣고 온 회중이 성자에게 가서 엎드려 "압바님, 우리를 용서해 주십시오" 하고 빌었다. 성자가 그들에게 말했다. "여러분이 용서를 빈 것에 대해서는 이미 용서를 했습니다. 하지만 나는 더 이상 여러분과 함께 머물지 않겠습니다. 여기 있는 여러분 중 어느 누구도 분별력이 없는 탓에 나를 불쌍히 여기지 않았기 때문입니다." 그 말을 남기고 성자는 그곳을 떠났다. 악마는 성자를 이런 식으로 유혹했다.

키 작은 요한 압바는 하나님께 자신의 번민과 열정을 소멸시켜 어떤 걱정도 없게 해달라고 기도했다고 한다. 그가 한 성자를 찾아가 “제게는 적이 하나도 없어 마음이 평안합니다” 하였다. 그러자 성자가 이렇게 말했다. “가서 전에 가졌던 고뇌와 겸손을 되찾아 투쟁심을 갖게 해달라고 기도하시오. 영은 투쟁을 통해서 진보하는 법입니다.”

그래서 요한 압바는 하나님께 그렇게 기도했고 투쟁심을 회복했다. 이후 고뇌와 시련이 닥칠 때마다 그것을 없애달라고 기도하지 않고 “주여, 제게 싸울 힘을 주옵소서”라고 기도했다.

안토니 압바가 제자 포에멘에게 한 말이다. “사람이라면 반드시 당할 일일세. 마지막 숨을 쉬는 순간까지 유혹이 있을 것임을 알아야 한다네. 하나님 앞에서 오직 자기 죄를 고할 뿐이지.” 안토니 압바는 이런 말도 했다. “유혹을 당해보지 않은 사람은 하늘나라에 들어갈 수 없습니다.” 심지어 이런 말도 했다. “유혹을 당해 보지 않고는 구원받을 수도 없습니다.”

안토니 압바의 말이다. “사막에서 은둔생활을 하는 사람이 듣는 것과 말하는 것과 보는 것, 이 세 가지 충동에서

는 벗어날 수 있습니다. 그러나 벗어날 수 없는 한 가지가 있으니 바로 음욕입니다."

❧

안토니 압바의 말이다. "사람이 할 수 있는 가장 위대한 일은 자기 잘못을 주님 앞에 내려놓는 일이고, 숨 쉬는 마지막 순간까지 유혹이 있을 것을 예상하며 사는 것입니다."

❧

히페레키우스 압바의 말이다. "사자는 들나귀에게 공포의 대상입니다. 연단받은 수도자들에게 욕망이 그렇습니다."

❧

오르 압바의 말이다. "시험을 받을 때 다른 사람을 탓하거나 불평하지 마시오. 다만 '이 모든 것은 내 죄 때문이다' 라고 하십시오."

7

애통하며 회개할 맘

죄의식과 참회에 대한 가르침

하나님이여, 주의 인자를 따라 내게 은혜를 베푸시며 주의 많은 긍휼을 따라 내 죄악을 지워 주소서. 나의 죄악을 말갛게 씻으시며 나의 죄를 깨끗이 제하소서. 무릇 나는 내 죄과를 아오니 내 죄가 항상 내 앞에 있나이다. 내가 주께만 범죄하여 주의 목전에 악을 행하였사오니 주께서 말씀하실 때에 의로우시다 하고 주께서 심판하실 때에 순전하시다 하리이다. 내가 죄악 중에서 출생하였음이여, 어머니가 죄 중에서 나를 잉태하였나이다. 보소서, 주께서는 중심이 진실함을 원하시오니 내게 지혜를 은밀히 가르치리이다. 우슬초로 나를 정결하게 하소서. 내가 정하리이다. 나의 죄를 씻어 주소서. 내가 눈보다 희리이다. (시편 51:1-7)

하나님이여, 나의 구원의 하나님이여, 피 흘린 죄에서 나를 건지소서. 내 혀가 주의 의를 높이 노래하리이다. 주여, 내 입술을 열어 주소서. 내 입이 주를 찬송하여 전파하리이다. 주께서는 제사를 기뻐하지 아니하시나니 그렇지 아니하면 내가 드렸을 것이라. 주는 번제를 기뻐하지 아니하시나이다. 하나님께서 구하시는 제사는 상한 심령이라. 하나님이여, 상하고 통회하는 마음을 주께서 멸시하지 아니하시리이다. (시편 51:14-17)

여호와의 말씀에 너희는 이제라도 금식하고 울며 애통하고 마음을 다하여 내게로 돌아오라 하셨나니 너희는 옷을 찢지 말고 마음을 찢고 너희 하나님 여호와께로 돌아올지어다. 그는 은혜로우시며 자비로우시며 노하기를 더디하시며 인애가 크시사 뜻을 돌이켜 재앙을 내리지 아니하시나니 주께서 혹시 마음과 뜻을 돌이키시고 그 뒤에 복을 내리사 너희 하나님 여호와께 소제와 전제를 드리게 하지 아니하실는지 누가 알겠느냐. (요엘 2:12-14)

그때에 세례 요한이 이르러 유대 광야에서 전파하여 말하되 "회개하라. 천국이 가까이 왔느니라" 하였으니 그는 선지자 이사야를 통하여 말씀하신 자라 일렀으되 "광야에 외치는 자의 소리가 있어 이르되 '너희는 주의 길을 준비하라. 그가 오실 길을 곧게 하라' 하였느니라."

(마태복음 3:1-3)

이에 일어나 이르시되 "너희 중에 죄 없는 자가 먼저 돌로
치라" 하시고 다시 몸을 굽혀 손가락으로 땅에 쓰시니
그들이 이 말씀을 듣고 양심에 가책을 느껴 어른으로
시작하여 젊은이까지 하나씩 하나씩 나가고 오직 예수와
그 가운데 섰는 여자만 남았더라. 예수께서 일어나사
여자 외에 아무도 없는 것을 보시고 이르시되 "여자여,
너를 고발하던 그들이 어디 있느냐? 너를 정죄한 자가
없느냐?" 대답하되 "주여, 없나이다." 예수께서 이르시되
"나도 너를 정죄하지 아니하노니 가서 다시는 죄를
범하지 말라" 하시니라. (요한복음 8:7-11)

다윗에게 '밧세바 사건'은 치명적이었다. 십계명 중에 남의 아내를 탐한 죄, 간음한 죄에다 살인죄까지 합쳐 삼중 범죄를 저지른 그였다. 더욱이 그는 왕의 권력을 이용해 자기 죄를 은폐하려 했다. 그러나 나단의 폭로로 죄상이 드러났을 때 그의 재기는 불가능해 보였다. 그러나 다윗은 그 순간 "내가 내 죄를 압니다" 하면서 통절하게 회개했다. 그때 지은 시가 시편 51편이다. 그런 다윗에게 나단은 "하나님은 당신 죄를 사해 주실 것이지만 죗값으로 인한 피 흘림이 일어날 것"이라고 예언했다.

이후 다윗은 죽는 날까지 '회개의 삶'을 살았다. 가장 총

애했던 압살롬이 저지른 '왕자의 난', 그리고 왕자의 반역으로 자기 왕궁에서 쫓겨나 광야를 전전할 때도 다윗은 그 모든 불행이 자신의 죗값인 것을 인정하고 회개를 멈추지 않았다. 그가 쓴 시편 가운데 유독 회개와 참회의 시가 많은 이유이다. 그렇게 광야는 자신을 돌아보며 자기 죄를 반성하고 회개하는 곳이었다.

그런 맥락에서 세례 요한도 광야로 나가서 "회개하라. 천국이 가까이 왔느니라"(마태복음 3:2)라는 메시지를 전했고 회개하려는 사람들에게 세례를 베풀었다. 예수님도 요한에게 세례를 받고 광야에서 40일 금식기도를 한 후 세례 요한이 잡혀갔다는 소식을 듣고 "회개하라. 천국이 가까이 왔느니라"(마태복음 4:17)라는 메시지로 공생애를 시작했다.

광야는 죄지은 사람들에게 정화조 같은 곳이었다. 광야로 나간 교부와 교모가 기도하며 일하는 가운데 참회와 회개에 집중한 이유도 거기 있었다. 그래서인지 사막 교부와 교모가 남긴 어록 가운데 참회와 회개에 대한 것이 제일 많다.

ര

포에멘 압바가 제자에게 말했다. "사도가 말한 바 '모든 것이 깨끗한'(디도서 1:15) 지경에 이른 사람은 자기 자신을 모든 피조물보다 못한 존재로 여기게 됩니다." 제자가 "어떻게 제가 살인자보다 못한 존재가 됩니까?" 하고 묻자 성자가 대답했다. "말씀대로 사는 사람은 살인죄를 지은 사람을 보면 '이 사람은 죄를 한 번 지었지만 나는 매일 죄를 짓고 삽니다'라고 합니다."

또 다른 형제가 같은 질문을 하자 포에멘 압바는 아눕 압바가 해준 말을 들려주었다. "그렇게 사도 말씀을 이룬 자들은 자기 형제의 잘못을 보면 그 형제의 잘못이 자신의 정결보다 낫다는 것을 알게 됩니다." 형제가 "정결이 무엇입니까?" 하고 묻자 성자는 "항상 자신을 고발하는 것입니다" 하였다. 포에멘은 이런 말도 했다. "자기 스스로를 고발하면서 살면 모든 것으로부터 보호를 받을 수 있습니다."

~

한 형제가 포에멘 압바에게 물었다. "제가 무엇을 해야 할까요?" 성자가 말했다. "아브라함이 약속의 땅에 들어갔을 때 자기 매장지부터 샀습니다. 그의 무덤으로 인해서 그는 그 땅을 유업으로 얻었습니다." 형제가 물었다. "무덤이 무엇입니까?" 성자가 말했다. "눈물과 참회의 장소입니다."

~

포에멘 압바가 안타까워하면서 말했다. "이 수도원 사람들은 모든 수행은 하면서 한 가지 수행은 하지 않는군요. 그 한 가지 수행을 하지 않으면 넘어질 수밖에 없는데…." 수도사들이 그것이 무엇이냐고 묻자 성자가 말했다. "자책하는 일입니다."

~

한 형제가 포에멘 압바에게 물었다. "내가 지은 죄를 어찌할까요?" 성자가 답했다. "속으로 애통하시오. 회개함으로써만 죄에서 놓여나고 덕을 쌓을 수 있습니다." 그는 또 이런 말도 했다. "애통이야말로 성경과 교부님들이 우리에게 부탁하신 것입니다." 그는 또 이런 말도 했다. "사람이 죽을 때 마지막 숨을 내쉬며 외칠 것은 오직 한마디, '오늘도 회개하게 하옵소서' 입니다."

~

한 형제가 죄를 지었을 때 어떻게 해야 하는지 포에멘 압바에게 물었다. 성자는 이렇게 답했다. "자기 잘못을 씻기 원하는 사람은 눈물로 그것을 씻어야 합니다. 덕을 얻기 원하는 사람은 눈물로 그것을 얻어야 합니다. '우시오.' 성경과 교부님들이 우리에게 가르쳐 주신 것은 울음입니다. 우는 것 외에 다른 길은 없습니다."

또 다른 형제가 포에멘 압바에게 물었다. "죄와 번민으로 불안할 때는 어떻게 해야 합니까?" 성자가 답했다. "우리의 모든 고뇌를 하나님의 선하심 앞에 내려놓고 울 뿐입니다. 우리에게 자비를 베푸시기까지."

~

신클레티카 암마의 말이다. "슬픔에도 유익한 것이 있고 파괴적인 것이 있습니다. 유익한 슬픔은 자신의 죄나 이웃의 연약함 때문에 애통하는 것으로 이런 슬픔은 자신이 세운 목표를 파괴하지 않고 완전한 선의 경지로 이끕니다. 반면에 마귀로부터 비롯된 슬픔도 있습니다. 그런 슬픔은 가식으로 가득 찬 것으로 어떤 사람은 이를 무감각이라 부르기도 합니다. 이런 가식적인 슬픔은 기도와 찬미로만 쫓아낼 수 있습니다."

~

에피파니우스 압바의 말이다. "하나님은 회개하는 죄인의 죄는 감해 주십니다. 그러나 의인에게는 이자를 요구하십니다. 주님이 제자들에게 '너희 의가 서기관과 바리새인보다 더 낫지 못하면 결코 천국에 들어가지 못하리라'(마태복음 5:20) 하신 이유가 그것입니다."

~

하루는 마카리우스가 광야를 걷다가 땅 위에 죽은 자의 해골이 놓여 있는 것을 보았다. 그가 지팡이로 해골을 건드리자 해골이 그에게 말을 걸었다. 성자가 해골에게 "그대는 누구인가?" 하고 물었다. 해골은 "나는 이곳에 있던 이교도 우상을 섬기던 신전 제사장이었소. 하지만 그대는 영혼의 구원자 마카리우스. 그대가 형벌받는 영혼들을 불쌍히 여겨 기도해 줄 때마다 영혼들은 잠시나마 휴식을 얻는다오" 하였다.

성자가 "잠시 휴식은 무엇이며 형벌은 무엇인가?" 하

고 묻자 해골은 이렇게 답했다. "땅에서 하늘이 사라진 다음 우리는 뜨거운 불 속에 갇혀 머리부터 발끝까지 고통을 당하고 있다오. 우리는 얼굴도 마주 보지 못하고 뒤통수만 보도록 고정되어 있소. 그런데 그대가 우리를 위해 기도해 주면 잠시나마 서로 얼굴을 볼 수 있으니, 그것이 잠깐 휴식이오." 성자가 눈물을 흘리며 "오호라, 이 사람이 차라리 태어나지 않았다면" 하였다.

성자가 해골에게 "이보다 더 큰 형벌도 있소?" 하고 묻자 "우리보다 아래 있는 영혼들이 더 큰 형벌을 받고 있소이다" 하였다. "그들은 어떤 사람이오?" "우리는 하나님을 몰랐기 때문에 그나마 이 정도요. 하나님을 알고도 그를 부인한 자들이 우리 아래 있는 자들이외다." 그 말을 들은 성자는 해골을 거두어 정성스럽게 땅에 묻어 주었다.

포에멘 압바와 가까운 곳에 있던 한 수도사가 타국에 갔다가 거기서 은둔 수도사를 만났다. 그 은둔 수도사는 자비심이 많아 수많은 사람이 그를 보러 몰려왔다. 수도사가 그에게 포에멘 압바에 대해 말해 주자 은둔 수도사가 그를 만나 보고 싶어 했다. 수도사가 이집트로 돌아오고 얼마 뒤 은둔 수도사가 그를 찾아와 "포에멘 압바님을 뵙고 싶으니 데려가 달라"고 했다. 수도사는 깜짝 놀라면서도 기뻤다. 그래서 그를 포에멘에게 데리고 갔다. "이분은 자비가 많고 자기 지방에서 명성이 대단한 분입니다. 제가 이분께 압바님에 대해 말씀드렸더니 이렇게 압바님을 뵈러 왔군요." 포에멘은 그를 기쁘게 맞이했다.

둘은 서로 인사하고 자리에 앉았다. 방문객은 성경에 대하여, 영적이고 천상적인 것에 대하여 이야기했다. 그런데 포에멘 압바는 얼굴을 딴 곳으로 돌린 채 아무런 대꾸도 하지 않았다. 포에멘이 아무 말도 하지 않자 방문객은 민망하고 실망해서 자리를 떴다. 그는 자신을 소개했던 수도사에게 "먼 여행을 했지만 헛수고였습니다. 성자를 뵈러 왔는데 그분은 한마디도 하지 않으셨습니다" 하였다.

수도사가 포에멘 압바를 찾아가서 "압바님, 이분은 자기 고장에서 나름대로 명성이 꽤 높으신 분입니다. 그런 분이 압바님을 뵈러 여기까지 왔는데 어찌하여 한마디도 하지 않으셨습니까?" 하고 묻자 성자는 이렇게 말했다. "실로 그분은 훌륭한 분이었습니다. 천상의 것만 가지고 말씀하셨는데 나는 비천한 사람이라 세상적인 것밖에 말할 것이 없습니다. 만약 그분이 마음의 욕정에 대해 말씀하셨더라면 저도 할 말이 있었을 것입니다. 그런데 그분은 영적인 것만 말씀하셨고 저는 그것에 대해 아는 것이 없었습니다." 그 말을 들은 수도사는 방문객에게 그대로 전했다. "성자께서는 성경말씀에 대해서 물으면 잘 말씀하시지 않으려 하십니다. 그러나 마음의 욕정에 대해 그분께 조언을 구하면 대답해 주십니다."

방문객은 수치심에 가득 차 포에멘을 다시 찾아가서 물었다. "압바님, 제 마음에 가득 찬 욕정을 어떻게 하면 물리칠 수 있을까요?" 그러자 성자는 그를 바라보며 기쁘게 대답했다. "이번에는 제대로 오셨습니다. 이 문제에 대하여 궁금한 것을 물으시면 제가 성심껏 알려 드리겠습니다." 방문객은 큰 깨우침을 얻었다. 그는 자기 나라로 돌아가면서 위대한 성자를 만나게 해주신 하나님께 감사를 드렸다.

~

한 형제가 포에멘 압바에게 말했다. "부끄러운 죄를 지었을 때 내 양심이 나를 째려보면서 '어쩌다 죄를 지은 게냐?' 하고 따집니다." 성자가 답했다. "사람이 잘못한 것을 알았을 때 스스로 '내가 죄를 지었소' 하면 그 순간 죄는 멈춥니다."

~

한 수도사가 포에멘 압바를 찾아와 호소했다. "마음의 번민으로 괴롭습니다. 내 죄는 제쳐 두고 남의 잘못만 자꾸 생각하게 됩니다." 그러자 성자는 자기 스승이었던 디오스코루스 압바 이야기를 들려주었다. "그분께서는 자기 처소에서 혼자 울고 계셨습니다. 다른 방에 있던 제자가 와서 '스승님, 왜 우십니까?' 하고 묻자 '내 죄 때문이다' 하셨습니다. 제자가 '스승님은 죄지은 것이 없을 텐데요' 하자 그분은 '아들아, 만약 내 속에 있는 죄가 모두 드러난다면 서너 명이 달려들어 통곡을 해도 모자랄 것이다' 하셨습니다."

~

아폴로 압바가 출가 전 목동으로 살 때는 난잡하게 살았다고 한다. 한번은 임신한 여인을 들판에서 보고 악마의 꼬임에 넘어가 "태중에 있는 아기가 어떤지 보고 싶다"면서 여인의 배를 갈라 태아를 꺼내 보았다. 그런 직후 마음에 찔림을 받아 죄책감에 사로잡혀 곧 스케티스로 가서 그곳 수도자들에게 자기가 한 일을 고하려 했다. 그때 마침 수도자들이 "우리의 연수가 칠십이요 강건하면 팔십이라도 그 연수의 자랑은 수고와 슬픔뿐이요 신속히 가니 우리가 날아가나이다"(시편 90:10)라는 시편 송가를 부르고 있었다. 그것을 듣던 아폴로는 "내 나이 사십이 되도록 기도 한 번 하지 않았습니다. 이제부터 사는 날 동안 하나님께 내 죄를 사해 달라는 기도를 끊이지 않고 하겠습니다" 하였다.

실제로 아폴로는 그 이후 아무 일도 하지 않고 "주님, 당신께 죄만 지은 놈입니다. 사하여 주소서" 하는 기도만 하고 지냈다. 밤이고 낮이고 기도하는 것이 그의 일이 되었다. 그와 함께 지내던 수도사는 "주님, 당신께 죄만 지었나이다. 나를 용서하소서. 그래야 내 마음이 조금이나마 편하나이다" 하는 그의 기도 소리만 들을 수 있었다.

그리고 오랜 세월이 지나 그는 하나님께서 그의 모든 죄, 여인을 살해한 죄까지도 용서해 주셨다는 확신이 생겼다. 그러나 아기를 죽인 죄까지도 용서받았는지에 대해서는 자신이 없었다. 그때 한 성자가 그에게 이렇게 말했다. "하나님은 그 아이를 죽인 죄까지도 용서해 주셨소. 다만 당신에게 슬픔을 남겨 두신 것은 그것이 당신 영혼에 유익하기 때문이라오."

~

하루는 아르세니우스 압바가 방 안에 앉아 있는데 이런 음성이 들렸다. "나와 보라. 사람들이 일하는 모습을 보여 주마." 그 소리에 일어나 소리가 이끄는 대로 갔더니 어떤 사람이 나무를 하는 모습이 보였다. 나무를 지게에 높이 쌓아 놓아 질 수 없을 정도였다. 그런데도 나무를 덜기보다 나무를 해서 올려 쌓기만 했다. 그 나무꾼은 그렇게 일만 계속했다. 조금 더 가보니 이번에는 연못가에 앉아서 그릇에 물을 담는 사람이 보였다. 그런데 그릇이 깨져 물을 담으면 그대로 흘러나왔다.

그때 음성이 또 들렸다. "이리 오너라. 또 다른 것을 보여 주마." 이번에는 성전이 보이고 말을 탄 두 사람이 성전 문을 사이에 두고 서로 반대편에서 문고리를 잡고 끌어당기고 있는 모습이 보였다. 둘 다 문을 열려고 했지만 뒤는 돌아보지 않고 자기 쪽으로만 문고리를 당기는 바람에 문을 열지 못하고 애만 쓸 뿐이었다.

또다시 음성이 들렸다. "성전 문을 당기고 있는 이 사람들은 정의에 교만을 더한 멍에를 지고 있는 사람들이다. 겸손하게 주님의 길을 가야 하는데 자신의 잘못을 돌아보지 않고 고치려 하지 않기 때문에 하나님 나라 안으로 들어갈 수 없다. 나무꾼은 살면서 자기 죄를 계속 쌓기만 하는 사람이다. 회개는 하지 않고 죄만 계속 지으며 사는 사람이다. 물을 긷는 사람은 선행을 하기는 하지만 죄도 함께 지으며 사는 사람이다. 죄로 말미암아 그가 행한 선행도 오염되고 만다. 따라서 모든 사람은 자기 행위를 돌아보아 그 수고가 헛되지 않도록 해야 할 것이다."

~

죄를 지은 수도사 한 명이 롯 압바를 찾아왔다. 그는 방을 들락날락하면서 앉지도 못하고 서지도 못하며 불안해했다. 롯이 "형제여, 무슨 일입니까?" 하고 묻자 그는 "제가 큰 죄를 지었는데 그것을 교부님들께 알려 드릴 수가 없군요" 하였다. 성자가 "내게 말씀하시면 교부님들께 알려 드리지요" 하자 그는 "저는 간음죄를 범했습니다. 그것을 위해 우상에게 제물도 바쳤습니다" 하였다. 성자가 그에게 말했다. "믿음을 가지시오. 회개는 가능합니다. 그대는 동굴 안에서 이틀에 한 번만 식사를 하시오. 당신 죄는 내가 가져가리다." 그렇게 삼 주가 지난 후 성자는 하나님께서 그의 회개를 받아들이셨다는 것을 확신했다. 그는 죽을 때까지 성자 곁을 떠나지 않고 그에게 복종하며 살았다.

~

한 병사가 미오스 압바에게 물었다. "과연 하나님께서 나의 회개를 받아 주셨을까요?" 성자는 여러 가지 말로 그를 가르친 후 이렇게 물었다. "형제여, 만일 그대가 입는 옷이 찢어졌다 칩시다. 어떻게 하시겠습니까? 내다 버리겠습니까?" 그가 말했다. "아니요, 꿰매서 다시 입지요." 이에 성자가 말했다. "낡은 옷도 당신이 이렇게 소중히 여기거늘 하나님께서 지으신 피조물이야 그분이 더욱 소중히 여기시지 않겠습니까?"

~

한 형제가 포에멘 압바를 찾아와 고백했다. "제가 엄청난 죄를 저질렀습니다. 삼 년 동안 사죄하며 살겠습니다." 그러자 성자가 말했다. "삼 년은 너무 깁니다." "그러면 일 년만 할까요?" "그것도 깁니다." "사십 일 동안 할까요?" "그것도 깁니다." 이어서 성자가 말했다. "내 말은 이렇습니다. 만약 어떤 사람이 전심을 다해 회개하고 다시는 그 죄를 짓지 않겠다고 결심하면 하나님은 단 사흘 만에 그를 다시 받아 주실 것입니다."

~

포에멘 압바의 말이다. "우리가 죄의 유혹을 쉽게 당하는 것은 성경말씀처럼 우리가 우리의 명분과 위치를 잊어버렸기 때문입니다. 가나안 여인이 자기 처지를 그대로 인정했을 때 구주께서 그에게 평안을 주시지 않았습니까?(마태복음 15:21-28) 아비가일도 마찬가지입니다. 그녀가 다윗에게 '이 죄악을 나 곧 내게로 돌리소서'(사무엘상 25:24) 하였을 때 주께서 들으시고 그를 사랑하셨습니다. 아비가일은 마음을 의미하고 다윗은 하나님을 의미합니다. 주님은 주님 앞에서 자책하는 마음에 평안을 주십니다."

~

한 형제가 포에멘 압바에게 물었다. "죄를 회개한다는 것은 무슨 뜻입니까?" 성자가 답했다. "회개한 후 다시 그 죄를 범하지 않는다는 뜻입니다. 그래서 의로운 자는 책망을 받지 않습니다. 자기 잘못을 내어 버림으로 의롭게 되기 때문입니다."

~

한 형제가 포에멘 압바에게 "무엇을 해야 할까요?" 하고 물었다. 그러자 성자는 "하나님께서 우리를 지켜보고 계신다면 우리가 무엇을 제일 두려워해야 할까요?" 하고 되물었다. "우리가 지은 죄입니다"라고 형제가 답하자 성자가 말했다. "각자 움막으로 들어가 거기 앉아서 우리가 지은 죄를 기억하고 있으면 주님께서 오셔서 모든 것으로 우리를 도와주실 것입니다."

~

팜보 압바가 알렉산드리아 대주교 아타나시우스의 부탁을 받고 사막을 떠나 알렉산드리아를 방문한 적이 있었다. 그는 그곳에서 매춘부를 보고 눈물을 흘렸다. 주변에 있던 사람들이 그에게 왜 우느냐고 묻자 성자는 이렇게 말했다. “저 여인을 잃은 것이 첫 번째 이유요, 저 여인이 사악한 남정네들을 즐겁게 하려고 저렇게 애를 쓰고 있는데 나는 하나님을 기쁘시게 하는 일에 관심조차 없었으니 그것이 두 번째 이유입니다.”

~

파프누티우스 압바의 말이다. “하루는 길을 따라 걷다가 방향을 잃고 마을 가까이까지 갔는데 거기서 사람들이 사악한 것에 대해 말하는 것을 들었습니다. 나는 조용히 서서 내 죄를 회개하며 기도했습니다. 그때 칼을 든 천사가 내게 와서 ‘파프누티우스여, 나는 남을 판단하는 자는 누구든 이 칼로 쳤다오. 그런데 그대는 남을 판단하지 않고 하나님 앞에 겸손하여 자기 죄를 고하였으니 그대 이름이 생명책에 기록되었도다’ 하였습니다.”

~

안토니 압바의 제자인 바울 압바가 하루는 어느 수도원을 방문했다. 마침 수도사들이 회의를 마치고 성찬예식을 거행하러 성전에 들어가고 있었다. 바울 압바는 성전으로 들어가는 수도사들을 유심히 지켜보았다. 바울에게는 사람을 보면 그의 영혼이 처해 있는 상태를 환히 볼 수 있는 은사가 있었다. 그런 바울이 성찬식에 참여하러 들어가는 수도사들을 지켜보는데, 모두 빛난 눈에 환한 얼굴을 하고 각자 수호천사들이 머리 위를 기쁘게 날면서 따라가고 있었다. 그런데 단 한 사람만 어두운 얼굴에 온몸이 검었는데 마귀가 양옆을 에워싸고 수호천사는 멀리 떨어져 머리를 숙이고 슬픔에 가득 차 따라가고 있었다. 그 모습을 본 바울은 성전 앞에 앉아 가슴을 치며 통곡했다.

눈물을 흘리며 애통하는 바울의 돌발적인 행동에 놀란 수도사들은 그에게 왜 그러냐고 물었다. 행여나 전체 수도사들에게 꾸중 들을 짓을 한 것이 아닌가 하여 걱정이 되어 바울에게 성찬예식에 함께 참석할 것을 권했다. 하지만 바울은 밖에 남아서 자기가 본 그 수도사의 영적 상태로 인해 눈물을 흘리며 애통했다.

그리고 얼마 후 성찬식이 끝나고 모든 수도사가 밖으로 나왔다. 바울은 그들의 영적 상태가 어떻게 되었는지 유심히 지켜보았다. 그런데 검고 어두운 상태로 들어갔던 그 수도사가 이번에는 환히 빛나는 얼굴과 흰 몸으로 나오는데 마귀들은 멀찌감치 떨어져 있고 거룩한 천사들이 가까이서 기뻐하며 옹위하고 있었다. 그 광경을 본 바울은 기쁨에 겨워 하나님께 영광을 올렸다. "오 거룩하신 하나님, 무한하신 사랑과 자비하심과 그 선하심이 영원하도다!" 그는 계단 위로 뛰어 올라가서 큰 목소리로 외쳤다. "이리 와서 보시오, 우리 주님께서 이루신 위대한 일을. 얼마나 놀랍고 두려운 일인가! 이리 와 보시오, 모든 사람을 구원하시려는 주님의 위대한 뜻이 이룩해 낸 결과를. 우리 모두 주님 앞에 엎드려 한목소리로 '오직 주님만이 우리 죄악을 멸하실 수 있나이다' 하고 외칩시다."

이 말에 모든 사람이 무슨 일인가 하여 모여들었다. 수도사들이 모이자 바울은 성전 입구에서 자신이 보았던 현상을 설명한 후 당사자를 불러내 어떻게 하나님께서 그를 순간적으로 변화시키셨는지 설명해 보라고 했다. 그러자 그 수도사는 모든 사람 앞에서 자신에게 일어난 일을 고백했다.

"저는 죄 많은 인간입니다. 저는 오랫동안 간음죄를 범했습니다. 지금까지도 그렇게 살았습니다. 그런데 제가 오늘 하나님의 성전에 들어가려는데 거룩한 선지자 이사야 말씀을 낭독하는 것이 들렸습니다. 그것은 곧 내게 하시는 말씀이었습니다. '너희는 스스로 씻으며 스스로 깨끗하게 하여 내 목전에서 너희 악한 행실을 버리며 행악을 그치고 선행을 배우며 … 너희의 죄가 주홍 같을지라도 눈과 같이 희어질 것이요 진홍같이 붉을지라도 양털같이 희게 되리라'(이사야 1:16-18).

간음하며 살았던 저는 그 예언자의 말씀을 듣는 순간 통회하는 마음으로 슬피 울면서 하나님께 간구했습니다. '죄인을 구원하시려고 이 세상에 오신 하나님, 이제 예언자의 입을 통해 말씀하셨으니 이 쓸모없는 죄인, 저에게도 그 은총을 내려 주옵소서. 말씀드리나니 이 순간부터는 더 이상 죄짓지 않고 모든 불의한 것을 버리며 순결한 양심으로 오직 주님만 섬길 것을 약속하나이다. 오, 주여. 회개하는 마음으로 주님 발 앞에 엎드리오니 지금 이후로는 어떤 잘못도 범하지 않도록 저를 받아 주시옵소서.' 이런 약속의 말씀을 드린 후 성전을 나왔는데 지금 내 마음은 하나님 앞에서 결코 죄를 범하지 않겠노라는 확신이 생겼습니다."

이 말을 들은 형제들은 일제히 한목소리로 하나님께 영광을 올렸다. "주께서 하신 일이 어찌 그리 많은지요? 주께서 지혜로 그들을 다 지으셨으니"(시편 104:24).

❧

한 형제가 시소에스 압바에게 물었다. "압바님, 제가 실족하여 넘어졌습니다. 어떻게 하면 좋습니까?" "다시 일어나시오." "일어섰다가 또 넘어졌습니다." "또다시 일어나시오." 그가 "몇 번이나 그렇게 해야 합니까?" 하고 묻자 성자가 말했다. "그대가 선이나 악, 어느 한가운데 온전히 있기까지입니다. 사람은 심판의 순간 어떤 자리에 있든지, 있는 모습 그대로 심판을 받을 것입니다."

❧

한 형제가 키 작은 요한 압바에게 회개한 영혼에 대해 묻자 이렇게 말했다. "한 도시에 창녀가 있었는데 단골손님이 많았습니다. 그 도시의 관원 중 한 명이 그녀에게 '바르게 살겠다고 약속하면 당신과 결혼하겠소' 하였습니다. 그 여자는 약속하고 새 주인을 따라 그의 집으로 갔습니다. 그 여자를 좋아했던 다른 남자들이 말하기를 '주인이 그녀를 자기 집으로 데려갔으니 우리가 그 집으로 가면 그가 알고 우리를 혼낼 것이다. 그러니 뒤로 가서 휘파람을 불자. 그러면 그 여자가 우리인 줄 알고 내려올 것이다. 그건 우리 탓이 아니다' 하였습니다. 그래서 남자들은 몰려가 휘파람을 불었습니다. 여자는 남자들의 휘파람 소리를 듣고는 귀를 막고 안방으로 들어가 문을 잠갔습니다. 우리 영혼은 창녀와 같습니다. 그녀가 사랑했던 남자들은 정욕의 것들입니다. 새 주인은 그리스도입니다. 안방은 영생의 거처입니다. 휘파람 부는 남자들은 마귀입니다. 우리 영혼은 오직 주 안에서만 피난처를 얻을 수 있습니다."

요한 압바가 들려준 이야기다. "이집트에 고급 창녀가 있었는데 미모가 뛰어나 귀족과 권력자들이 단골로 찾아와서 돈을 많이 벌었다. 하루는 그녀가 우연히 성전을 지나가다가 들어가고 싶은 마음이 생겨 들어가려 하자 문 앞에 있던 부제가 그녀를 가로막았다. '당신은 하나님의 집에 들어갈 수 없습니다. 부정하기 때문입니다.' 둘이 실랑이를 벌이는 동안 소란 때문에 주교가 나왔다. 창녀가 주교에게 '저 사람이 나를 성전에 들어가지 못하게 합니다' 하자 주교도 '당신은 들어올 수 없습니다. 부정하기 때문이오' 하였다. 여인은 참회하는 심정으로 '지금부터 더 이상 몸을 팔지 않겠습니다' 하였다. 그러자 주교는 '당신 재물을 모두 가져오시오. 그래야 더는 몸을 팔지 않겠다는 것을 믿겠소' 하였다. 그녀는 돌아가 전 재산을 처분하여 주교에게 가져왔다. 주교는 그것을 모두 불살라 버렸다. 여인은 눈물을 흘리며 성전 안으로 들어가면서 이렇게 말했다. '지옥에 가서 내가 이런 일을 당했더라면 어떻게 되었을까? 지상에서 이런 수모와 고통을 당한 것이 천만다행이다.' 그렇게 그 여인은 회개했고 주님의 '택한 그릇'(사도행전 9:15)이 되었다."

~

세라피온 압바가 이집트 시가지를 걷다가 한 창녀가 자기 방에 앉아 있는 것을 보았다. 성자는 그녀에게 다가가 "오늘 저녁 나를 받아 주시오. 그대와 함께 오늘 밤을 지내고 싶구려" 하였다. 그녀는 "대단히 좋습니다. 압바님" 하고는 몸단장을 하고 침대를 준비했다. 저녁이 되자 성자가 그녀를 만나러 와서 방 안에 들어갔다. 그리고 "침대가 준비되었나요?" 하고 물었다. 그녀가 "예, 압바님" 하자 성자는 문을 닫고는 "조금만 기다리시오. 우리에겐 기도 규칙이 있어 그걸 먼저 해야겠습니다" 하였다. 그러고는 기도를 시작했다. 성자는 시편을 꺼내 낭송하면서 매 편마다 그녀가 회개하고 구원받기를 간구하는 기도를 드렸다. 그리고 하나님께서 그 기도를 들어주셨다.

여인은 성자 곁에 서서 떨면서 기도했다. 성자가 시편 기도를 마치자 여인은 땅바닥에 주저앉았다. 이어서 성자는 사도서신을 읽기 시작했고 긴 서신을 낭독한 후 기도로 끝맺었다. 여인은 죄책감에 사로잡혀 성자가 죄를 짓기 위해 온 것이 아니라 자신을 구원하러 온 것임을 깨달았다.

그녀는 성자 앞에 무릎을 꿇고 빌었다. "압바님, 이처럼 자비를 베푸셨으니 제가 하나님을 기쁘시게 할 수 있게 어디로든 데려가 주세요." 성자는 그녀를 동정 수녀들이 사는 수녀원으로 데리고 가서 원장 수녀에게 맡겼다. "이 자매를 맡아 주세요. 다른 수녀님들처럼 무거운 멍에나 규율은 주지 마세요. 다만 그녀가 뭐든 하길 원하면 하고 싶은 대로 하도록 해주세요."

그렇게 해서 수녀원에 들어간 그녀는 며칠이 지나 "저는 죄인입니다. 이틀에 한 끼만 먹겠습니다" 하였다. 그리고 또 조금 지난 후에는 "저는 너무 많은 죄를 지었습니다. 그래서 나흘에 한 끼만 먹겠습니다" 하였다. 며칠 지난 후 그녀는 원장 수녀를 다시 불러 "내 죄로 인하여 하나님을 슬프게 한 일이 너무 많습니다. 저에게 자비를 베푸셔서 저를 움막에 가두고 문을 걸어 잠근 후 창문을 통해 빵과 일거리를 넣어 주시기 바랍니다" 하였다. 원장 수녀는 그대로 하였고 그녀는 남은 날 동안 하나님을 기쁘시게 하며 살았다.

테베 사람 시소에스 압바의 말이다. "나는 죄 가운데 잠들었다가 죄 가운데 깨어납니다."

신클레티카 암마의 말이다. "세상에서는 잘못을 저지르면, 비록 그것이 의도적으로 저지른 것이 아니라 할지라도 감옥에 가야 합니다. 마찬가지로 우리도 죄를 지으면 우리 자신을 가두어야 합니다. 자기 잘못을 의도적으로 기억해야만 다가올 형벌을 대비할 수 있습니다."

~

파에시아란 이름의 소녀가 부모를 여의고 고아원에 맡겨졌다. 소녀는 부모가 유산으로 남긴 재산으로 스케티스의 원로 수도사들을 위한 요양원을 만들기로 결심했다. 그리고 오랫동안 정성을 다해 수사들을 섬겼다. 그러다가 재정이 고갈되어 빈궁한 형편에 처하게 되었다. 그때 사악한 사내들이 그녀를 꾀어 빗나가게 했다. 얼마 후 그녀는 도시로 나가 창녀처럼 생활했다. 그 사실을 알게 된 수도사들이 슬픔에 잠겨 키 작은 요한 압바에게 도움을 요청했다. "착했던 여인이 사악한 생활을 하고 있다는 말을 들었습니다. 그동안 우리가 그녀의 도움을 많이 받았으니 이제는 우리가 그녀를 도울 차례입니다. 그녀에게 가서 하나님께서 주신 지혜로 그녀를 바로잡아 주시기 바랍니다."

이 말에 요한은 그녀를 찾아가 나이 든 문지기에게 "여주인에게 여기 내가 왔다고 전해 주시오" 하였다. 그러나 문지기 노파는 "당신도 오래전부터 주인마님 덕분에 먹고살지 않았소. 이제 빈털터리가 된 주인마님을 왜 보러 온 게요?" 하면서 쫓아 보내려 하였다.

그러자 요한이 말했다. "주인에게 가서 말해 주시오. 내가 도움이 될 만한 귀중한 것을 가지고 왔다고요." 그때 문지기 자녀들이 성자를 놀리면서 "주인마님을 뵙기 원한다면서 가져온 게 무엇인데요?" 하였다. 성자는 "내가 주려는 것이 무엇인 줄 너희가 어찌 알겠느냐?"라고 응수했다.

문지기 노파는 집 안으로 들어가 여주인에게 사실대로 고했다. 그러자 파에시아는 "그분은 홍해 지역을 돌아다니며 진주를 구하던 분이다" 하면서 몸단장을 하고 문지기에게 "그분을 모셔오라"고 했다. 성자가 들어오자 그녀는 맞이할 준비를 하고 침대에 누웠다.

압바 요한은 방 안에 들어와 침대 옆에 앉은 후 그녀의 눈을 바라보면서 말했다. "어찌 예수님을 거역하고 이렇게 살고 계시오?" 그 말을 듣는 순간 그녀의 몸이 경직되었다. 그러자 요한은 고개를 숙이고 펑펑 울기 시작했다. 그녀가 "압바님, 왜 우세요?" 하고 묻자 그는 고개를 들었다가 다시 숙이고 "그대 얼굴에서 뛰노는 사탄을 보았소. 어찌 울지 않을 수 있겠소?" 하며 계속 울었다. 그 말을 듣고 그녀는 "압바님, 제가 회개하면 구원받을 수 있을까요?" 하였다. 성자가 "그럼요" 하자 그녀는 "나를 어디든 데려가 주세요" 하였다.

여인은 요한을 따라나섰다. 그들이 사막에 도착했을 때 날이 저물었다. 성자는 십자가 형태로 모래 베개를 만든 후 "이걸 베고 자시오" 하였다. 그리고 조금 떨어진 곳에 그도 그런 식으로 베개를 만들고 기도를 한 뒤 자리에 누웠다. 성자는 한밤중에 잠이 깼는데 하늘로부터 그녀가 누워 있는 곳까지 빛줄기가 뻗쳐 있는 것을 보았다. 그리고 하나님의 천사들이 그녀의 영혼을 안고 올라가는 것도 보았다. 그는 일어나 여인의 다리를 흔들었다. 그녀는 죽어 있었다. 그는 고개를 숙여 하나님께 기도했다. 그때 이런 음성이 들렸다. "이 여인이 단 한 시간 회개한 것이 그동안 수많은 사람이 참회한다면서 건성으로 회개한 것보다 훨씬 더 컸도다."

~

마토에스 압바의 말이다. "사람이 하나님께 가까이 가면 갈수록 자신이 죄인임을 알게 됩니다. 그래서 예언자 이사야는 하나님을 뵙고 '나는 입술이 부정한 자'(이사야 6:5)라고 고백했습니다." 그는 또 이런 말도 했다. "내가 젊었을 때는 나 자신에게 이런 말을 했습니다. '언젠가는 뭔가 선한 일을 할 수 있을 거야.' 그러나 이제 나이가 드니 내게 선한 것이라고는 전혀 없음을 알았습니다."

~

비티무스 압바가 포에멘 압바에게 물었다. "누군가 내게 노여움을 품고 있어 그에게 용서를 빌었음에도 받아들이지 않을 경우에는 어떻게 해야 합니까?" 성자가 답했다. "다른 형제 두 명을 데리고 가서 용서를 비십시오. 그래도 받아들이지 않으면 다섯 명을 데리고 가십시오. 그래도 풀지 않으면 이번에는 사제를 데리고 가십시오. 그래도 안 되면 불안해하지 말고 하나님께 간구하십시오. 그러면 그 스스로 화를 풀 것입니다. 그것으로 인해 괴로워하지 마십시오."

어떤 수도원의 수도사 한 명이 죄를 범해 수도원에서 쫓겨났다. 그는 산을 넘어 안토니를 찾아갔다. 성자는 한동안 그를 곁에 두고 함께 지냈다. 그리고 시간이 흘러 그를 쫓아냈던 수도원으로 돌려보냈다. 하지만 그곳 수도사들은 그를 다시 쫓아냈고, 그는 또다시 안토니를 찾아왔다. "스승님, 저들은 나를 받아들이지 않을 겁니다." 그러자 성자는 그를 다시 돌려보내며 이런 메시지도 함께 보냈다. "배 한 척이 항해 중에 풍랑을 만나 화물을 모두 잃고 천신만고 끝에 항구에 도착했습니다. 그런데 당신들은 그 배를 다시 바다로 내몰려고 합니다. 가까스로 정박할 곳을 찾았는데 말입니다." 수도사들은 그를 보낸 이가 안토니 압바라는 것을 알고 그를 즉시 받아들였다.

사제 이시도레 압바는 어디를 가든 성전에서 설교할 때 이 말만 했다고 한다. "형제를 용서하십시오. 그래야 용서를 받을 것입니다."

한 수도사가 포에멘 압바에게 물었다. "형제가 죄를 짓는 것을 보고 눈감아 주는 것이 옳습니까?" 성자가 대답했다. "우리가 우리 형제의 잘못을 묵인하면 하나님도 우리 자신의 죄를 묵인하실 것이요 우리가 형제의 실수를 들춰내면 하나님도 우리 죄를 들춰내실 것입니다."

~

펠루시아의 사제 귀에 몇몇 수도사가 읍내로 가끔 내려와서 목욕을 하고 신중하지 못하게 처신한다는 말이 들렸다. 사제는 수도자 회합에 참석해서 그 수도사들의 수도복을 벗겼다. 그 후 마음에 가책을 받은 사제는 포에멘 압바를 찾아가 압수했던 수도복을 내려놓고 사실대로 말했다. 성자가 그에게 물었다. "그대는 가끔 그대 안에 옛 아담 같은 것이 들어 있다고 느끼지 않나요?" "내 안에 옛 아담의 것이 남아 있습니다." "보세요. 그대는 그 수도사들과 다를 바가 없습니다. 그대가 옛 아담의 것을 갖고 있다면 그대 역시 죄 아래 있는 것입니다." 그 후 사제는 그 수도사들을 불러 용서를 구한 후 수도복을 다시 입혀 보냈다.

~

한 수도사가 포에멘 압바에게 이렇게 말했다. "저는 죄를 지었다는 형제를 제 처소에 데리고 간 적이 없습니다. 그러나 착한 형제와는 함께 있어 행복했습니다." 이 말을 듣고 성자가 말했다. "착한 형제에게 베풀었던 것의 배 이상을 죄를 지은 형제에게 베푸십시오. 그는 환자이기 때문입니다. 공동체 수도원에 디모데라는 은둔 수도사가 있었습니다. 그곳 수도사 가운데 한 명이 시험을 받았다는 말을 수도원장이 듣고 디모데에게 조언을 구했습니다. 디모데는 그를 쫓아내라고 했습니다. 그렇게 해서 그 수도사가 쫓겨난 후 그가 당했던 시험을 디모데가 당하게 되었습니다. 디모데는 서서 하나님께 '제가 죄를 지었습니다. 사해 주소서' 하였습니다. 그때 음성이 들려오기를 '디모데야, 네가 이런 일을 당한 것은 위기에 처한 네 형제를 무시했기 때문이다' 하였습니다."

~

포에멘 압바의 말이다. "우리가 수도생활을 하면서도 그처럼 시련을 많이 당하는 이유는 성경말씀에 형제를 서로 용납하라고 하였는데 그렇게 하지 못했기 때문입니다. 가나안 여인을 생각해 보십시오(마태복음 15:22). 그녀는 주님을 따라다니며 자기 딸을 고쳐 달라고 울면서 간구했습니다. 그래서 주님은 그녀를 용납하고 평안을 주셨습니다."

~

한 형제가 포에멘 압바에게 물었다. "사람은 어떻게 죽습니까?" 성자가 말했다. "죄에 기우는 순간부터 죽기 시작합니다. 하지만 의에 붙어 있으면 살 것이고 의를 행하게 될 것입니다."

~

키 작은 요한 압바의 말이다. "우리 양어깨에는 두 가지 짐이 올려져 있습니다. 한쪽에는 자책이라는 가벼운 짐, 다른 한쪽에는 자만이라는 무거운 짐입니다."

~

엘리아스 압바의 말이다. "참회가 있는 곳에 죄가 할 일은 없다. 또한 교만이 있는 곳에 사랑이 무슨 소용이 있겠는가?"

~

사르마타스 압바의 말이다. "죄는 짓지 않았지만 자신을 의롭다 여기는 사람보다 죄를 지었지만 회개한 사람이 더 좋습니다."

8

—

절대 순종 절대 복종

순종과 복종에 대한 가르침

사무엘이 이르되 "여호와께서 번제와 다른 제사를 그의 목소리를 청종하는 것을 좋아하심같이 좋아하시겠나이까? 순종이 제사보다 낫고 듣는 것이 숫양의 기름보다 나으니 이는 거역하는 것은 점치는 죄와 같고 완고한 것은 사신 우상에게 절하는 죄와 같음이라." (사무엘상 15:22-23)

사도들이 주께 여짜오되 "우리에게 믿음을 더하소서" 하니 주께서 이르시되 "너희에게 겨자씨 한 알만 한 믿음이 있었더라면 이 뽕나무더러 뿌리가 뽑혀 바다에 심기어라 하였을 것이요 그것이 너희에게 순종하였으리라. 너희 중 누구에게 밭을 갈거나 양을 치거나 하는 종이 있어 밭에서 돌아오면 그더러 곧 와 앉아서 먹으라 말할 자가 있느냐? 도리어 그더러 내 먹을 것을 준비하고 띠를 띠고 내가 먹고 마시는 동안에 수종들고 너는 그 후에 먹고 마시라 하지 않겠느냐? 명한 대로 하였다고 종에게 감사하겠느냐? 이와 같이 너희도 명령받은 것을 다 행한 후에 이르기를 '우리는 무익한 종이라. 우리가 하여야 할 일을 한 것뿐이라' 할지니라."
(누가복음 17:5-10)

나의 원대로 마시옵고 아버지의 원대로 하옵소서.
(마가복음 14:36)

너희를 인도하는 자들에게 순종하고 복종하라. 그들은 너희 영혼을 위하여 경성하기를 자신들이 청산할 자인 것같이 하느니라. 그들로 하여금 즐거움으로 이것을 하게 하고 근심으로 하게 하지 말라. 그렇지 않으면 너희에게 유익이 없느니라. (히브리서 13:17)

군대를 다녀온 사람이면 신병 훈련소가 어떤 곳인지 잘 안다. 소집일에 호주머니에 손을 찔러넣은 채 리시버를 귀에 꽂고 어슬렁거리며 연병장에 모여드는 각양각색 떠꺼머리 청년들의 모습과 6주 훈련을 마치고 일사불란하게 대오를 맞춰 분열식을 하는 연병장의 병사들 모습이 얼마나 다른지를 기억하고 있다. 그 사이 그곳에서 어떤 일이 있었는지도 잘 알고 있다.

훈련소에서 훈련병들이 가장 두려워하는 존재는 소대장이나 연대장이 아니다. 계급장 없이 빨간 모자를 내려쓰고 검은 안경을 써서 표정조차 읽을 수 없는 조교다. 조교의 말이 떨어지기가 무섭게 훈련병들은 일어나 달리고 구르고 기고… 시키는 대로 해야 한다. 거기에는 자존심도 체면도 없다. 그저 시키면 시키는 대로 할 뿐이다. 세상에서 제멋대로, 자기가 원하는 대로만 살려 했던 청년들이 훈련소에 들어와 그렇게 혹독한 훈련을 거친 뒤 상관의 명령에 무조건 복종하는 병사들로 바뀐다. 그런 병사들에게 비로소 계급장과 무기가 지급된다.

이스라엘 백성에게 광야는 그런 신병 훈련소였다. 광야생활 초반에는 그저 불안과 불만, 불평과 원망뿐이었다. 그런데 광야에서 40년을 구름기둥과 불기둥의 안내를 받고 만나만 먹으며 모세와 아론이 시키는 대로 산 결과, 체질과 성품과 행동거지가 바뀌었다. 모세의 후임 사령관 여호수아는 그렇게 말씀에 '절대 순종'하는 백성으로 바뀐 하나님의 군대를 이끌고 요단 강을 건너 약속의 땅을 점령할 수 있었다.

사막으로 들어간 교부와 교모가 광야에서 받은 첫 번째 훈련도 그러하였다. 그들은 처음부터 '홀로 수도'(독수도獨修道) 생활을 하지 않았다. 그러기에는 유혹과 미숙함이 너무 많았기 때문이었다. 그래서 먼저 사막에 들어가 진리의 길을 추구하던 선배 압바와 암마, 스승과 함께 지내면서 '순종하는 법'을 배웠다. 사막에서 스승은 제자들에게 혹독한 조교였다.

초년생 수도사들은 거룩한 스승들에게 순종하는 법을 배워야 한다고 이사야 압바는 가르쳤다. “자주색 물감처럼 처음 칠한 색깔은 사라지지 않는다. 어린줄기가 앞뒤로 쉽게 구부려지듯이 초년생들은 순종하면서 살아야 한다.” 그는 또 이런 말도 했다. “초년생 수도사들이 이리저리 수도원을 옮겨 다니는 것은 마치 짐승이 굴레를 쓸까 두려워서 이리저리 뛰어다니는 것과 같다.”

키 작은 요한 압바가 집을 떠나 스케티스 광야에서 수도생활을 할 때, 테베에서 온 성자를 스승으로 모시고 살았다. 하루는 성자가 마른 나뭇가지를 가져와 땅에 꽂은 후 요한에게 부탁했다. “열매가 맺힐 때까지 매일 물을 한 동이씩 주시오.” 물이 멀리 떨어진 곳에 있었기 때문에 요한은 매일 저녁 길을 떠나 물을 길어 이튿날 아침에야 돌아왔다. 그렇게 3년 동안 계속했더니 나무가 살아나 열매가 맺혔다. 성자는 그 열매를 따서 교회로 가져가 수도자들에게 주며 이렇게 말했다. “순종의 열매를 받아먹으시오.”

테베 사람 요셉 압바의 말이다. “다음 세 가지가 주님께 인정받는 일입니다. 첫째 아프거나 시험에 들었을 때 감사함으로 모든 것을 받아들이는 것, 둘째 무슨 일을 하든지 사람의 이목은 개의치 않고 오직 하나님 보시기에 순전하게 일하는 것, 셋째 자기 의지를 모두 접고 영적인 스승에게 순종하며 사는 것입니다. 그렇게 하면 영광의 면류관을 얻을 것입니다. 내 경우에는 질병을 택했습니다."

❧

하루는 테바이드 거주민 한 사람이 수도사가 되겠다고 시소에스 압바를 찾아왔다. 성자는 그에게 가족이 있느냐고 물어보았다. 그가 "아들 하나가 있습니다" 하자 성자는 "그를 강물에 갖다 던지시오. 그러면 수도사가 될 것이오" 하였다. 그는 그 말을 듣고 아들을 데리고 강으로 가서 던지려 하였다. 바로 그 순간 성자가 보낸 사람이 급히 와서 그를 말리며 말했다. "멈추시오. 무슨 짓을 하는 것입니까?" "압바님께서 던지라고 하셨습니다." 그가 말했다. "그 직후 압바님께서 던지지 말라고 하셨습니다." 그래서 그는 아들을 돌려보냈고 성자를 찾아가 수도사가 되었다. 압바는 그의 순종을 시험한 것이었다.

❧

스케티스에서 지낼 때 실바누스 압바는 제자 마가를 데리고 있었다. 마가는 성경을 필사하는 서기관으로, 순종에서만큼은 타의 추종을 불허했다. 실바누스는 순종 잘하는 그를 사랑했다. 실바누스에겐 다른 제자 열한 명이 있었는데 그들은 스승이 마가만 사랑한다고 마음이 상했다. 원로들이 그것을 알고 실바누스를 충고하려고 찾아왔다. 원로들을 맞아 대화하던 중 실바누스는 제자들의 숙소를 찾아다니며 문을 두드렸다. "아무개 형제여, 도움이 필요하니 와주시겠소?" 하지만 아무도 즉각 나오지 않았다.

실바누스는 마가의 숙소에 가서 문을 두드리며 "마가!" 하며 불렀다. 마가는 스승의 목소리를 듣자마자 뛰쳐나왔다. 그는 마가를 보내 원로들을 대접하도록 했다. 실바누스가 돌아와 원로들에게 "다른 제자들은 어디 있습니까?" 하고 물었다. 원로들이 "없다"고 하자 실바누스는 마가의 숙소로 가서 마가가 베껴 쓰고 있던 책을 가져왔다. 그것을 보니 마가는 글자 '오메가'(Ω)를 쓰다가 스승의 음성을 듣고 뛰쳐나오는 바람에 쓰기를 마치지 못한 상태였다. 그것을 본 원로들은 이렇게 말했다. "압바님, 압바님이 사랑하고 하나님이 사랑하시는 자를 우리도 사랑합니다."

한 수도사가 모티우스 압바에게 물었다. "어느 곳에 가서 거하려 하는데 어떻게 살면 좋을까요?" 성자가 답했다. "그대가 어떤 곳에 가서 살든 뭔가 특별한 방식으로 산다는 것을 사람들에게 알리지 마십시오. 예를 들어 '나는 만찬 자리에는 가지 않겠다', '나는 애찬식 음식은 먹지 않겠다' 하는 식으로 말입니다. 그런 것들은 헛된 명예심에서 나온 것입니다. 후에 그대는 그것 때문에 곤란하게 될 것입니다. 사람들이 그대에게 몰려들어 그런 식으로 따라하려 들 것이기 때문입니다."

수도사가 다시 물었다. "그럼 어떻게 하면 됩니까?" 성자는 이렇게 답했다. "어디에 가서 살든지 다른 형제들이 하는 대로 따라 하십시오. 그러다가 그대가 신뢰할 만한 경건한 사람을 만나면 그가 하는 대로 따라 하십시오. 그러면 평안을 얻을 것입니다. 겸비는 그런 것입니다. 당신이 하는 것을 보고 다른 사람들도 따라 할 것입니다. 그대가 정해진 규율을 어기지 않고 사는 것을 보면 사람들은 그대를 특별한 사람으로 여기지 않을 것입니다. 그러면 아무도 당신을 곤란하게 만들지 않을 것입니다."

양가죽으로 만든 옷을 입고 살던 스케티스의 수도사 네 명이 팜보 압바를 찾아왔다. 그들은 서로의 수행에 대해 말했다. 한 사람은 금식의 대가였다. 한 사람은 청빈의 대가였다. 또 한 사람은 구제의 대가였다. 마지막 사람은 다만 22년 동안 한 스승 밑에서 순종하며 살았다. 팜보 압바는 이렇게 말했다. "여러분 가운데 마지막분의 수행이 가장 큽니다. 다른 분들은 자신이 원하는 것을 수행해서 얻었지만 이분은 자기 뜻을 죽이고 남의 뜻에 따라 살았습니다. 그렇게 끝까지 수행하면 순교자의 반열에 오를 수 있습니다."

피스투스 압바가 은둔 수도사 일곱 명과 함께 클리스

마에 살고 있던 시소에스 압바를 찾아가 "한 말씀 주십시오" 하고 부탁했다. 그러자 시소에스 압바는 이렇게 말했다.

"미안합니다. 나는 보잘것없는 사람입니다. 하지만 저는 오르 압바님과 아트레 압바님을 뵌 적이 있습니다. 오르 압바님은 18년 동안 앓고 계셨습니다. 저는 그분 앞에 엎드려 한 말씀 부탁드렸습니다. 그러자 오르 압바님은 '제가 무얼 말하겠습니까? 옳다고 생각되면 그대로 하십시오. 하나님은 자신을 쳐서 깨뜨리며 회개하는 자를 가까이 하십니다' 하셨습니다. 오르 압바님과 아트레 압바님은 같은 고향분이 아니었습니다. 그런데도 육신을 떠나기까지 두 분은 다투지 않고 평화롭게 사셨습니다. 아트레 압바님은 순종이 대단했고 오르 압바님은 겸비가 대단했습니다. 내가 그 분들과 며칠을 함께 지내면서 모든 것을 지켜보았는데 아트레 압바님은 참으로 대단하신 분이었습니다.

어떤 사람이 작은 물고기 한 마리를 가져왔습니다. 아트레 압바님이 그것을 요리해 오르 압바님에게 드리려고 칼로 자르는 순간, 오르 압바님이 부르는 소리가 들렸습니다. 그러자 아트레 압바님은 칼을 고기에 찔러 놓은 채로 달려갔습니다. 그걸 보고 저는 놀랐습니다. 그분은 '잠깐만요, 고기를 마저 자르고요' 하지 않으셨습니다. 저는 아트레 압바님께 '어떻게 해서 그런 순종을 배우셨습니까?' 하고 물었습니다.

그랬더니 그분은 '저는 아무것도 아닙니다. 순종은 오르 압바님 것입니다. 그분의 순종을 한번 보시겠습니까?'

하고는 물고기 요리를 일부러 형편없게 만들었습니다. 그리고 그것을 조금 담아 오르 압바님에게 가져다주었습니다. 오르 압바님는 그것을 말없이 받아 잡수셨습니다. 그런 후 아트레 압바가 '어때요, 맛있었지요?' 하고 묻자 '대단히 맛있었습니다' 하였습니다. 그리고 얼마 후 이번에는 제대로 잘 익혀서 음식을 가져다드리면서 '압바님, 이번 음식은 엉망이 되었습니다' 하니 '그렇군요. 조금 맛이 없군요' 하였습니다. 그러고 나서 아트레 압바님이 말했습니다. '보셨지요? 이분은 순종을 타고나신 분입니다.' 저는 이분들에게서 보고 들은 것을 조금이나마 실천해 보려고 애쓸 뿐입니다."

~

루푸스 압바의 말이다. "사막에서 홀로 지내는 것보다 영적 스승의 발아래 거하는 것이 더 유익합니다." 그러고는 한 성자의 이야기를 전해 주었다.

"내가 보니 천국에는 네 등급이 있었습니다. 첫째는 아픈 중에도 하나님께 감사한 사람들이요, 둘째는 친절을 베푼 사람들로서 천국에서도 봉사를 하고 있었으며, 셋째는 사막에서 아무도 만나지 않고 지낸 사람들이었고, 넷째는 주님을 위하여 자기 스승에게 끝까지 순종한 사람이었습니다. 그런데 순종하며 산 사람은 황금 옷과 방패를 들었는데 다른 사람들보다 훨씬 영광스러웠습니다. 나를 안내하던 사람에게 물었습니다. '왜 이 사람이 다른 사람들보다 더한 영광을 얻었습니까?' 안내하던 이가 말했습니다. '감사한

이나 친절을 베푼 사람은 자기 의지로 한 것입니다. 그러나 마지막 사람은 남에게 순종하기 위해 자기의 욕망을 모두 포기하고 아버지 되시는 하나님만 의지하였습니다. 그래서 다른 사람들보다 큰 영광을 얻었습니다.' 그러니 형제여, 보시오, 주님을 위하여 순종한 사람이 얼마나 위대한지를. 순종, 그것만이 믿는 자의 구원입니다. 순종, 그것이 모든 덕행 중의 덕행입니다. 순종, 그것으로 하나님 나라가 드러납니다. 순종, 그것을 통해 하늘 문이 열리고 그리로 성도들이 오르락내리락합니다. 순종, 그것은 성인들의 음식이며 음료로서 그것을 통해 완전에 이를 수 있습니다. 순종, 그것으로 천사들과 동행합니다."

한 형제가 시소에스 압바에게 물었다. "우리가 함께 길을 가고 있을 때 길 안내자가 우리를 잘못된 곳으로 인도하면 그에게 지적을 해야 합니까?" 성자는 "아니요" 하였다. "그럼 우리를 엉뚱한 곳으로 인도하더라도 내버려 두어야 합니까?" 하고 묻자 성자는 이렇게 말했다. "그럼 어떻게 합니까? 몽둥이로 그를 때려야 할까요? 하루는 내가 알고 지내던 형제 열두 명이 길을 가고 있었는데 안내자가 길을 잘못 들어 온밤을 헤맸습니다. 그들은 모두 잘못된 길을 가고 있음을 알았습니다. 그렇지만 어느 누구도 말하지 않았습니다. 날이 밝아서야 안내자는 길을 잃었다는 것을 깨닫고 '용서하십시오. 제가 길을 잃었습니다' 하였습니다. 그러자 그들은 '우리도 알고 있었습니다. 그렇지만 침묵을 지켰습니다' 하였습니다. 그 말을 듣고 안내자는 놀라서 '죽을지도 모르는 위기에서도 형제님들은 아무 말씀도 아니 하시고 자신을 다스리셨군요' 하면서 하나님께 영광을 올렸습니다. 그날 밤 그들이 길을 잃고 헤맨 거리는 총 19킬로미터였습니다."

~

신클레티카 암마의 말이다. "생각의 분별력을 길러야 합니다. 수도원에 있는 동안은 자신의 뜻을 구해서도 안 되고 자기 생각을 따라서도 안 됩니다. 오직 믿음 안에서 스승들에게 순종해야 합니다."

~

신클레티카 암마의 말이다. "수도원에 있는 동안은 금욕보다는 순종이 낫습니다. 순종은 교만을 다스리고 금욕은 겸비를 가르칩니다."

~

히페레키우스 압바의 말이다. "수도자에게 가장 화려한 장신구는 순종입니다. 순종의 덕을 이룬 자는 하나님께서 그 기도를 들어주실 것이며 십자가에 못 박히신 그분 옆에 앉게 될 것입니다. 왜냐하면 십자가에 못 박히신 주님은 죽기까지 복종(빌립보서 2:8)하셨기 때문입니다."

~

벨로스에 살던 미오스 압바의 말이다. "순종은 순종에 응합니다. 우리가 하나님께 순응하면 하나님도 우리 기도에 순응하십니다."

~

안토니 압바의 말이다. "순종에 금욕을 더하면 사나운 야수라도 물리칠 수 있는 힘이 생깁니다."

9

—

사랑은 오래 참고 모든 것을 견디느니라

인내에 대한 가르침

일의 끝이 시작보다 낫고 참는 마음이 교만한 마음보다 나으니 급한 마음으로 노를 발하지 말라. 노는 우매한 자들의 품에 머무름이니라. (전도서 7:8-9)

사랑은 오래 참고 온유하며 시기하지 아니하며 사랑은 자랑하지 아니하며 교만하지 아니하며 무례히 행하지 아니하며 자기의 유익을 구하지 아니하며 성내지 아니하며 악한 것을 생각하지 아니하며 불의를 기뻐하지 아니하며 진리와 함께 기뻐하고 모든 것을 참으며 모든 것을 믿으며 모든 것을 바라며 모든 것을 견디느니라. (고린도전서 13:4-7)

그러므로 형제들아, 주께서 강림하시기까지 길이 참으라. 보라, 농부가 땅에서 나는 귀한 열매를 바라고 길이 참아 이른 비와 늦은 비를 기다리나니 너희도 길이 참고 마음을 굳건하게 하라. 주의 강림이 가까우니라. 형제들아, 서로 원망하지 말라. 그리하여야 심판을 면하리라. 보라, 심판주가 문밖에 서 계시니라. 형제들아, 주의 이름으로 말한 선지자들을 고난과 오래 참음의 본으로 삼으라. 보라, 인내하는 자를 우리가 복되다 하나니 너희가 욥의 인내를 들었고 주께서 주신 결말을 보았거니와 주는 가장 자비하시고 긍휼히 여기시는 이시니라. (야고보서 5:7-11)

이러므로 우리에게 구름같이 둘러싼 허다한 증인들이 있으니 모든 무거운 것과 얽매이기 쉬운 죄를 벗어버리고 인내로써 우리 앞에 당한 경주를 하며 믿음의 주요 또 온전하게 하시는 이인 예수를 바라보자. 그는 그 앞에 있는 기쁨을 위하여 십자가를 참으사 부끄러움을 개의치 아니하시더니 하나님 보좌 우편에 앉으셨느니라. 너희가 피곤하여 낙심하지 않기 위하여 죄인들이 이같이 자기에게 거역한 일을 참으신 이를 생각하라.
(히브리서 12:1-3)

단군신화에 의하면 우리 민족은 '인내와 끈기'를 타고난

민족이다. 인간과 결혼하기 위해 하늘에서 내려온 환웅은 사람이 되기를 원했던 곰과 호랑이에게 "마늘과 쑥만 먹고 굴속에서 백 일을 버티면 인간이 될 수 있다"고 했다. 호랑이는 견디다 못해 도중에 굴 밖으로 뛰쳐나갔지만 곰은 끝까지 참고 견뎌 마침내 여자가 된 후 환웅과 결혼하여 단군왕검을 낳았다는 이야기다. 인생의 최종 승리는 끝까지 참고 견뎌 낸 자의 것이 되는 경우가 많다.

성경도 믿음을 인내와 연결하여 설명한다. 믿음의 조상 아브라함은 75세에 "너로 큰 민족을 이루리라"는 하나님의 말씀을 듣고 고향을 떠났지만 25년을 기다려서야 아들 이삭을 얻었다. 어린 시절 부모와 형제가 자기에게 절하는 꿈을 꾸었던 요셉은 그 꿈이 현실이 되기까지 수십 년 인고의 세월을 견뎌야 했다. 나이 사십에 바로의 궁을 떠난 모세는 광야에서 40년을 또 기다려 하나님의 호출을 받았다. 다윗도 십대 소년 시절 사무엘로부터 "이스라엘의 왕이 될 것이라"며 기름 부음을 받았지만 20년 인고의 세월을 견뎌 낸 후에야 왕위에 올랐다. 그렇게 하나님은 약속하신 내용을 금방 허락하지 않으셨다. 힘들고 어려운 역경 가운데서도 믿음을 포기하지 않고 참고 견딘 자라야 약속된 축복을 얻을 수 있었다.

바울은 "우리가 환난 중에도 즐거워하나니 이는 환난은 인내를, 인내는 연단을, 연단은 소망을 이루는 줄 앎이로다"(로마서 5:3-4) 하였다. 사막에 들어간 교부와 교모가 수십 년 연단한 것도 바로 인내였다. 끝까지 참고 견뎌 낸 후에야 얻는 하늘의 기쁨, 그것이 그들이 사막을 떠나지 못하는 이유였다.

~

수도사들이 안토니 압바 앞에서 어떤 형제를 칭송하는 말을 늘어놓았다. 그 형제가 안토니 압바를 찾아왔다. 성자는 그가 얼마나 모욕을 참고 견디는지 시험해 보았다. 그가 전혀 참아 내지 못하는 것을 보고 성자는 이렇게 말했다. "그대는 겉으로는 화려하게 꾸며 놓은 마을 같지만 안으로는 도적들이 들끓어 언젠가 무너지고 말 거외다."

~

홀로 독방에 거하며 수도생활을 하던 수도사가 시험에 들었다. 그는 테오도레 압바를 찾아가 도움을 청했다. 성자는 그에게 이렇게 말했다. "너무 큰 것에 야망을 품지 마시오. 다른 사람들과 함께 살면서 순종하는 법을 배우시오." 그는 돌아갔다가 성자를 다시 찾아와 "가르쳐 주신 대로 다른 사람들과 함께 살았지만 평안을 얻지 못했습니다" 하였다. 그러자 성자는 "그대가 혼자 살아도, 남과 함께 살아도 평안을 얻을 수 없다면 왜 수도자가 되려 하시오? 시험에 들어 고통만 당할 뿐 아닌가요? 그대는 몇 년이나 수도생활을 하였소?"라고 물었다. 그가 "팔 년 됩니다" 하자 성자는 이렇게 말했다. "나는 칠십 년 동안 수도생활을 해왔는데 어느 하루도 평안한 날이 없었소. 그대는 고작 팔 년 만에 평안을 얻을 것으로 기대했습니까?" 이 말에 수도자는 힘을 얻고 돌아갔다.

~

키 작은 요한 압바가 들려준 말이다. 어느 도시에 철인(哲人) 세 명이 있었는데 한 철인이 죽으면서 자기 아들을 다른 철인 중 하나에게 위탁했다. 그 아들이 청년이 되어 후견인이었던 철인의 아내와 간통했다. 후견인은 그 사실을 알고 청년을 집 밖으로 쫓아냈다. 청년은 용서를 빌었지만 후견인은 그를 받아들이지 않고 "가서 뱃사공으로 삼 년 일하고 오면 용서하겠다" 하였다.

3년이 지난 후 청년이 돌아왔다. 후견인은 "아직 반성할 것이 남았다. 가서 삼 년 동안 온갖 모욕을 견디며 일하여 번 것을 모두 버려라" 하였다. 그렇게 3년이 지난 후 돌아온 청년에게 후견인은 "이제 아테네로 가서 철학을 배우라" 하였다. 그가 아테네에 도착해 보니 철학자들이 들어가는 문 옆에 한 노인이 앉아서 그리로 들어가는 모든 사람에게 모욕을 주고 있었다. 그가 청년을 보고 모욕했지만 청년은 웃기만 했다. 노인이 "모욕을 주었는데도 웃는 이유가 뭔가?" 하자 그는 "나는 지난 삼 년 동안 모욕을 받으며 살았습니다. 그래서 어떤 모욕도 내겐 소용이 없습니다. 그것이 내가 웃은 이유입니다" 하였다.

이런 이야기를 들려준 요한 압바는 제자들에게 이렇게 말했다. "천국 문에 앉아 계신 주님도 이와 같습니다. 하나님의 도성에 기쁨으로 들어가기 위해서 우리 수도자들은 갖은 모욕을 견뎌 내야 합니다." 그는 이런 말도 했다. "우리가 사람들 눈에는 무시를 당할지언정 하나님이 보시기에는 영광을 얻을 자로서 기뻐합시다."

~

신클레티카 암마의 말이다. "금식을 해야만 할 때는 아픈 척하지 마십시오. 금식을 자주 하지 않는 사람은 실제로 병이 날 수 있습니다. 시작은 잘했다가도 마귀의 사슬에 매임으로 끝나는 경우도 있습니다. 참고 견뎌야 합니다. 인내로 마귀를 물리칠 수 있습니다. 항해를 할 때 처음엔 순풍으로 잘 나가다가 중간에 바람이 역풍으로 바뀌는 경우가 많습니다. 그러면 풍랑으로 배가 요동하고 노를 저을 수 없는 지경이 되기도 합니다. 그러다가 순간 바람이 잠잠하고 바다가 잔잔해지면 배는 다시 순조롭게 항해합니다. 우리도 마찬가지입니다. 때로 우리를 거스르는 악한 영에 휘말릴 때도 있습니다. 그러나 우리의 노가 되는 십자가를 굳게 잡고 견뎌 내면 풍랑이 잠잠해지고 순항할 수 있습니다."

~

스케티스에서 교회 회의가 열린 적이 있었다. 교부들은 아프리카인 모세 압바를 시험해 보려고 공개석상에서 이런 말을 하였다. "어떻게 검둥이가 우리 가운데 있는가?" 모세는 그 말을 듣고 아무 말도 하지 않았다. 회의가 끝난 후 형제들이 모세에게 "압바님, 전혀 슬프지 않았습니까?" 하고 물었다. 그러자 그는 이렇게 답했다. "슬펐지요. 하지만 나는 침묵을 지켰습니다."

마카리우스 압바의 말이다. “모욕을 받으면 칭찬으로 여기십시오. 가난도 부로 여기십시오. 궁핍도 풍요로 여기십시오. 그러면 죽지 않을 것입니다. 경건하게 일하며 믿음을 굳게 지키면 감정에 휩쓸리거나 사탄의 유혹에 넘어가 곁길로 가지는 않을 것입니다.”

이사야 압바의 말이다. “수도생활 초기에는 모욕보다 유익한 것이 없다. 매일 나무가 물을 맞듯 초년생은 모욕을 견뎌야 한다.”

10

낮은 자리에서 무릎을 꿇고

겸비와 겸손에 대한 가르침

네가 먹어서 배부르고 아름다운 집을 짓고 거주하게 되며
또 네 소와 양이 번성하며 네 은금이 증식되며 네 소유가
다 풍부하게 될 때에 네 마음이 교만하여 네 하나님
여호와를 잊어버릴까 염려하노라. 여호와는 너를 애굽 땅
종 되었던 집에서 이끌어 내시고 너를 인도하여
그 광대하고 위험한 광야 곧 불뱀과 전갈이 있고 물이
없는 건조한 땅을 지나게 하셨으며 또 너를 위하여
단단한 반석에서 물을 내셨으며 네 조상들도 알지 못하던
만나를 광야에서 네게 먹이셨나니 이는 다 너를 낮추시며
너를 시험하사 마침내 네게 복을 주려 하심이었느니라.

(신명기 8:12-16)

네가 누구에게나 혼인 잔치에 청함을 받았을 때에 높은 자리에 앉지 말라. 그렇지 않으면 너보다 더 높은 사람이 청함을 받은 경우에 너와 그를 청한 자가 와서 너더러 "이 사람에게 자리를 내주라" 하리니 그때에 네가 부끄러워 끝자리로 가게 되리라. 청함을 받았을 때에 차라리 가서 끝자리에 앉으라. 그러면 너를 청한 자가 와서 너더러 "벗이여, 올라앉으라" 하리니 그때에야 함께 앉은 모든 사람 앞에서 영광이 있으리라. 무릇 자기를 높이는 자는 낮아지고 자기를 낮추는 자는 높아지리라. (누가복음 14:8-11)

너희 중에 누구든지 크고자 하는 자는 너희를 섬기는 자가 되고 너희 중에 누구든지 으뜸이 되고자 하는 자는 너희의 종이 되어야 하리라. 인자가 온 것은 섬김을 받으려 함이 아니라 도리어 섬기려 하고 자기 목숨을 많은 사람의 대속물로 주려 함이니라. (마태복음 20:26-28)

그러므로 그리스도 안에 무슨 권면이나 사랑의 무슨 위로나 성령의 무슨 교제나 긍휼이나 자비가 있거든 마음을 같이하여 같은 사랑을 가지고 뜻을 합하여 한마음을 품어 아무 일에든지 다툼이나 허영으로 하지 말고 오직 겸손한 마음으로 각각 자기보다 남을 낫게 여기고 각각 자기 일을 돌볼뿐더러 또한 다른 사람들의 일을 돌보아 나의 기쁨을 충만하게 하라. 너희 안에

이 마음을 품으라. 곧 그리스도 예수의 마음이니 그는 근본 하나님의 본체시나 하나님과 동등됨을 취할 것으로 여기지 아니하시고 오히려 자기를 비워 종의 형체를 가지사 사람들과 같이 되셨고 사람의 모양으로 나타나사 자기를 낮추시고 죽기까지 복종하셨으니 곧 십자가에 죽으심이라. 이러므로 하나님이 그를 지극히 높여 모든 이름 위에 뛰어난 이름을 주사 하늘에 있는 자들과 땅에 있는 자들과 땅 아래에 있는 자들로 모든 무릎을 예수의 이름에 꿇게 하시고 모든 입으로 예수 그리스도를 주라 시인하여 하나님 아버지께 영광을 돌리게 하셨느니라.
(빌립보서 2:1-11)

한국 개신교 개척 선교사 아펜젤러는 우리나라 최초 근대 교육 기관인 배재학당을 설립하고 학교 교훈을 '욕위대자당위인역'(欲爲大者當爲人役) 여덟 글자로 정했다. 성경의 "크고자 하는 자는 남을 섬겨야 한다"는 말씀을 한문으로 표기한 것이다. 왜 그랬을까? 그가 배재학당 입학생들에게 "왜 우리 학교에 옵니까?" 물으면 대부분 "영어를 배워 출세하려고 한다"고 대답했다. 그들은 관직과 출세가 목적이었다.

과거 조선 시대에는 관리가 되면 아랫사람을 부리고 지배하려 했다. 그러나 기독교가 들어오면서 시대가 바뀌었다. 새 시대 새로운 사회는 군림하는 지도력이 아니라 섬기는 지도력을 요구했다. 그것이 기독교 복음의 핵심이다. '하늘에서 내려

온'(요한복음 6:51) 예수 그리스도는 제자들 앞에 무릎을 꿇고 그들의 발을 씻겨 줌으로 '섬김의 리더십'이 어떤 것인지 보여 주셨다. 그리고 "내가 주와 또는 선생이 되어 너희 발을 씻었으니 너희도 서로 발을 씻어 주는 것이 옳다"(요한복음 13:14)라고 하셨다. 그렇게 해서 겸비와 겸손은 그가 그리스도의 제자인 것을 증명하는 표징이 되었다.

사막으로 들어간 교부와 교모가 애써 추구한 것도 '그리스도의 겸비'(*humilis Christi*)였다. 그러기 위해서는 높아지려는 욕심과 자기만족에서 비롯된 교만과 오만을 끊임없이 쳐서 깨뜨려야 했다. 사막에서 자아를 깨뜨리는 오랜 수련과 수행을 거친 후에야 겸비와 겸손이 자연스럽게 몸에 배었다.

~

안토니 압바의 말이다. "많은 수고를 했음에도 수도자 아홉 명이 영적인 교만에 빠져 떨어져 나갔습니다. 자신들이 쌓은 업적만 믿고 '네 아버지에게 물으라. 그가 네게 설명하리라'(신명기 32:7)는 계명을 경홀히 여긴 결과입니다."

~

크산티아스 압바의 말이다. "십자가에 달린 강도는 단 한마디 말로 죄를 용서받고 의롭다 하심을 얻었습니다. 반면에 사도 반열에 들었던 유다는 하룻밤 만에 그동안의 수고가 물거품이 되고 천당에서 지옥으로 떨어졌습니다. 그러므로 자기의 선한 업적을 믿고 교만하지 마십시오. 그런 것들을 의지하는 자는 모두 지옥에 떨어질 것입니다."

~

시소에스 압바는 한동안 안토니 압바가 살던 산에 거했다. 제자가 그곳까지 오려면 한참 걸리기 때문에 시소에스 압바는 열 달 동안 아무도 만나지 못했다. 어느 날 산을 걷다가 들짐승을 사냥하던 바란 사람을 만났다. 성자가 그에게 "어디서 왔소? 여기 얼마나 계셨소?" 하고 묻자 "압바님, 사실은 이 산에 열한 달 동안 있었는데 아무도 만나지 못했다가 이제 처음 압바님을 뵈었습니다" 하였다. 그 말을 듣고 성자는 자기 움막에 들어가 가슴을 치며 말했다. "봐라, 이놈 시소에스야. 넌 네가 무슨 대단한 일이라도 한 것처럼 생각했지? 이 평범한 속세인보다 못한 녀석아."

~

오르 압바의 말이다. "자만과 교만한 생각을 물리치기 원합니까? 구체적으로 그대 양심에 질문하기 바랍니다. '모든 계명을 지켰는가? 원수가 곤경에 처했을 때 도와주고 원수를 사랑했는가? 그대 자신을 무익한 종으로, 모든 죄인의 괴수로 여겼는가?' 이 모든 질문에 그렇다고 대답할 수 있더라도 모든 게 잘되었다고 여겨서는 안 됩니다. 그렇게 생각하는 것 자체가 그대를 파멸시킬 수 있기 때문입니다."

~

한 정부 관원이 모세 압바에 관한 소문을 듣고 그를 만나러 스케티스로 왔다. 사람들이 성자에게 그 일을 알리자 성자는 일어나 습지로 도망쳤고, 도망치던 길에 관원 일행을 만났다. 일행 가운데 어떤 사람이 "어르신, 모세 압바님이 계신 곳이 어디인지요?" 하고 물었다. 그러자 성자는 "그를 만나서 뭐하시려고요? 그는 멍청이요" 하였다.

관원은 스케티스에 도착해서 교회 사제들에게 말했다. "사람들이 모세 압바 이야기를 하도 하기에 그분을 만나러 왔는데, 도중에 만난 어떤 노인에게 모세 압바가 계신 곳을 물었더니 '그를 만나서 뭐하시려고요? 그는 멍청이요' 합디다." 그의 말을 듣고 있던 한 사제가 물었다. "그렇게 말한 분이 어떻게 생겼습니까?" "낡은 옷을 입은 노인네였는데 몸이 건장한 흑인입디다." 그러자 사제들이 말했다. "그분이 모세 압바님이오. 당신을 만나고 싶지 않아서 그렇게 말씀하신 것이라오." 그 말에 관원은 큰 깨우침을 얻고 돌아갔다.

유방암을 앓고 있는 부인이 있었다. 그녀는 롱기누스 압바 이야기를 듣고 그를 만나고 싶어 했다. 그때 성자는 알렉산드리아에서 14킬로미터 떨어진 곳에 살고 있었다. 그 부인이 만나러 왔을 때 성자는 마침 호숫가에서 나무를 하고 있었다. 부인은 그를 알아보지 못하고 다가와 "압바님,

하나님의 종 롱기누스 압바님이 어디에 살고 계신지요?" 하고 물었다. 성자는 부인에게 "그 추한 인간은 왜 만나시려는지요? 그를 만나지 마시오. 그는 사기꾼입니다. 그런데 무슨 일인지요?" 하였다.

부인이 아픈 곳을 보여 주자 성자는 환부에 십자가 성호를 그린 후에 "돌아가세요. 하나님께서 고쳐 주실 것입니다. 롱기누스는 절대 당신을 고칠 수 없습니다" 하였다. 부인은 그 말을 듣고 믿음을 가지고 돌아갔다. 그리고 그 병이 사라졌다. 얼마 후 부인은 다른 사람들에게 그간에 일어난 일과 성자가 그려 준 십자가 성호에 대해 말하던 중 그가 롱기누스 압바였음을 알게 되었다.

~

키 작은 요한 압바가 전한 이야기다. "정해진 규율에 따라 엄격하게 사는 성자 한 분이 계셨습니다. 그는 도시 사람들에게 많은 칭송과 존경을 받았습니다. 하루는 어떤 노인이 임종을 앞두고 그에게 전갈을 보내 마지막 잠들기 전에 한번 안아 달라고 부탁했습니다. 성자가 생각할 때 낮에 가면 사람들이 따라오며 칭송하는 말을 할 테고 그러면 평정심을 잃을 수 있을 것 같아서 사람들의 이목을 피해 밤중에 가기로 했습니다. 그래서 밤중에 길을 나섰는데 아뿔싸, 하나님께서 보내신 천사 둘이 횃불을 들고 밤길을 밝혀 주었습니다. 그 바람에 온 도시 사람들이 그 영광을 보러 나왔습니다. 그가 영광을 피해 숨으려 하면 할수록 그는 더욱 영광을 받았습니다. 그렇게 해서 성경의 '스스로 낮추는 자는 높임을 받으리라'는 말씀이 이루어졌습니다."

❧

테오도라 암마는 말하기를 "금욕도, 철야도, 그 어떤 고행도 구원을 이루지 못하고 오직 겸손만이 그것을 이룰 수 있다"고 했다. 마귀를 쫓아낼 수 있었던 은둔 수도자가 있었다. 그가 마귀들에게 물었다. "너희는 무엇 때문에 쫓겨났는가? 금식인가?" 그들은 "우리는 먹지도 마시지도 않는다" 하였다. "그러면 철야인가?" "우리는 잠을 자지 않는다." "세상과 이별인가?" "우리는 광야에 산다." "그렇다면 어떤 힘에 밀려 쫓겨났는가?" 그들이 답했다. "어떤 것도 우리를 이길 수 없다. 다만 겸손은 우리가 당할 수 없다." 마귀를 물리쳐 이기는 것은 겸손뿐이다.

❧

하루는 마카리우스 압바가 습지에 가서 야자나무 잎을 구해 움막으로 가져오는 도중에 마귀를 만났다. 마귀는 가지고 있던 긴 낫자루로 압바를 실컷 두드려 주고 싶었다. 하지만 그렇게 할 수 없었다. 마귀가 그에게 물었다. "마카리우스여, 나를 이렇게 무기력하게 만든 그대 힘은 도대체 무엇이오? 그대가 하는 일을 나도 다 한다오. 그대가 금식하면 나도 하고, 그대가 철야를 하면 나도 잠을 자지 않을 수 있소. 다만 한 가지만은 그대를 따라 할 수 없구려." 성자가 "그게 무엇이오?" 하고 묻자 마귀가 답했다. "그대의 겸비요, 겸비. 그것 때문에 내가 도저히 그대를 이길 수 없소이다."

~

키 작은 요한 압바가 형제들에게 물었다. "누가 요셉을 팔았습니까?" 한 수도사가 "그의 형제들입니다" 하고 답하자 성자는 이렇게 말했다. "아닙니다. 요셉의 겸비가 그를 팔았습니다. 왜냐하면 그는 애굽 상인들에게 '저들은 내 형제들입니다' 할 수 있었는데도 침묵을 지켰습니다. 그는 겸비하였기에 스스로 팔려 갔던 것입니다. 그렇게 겸비했기 때문에 그는 애굽 지도자의 자리까지 오를 수 있었습니다." 성자는 또 이런 말도 했다. "그 어떤 덕목보다 귀한 것은 겸비와 하나님을 두려워함입니다."

~

누군가 모세 압바에게 물었다. "스스로 금식하고 감찰하는 것의 유익이 무엇입니까?" 성자가 대답했다. "겸손한 마음을 가질 수 있기 때문입니다. 성경말씀에도 '나의 곤고와 환난을 보시고 내 모든 죄를 사하소서'(시편 25:18) 하였습니다. 사람이 스스로 이 모든 고난을 감내한다면 하나님께서 그에게 자비를 베풀어 주실 것입니다."

~

마카리우스 압바는 수도사가 그를 만나러 와서 대단히

위대하고 거룩한 성자를 만난 듯이 행동하면 그에게는 아무 말도 하지 않았다. 그러나 평범한 인간을 만난 것처럼 "압바님, 전에 낙타몰이꾼을 하셨을 때 소금을 훔쳐 팔다가 주인에게 걸려 맞으신 적이 있지요?" 하고 물으면 성자는 즐거워하면서 그가 묻는 대로 대답을 해주었다.

~

테오도레 압바는 '가난'과 '금욕', '사람으로부터 격리', 이 세 가지를 수도생활의 가장 근본으로 여겼다. 언젠가 한 수도사가 테오도레 압바를 찾아와 사흘 동안 머물며 교훈을 얻고자 했지만 한마디도 듣지 못하고 슬퍼하며 돌아갔다. 그러자 성자의 제자가 "스승님, 왜 그에게는 한마디 말씀도 주지 않으셨습니까? 그가 슬퍼하며 돌아갔습니다" 하였다. 그러자 성자는 이렇게 답했다. "내가 그에게 한마디도 하지 않은 것은 그가 다른 사람들의 교훈을 수집해서 자신을 과시하려는 장사꾼과 같았기 때문입니다."

~

포에멘 압바와 제자들이 스케티스에 정착하기 전부터 그곳에 자리 잡고 있던 이집트인 노수도사가 있었다. 그는 그곳에서 상당한 명성과 평판을 얻고 있었다. 그런데 포에멘 압바 일행이 온 후에는 사람들이 그 이집트인 수도사를 떠나 포에멘을 만나러 왔다. 그것을 본 포에멘은 슬픔에 잠겨 제자들에게 제안했다. "사람들이 그 위대한 성자님을 떠나 아무것도 아닌 내게로 와서 그 성자님의 마음을 슬프게 하고 있으니 어찌하면 좋겠습니까? 그분을 위로해야겠는데 어떻게 할까요? 음식이라도 조금 만들고 포도주도 조금 마련해 그분을 뵙고 함께 식사를 합시다. 그렇게라도 해서 그분께 조금이라도 위로가 되었으면 합니다."

포에멘은 제자들과 함께 음식을 준비해 노수도사를 찾아갔다. 그들이 도착해 문을 두드리자 노수도사의 제자가 안에서 "누구요?" 하고 물었다. "성자님께 전해 주세요. 포에멘 압바님께서 성자님께 축복을 받기 위해 오셨다고요."

그 말을 들은 이집트인 노수도사는 제자를 다시 보내 "가시오. 시간이 없소" 하였다. 그러나 포에멘 압바와 제자들은 "우리는 성자님을 만나 뵙기까지 이곳에 머물겠습니다" 하고 뜨거운 햇볕 아래서 오랫동안 기다렸다. 저들의 겸손과 인내를 보고 감동한 노수도사는 문을 열어 주었다. 그리고 숙소로 들어가 가져온 음식을 함께 먹었다. 식사를 마친 뒤 노수도사가 말했다. "내가 압바님에 대해 들었던 것이 사실이군요. 공력으로 보면 압바님은 나보다 백 배나 됩니다." 그날부터 두 사람은 친한 친구가 되었다.

이집트인 베드로 압바가 에피파니우스 압바와 함께 라이투에 머문 적이 있다. 그곳 공동체 식구들과 식사를 하게 되었는데 형제들이 그에게 원로들이 앉아 있는 상석으로 옮길 것을 권했다. 베드로 압바는 거리낌 없이 상석으로 가서 앉았다. 돌아오는 길에 에피파니우스 압바가 물었다. "어떻게 어르신들이 계신 곳으로 가서 앉을 수 있었습니까?" 성자는 이렇게 대답했다. "내가 그대와 함께 앉아 있었더라면 형제들이 우리에게 와서 연장자인 내게 축복해 달라고 했을 겁니다. 나는 그렇게 하고 싶지가 않았습니다. 그렇지만 어르신들이 계신 곳에 가서 앉아 있으면 내가 제일 어리기 때문에 겸손을 유지할 수가 있습니다."

~

한 형제가 시소에스 압바에게 말했다. "저는 하나님을 늘 생각하고 있다고 확신합니다." 그러자 성자는 이렇게 말했다. "생각으로만 하나님을 모시고 사는 것은 그다지 큰일이 아닙니다. 더 귀한 것은 그대 자신을 모든 피조물보다 못하다고 여기는 것입니다. 거기에 고행을 곁들여야 겸손에 이를 수 있습니다."

~

한 형제가 세라피온 압바를 만나러 왔다. 성자는 관례에 따라 그를 맞이한 뒤 함께 기도하자고 했다. 그러나 그는 자신은 죄인이라 수도원 규례대로 할 수 없다며 거절했다. 성자가 발을 씻어 주려 하자 마찬가지 이유로 거절했다. 성자가 그를 식탁에 초대하자 이번에는 함께 먹었다. 그러자 성자는 이렇게 훈계했다. "형제여, 그대가 진보를 원하거든 그대 처소에 머물러 자신을 돌아보며 손으로 일하시오. 외춤은 유익하지 못하니 처소에만 머물러 계시오." 그 말을 들은 방문객은 기분이 상하여 표정이 바뀌었다. 그것을 본 성자는 이렇게 말했다. "방금까지 그대는 살아야 할 가치조차 없는 죄인이라고 자책하였습니다. 그런데 이제 내가 선의로 그대를 훈계하였더니 대단히 기분 나빠 합니다. 진실로 겸비하길 원하십니까? 남들이 터무니없는 말로 그대를 헐뜯더라도 너그러이 참고 견뎌야 합니다. 빈말은 그대 마음속에 남겨 두지 마시오." 그 말을 듣고는 성자에게 용서를 빈 후 큰 깨달음을 얻고 돌아갔다.

한 형제가 티토에스 압바에게 물었다. "어떻게 해야 겸비에 이를 수 있는지요?" 성자가 말했다. "겸비에 이르는 길은 이와 같습니다. 자기를 다스림과 기도 그리고 자신을 모든 피조물보다 비천하게 여기는 것입니다."

시소에스 압바가 스승인 오르 압바에게 "한 말씀 주십시오" 하자 오르 압바는 "나를 믿습니까?" 하고 물었다. 그가 그렇다고 대답하자 성자는 "가서 내가 보여 준 그대로 하십시오" 하였다. 시소에스가 "압바님, 제게 보여 주신 것이 무엇입니까?" 하자 성자는 이렇게 말했다. "내 생각에 나는 모든 사람 밑에 있으려 노력하였습니다." 오르 압바는 늘 이런 말을 하였다. "수도자의 면류관은 겸손입니다."

오르 압바의 말이다. “행여나 마음으로라도 다른 형제에 대하여 ‘내가 저 사람보다는 착하고 훌륭하다’ 하고 생각하지 마십시오. 다만 그리스도의 은총에 그대 자신을 복종하여 마음을 가난하게 하고 진심으로 사랑하십시오. 그렇지 않으면 헛된 영광을 구하다가 지금까지 쌓은 것을 모두 잃어버릴 것입니다. 성경말씀에도 ‘선 줄로 생각하는 자 넘어질까 조심하라’(고린도전서 10:12)고 하였습니다. 그대 구원의 기초를 주님 안에 쌓으십시오.”

포에멘 압바는 말하기를 “수도자 니스테루스 압바는 모세가 그 백성을 치료하였던 구리뱀과 같았다”고 했다. 그는 모든 덕을 갖추었고 아무 말도 하지 않고 모든 사람을 치유했다고 한다. 또한 수도원 안에서 어떤 소동이 벌어져도 아무 말도 하지 않았으며 한 번도 개입한 적이 없었다. 포에멘 압바가 니스테루스 압바에게 “어떻게 해서 그런 덕을 쌓게 되었느냐”고 묻자 성자는 이렇게 대답했다고 한다. “압바님, 용서하시기 바랍니다. 저는 수도원에 처음 들어왔을 때부터 저 자신에게 이렇게 말해 왔습니다. ‘너는 나귀다. 나귀는 회초리를 맞아도 아무 말 하지 않고 부당한 대우를 받아도 대꾸를 하지 않는다.’ 시편의 ‘내가 이같이 우매 무지함으로 주 앞에 짐승이오나 내가 항상 주와 함께하니 주께서 내 오른손을 붙드셨나이다”(시편 73:22-23) 하신 말씀과 같이 말입니다.'"

❧

다니엘 압바가 들려준 이야기다. 언젠가 바빌론에 살던 주요 인사의 딸이 귀신에 들렸다. 그 딸의 아버지와 평소 가깝게 지냈던 수도사가 찾아와 이렇게 말했다. "당신 딸의 병은 내가 알고 있는 은둔 수도자들이 아니면 고칠 수 없습니다. 그런데 당신이 그들에게 부탁을 해도 그들은 응하지 않을 겁니다. 이유는 그들이 너무 겸손하기 때문입니다. 그러니 이렇게 합시다. 성자들이 시장에 나오면 당신은 그들이 가져온 것을 살 것처럼 다가가십시오. 그들에게 셈을 할 때 내가 옆에서 당신 딸을 위해 기도를 해달라고 부탁하겠습니다. 그러면 나을 것입니다."

그들이 시장에 나가 보니 과연 성자들이 시장에 나와 자기들이 만든 물건을 팔고 있었다. 그래서 그들은 성자들의 제자 가운데 한 사람을 불러내 장바구니를 들게 한 뒤 셈을 치를 테니 같이 가자고 했다. 그 제자가 집에 가까이 오자 귀신 들린 여인이 그에게 달려들어 뺨을 때렸다. 그러자 그는 주님의 계명대로 다른 쪽 뺨을 돌려 댔다. 한 방 먹은 귀신은 "무슨 힘이 이리도 세! 예수의 계명이 나를 쫓아내는구나" 하고 소리쳤다. 그 순간 여인은 온전해졌다. 얼마 후 성자들이 와서 일어난 일에 대해 듣고는 하나님께 영광을 돌렸다. "보라, 그리스도의 계명을 따르는 겸손이 마귀의 교만을 거꾸러뜨렸도다."

한 형제가 마토에스 압바에게 “한 말씀 주십시오” 하자 성자는 이렇게 말했다. “가시오. 가서 하나님께 기도하시오. 자책하며 겸손한 마음을 주시기를, 자기 잘못을 깨닫게 되기를, 다른 사람을 판단하지 않고 자신을 남보다 낮추기를, 어린 소년과 이교도를 친구로 삼지 않기를, 함부로 말하지 않기를, 혀와 배를 다스릴 수 있기를, 포도주는 마시되 조금만 마시기를, 다른 사람과 어떤 주제를 가지고 대화할 때 그가 옳으면 ‘예’ 하고 그르면 ‘아는 대로 말하시는군요’라고만 하고 그가 한 말을 가지고 논쟁에 빠지지 않기를 위하여 기도하시오. 그것이 겸손입니다.”

신클레티카 암마의 말이다. “세리를 본받으십시오. 바리새파 사람처럼 책망을 받지 마십시오. 모세같이 온유하십시오. 그러면 그대 마음이 생수를 쏟아 내는 반석이 될 것입니다.” 그는 또 이렇게 말했다. “못 없이 배를 만들 수 없듯 겸손 없이 구원을 얻을 수 없습니다.”

시소에스 압바의 말이다. “스스로 무시를 당하십시오. 그대의 의지를 뒤에 숨기십시오. 그리하면 그대는 사람들의 관심을 받지 않을 것이고 그러면 평안할 것입니다.”

~

포에멘 압바가 이삭 압바에게 한 말이다. “그대 안에서 의로움을 조금만 덜어 내시오. 며칠 후에는 평안해질 것입니다.”

~

알로니우스 압바의 말이다. “나 자신을 온전히 깨부수지 못한다면 나 자신을 다시 일으켜 세우지 못하리라.”

~

테바이드의 은둔 수사 요한 압바의 말이다. “무엇보다 수도자는 겸손해야 합니다. 주님의 첫 번째 계명이 그러하기 때문입니다. ‘심령이 가난한 자는 복이 있나니 천국이 그들의 것이다’(마태복음 5:3).”

~

펠루시아 이시도레 압바의 말이다. “겸손의 높이가 대단한 것처럼 자랑의 깊이도 대단합니다. 그러므로 겸손은 추구하되 자랑에는 빠지지 마십시오.”

~

포에멘 압바의 말이다. “환상을 보거나 음성을 들었더라도 그것을 형제에게 말하지 마십시오. 논쟁을 일으키는 기만일 수도 있기 때문입니다.”

11

—

마음을 다스려 얻는 내적 평화

마음 챙김과 내적 평화에 대한 가르침

하나님이여, 사슴이 시냇물을 찾기에 갈급함같이
내 영혼이 주를 찾기에 갈급하니이다. 내 영혼이 하나님
곧 살아 계시는 하나님을 갈망하나니 내가 어느 때에
나아가서 하나님의 얼굴을 뵈올까? 사람들이 종일 내게
하는 말이 "네 하나님이 어디 있느뇨" 하오니 내 눈물이
주야로 내 음식이 되었도다. 내가 전에 성일을 지키는
무리와 동행하여 기쁨과 감사의 소리를 내며 그들을
하나님의 집으로 인도하였더니 이제 이 일을 기억하고
내 마음이 상하는도다. 내 영혼아, 네가 어찌하여
낙심하며 어찌하여 내 속에서 불안해하는가.
너는 하나님께 소망을 두라. 그가 나타나 도우심으로
말미암아 내가 여전히 찬송하리로다. (시편 42:1-5)

하나님은 우리의 피난처시요 힘이시니 환난 중에 만날
큰 도움이시라. 그러므로 땅이 변하든지 산이 흔들려
바다 가운데에 빠지든지 바닷물이 솟아나고 뛰놀든지
그것이 넘침으로 산이 흔들릴지라도 우리는 두려워하지
아니하리로다. (시편 46:1-3)

하루는 제자들과 함께 배에 오르사 그들에게 이르시되
"호수 저편으로 건너가자" 하시매 이에 떠나 행선할
때에 예수께서 잠이 드셨더니 마침 광풍이 호수에
내리치매 배에 물이 가득하게 되어 위태한지라. 제자들이
나아와 깨워 이르되 "주여, 우리가 죽겠나이다" 한대
예수께서 잠을 깨사 바람과 물결을 꾸짖으시니 이에 그쳐
잔잔하여지더라. (누가복음 8:22-24)

아무것도 염려하지 말고 다만 모든 일에 기도와 간구로,
너희 구할 것을 감사함으로 하나님께 아뢰라. 그리하면
모든 지각에 뛰어난 하나님의 평강이 그리스도 예수
안에서 너희 마음과 생각을 지키시리라. (빌립보서 4:6-7)

광야와 사막의 아름다움은 밤에 있다고 한다. 밤의 시작과 끝을 알리는 해질 때와 새벽 동틀 때가 아름답고, 한밤중 밤하늘의 별들이 그 아름다움의 절정이라고 한다. 그런 밤의 아름다움을 찬송한 노래가 시편 121편이다. "성전에 올라가는

노래"라는 부제가 붙은 이 시는 성지(성전)를 찾아가는 순례자가 지은 것으로 보인다.

광야 길을 가는 순례자들에게 가장 두려운 것은 밤의 들짐승과 강도 떼다. 그래서 밤에는 파수꾼을 세워 두고 잠을 잤다. 그렇게 잠을 자다가 한밤중에 깬 순례자는 주위를 살펴보는 중에 파수꾼마저 잠들어 있는 것을 보았다. 모랫바닥에 자리를 펴고 자는 사람들도 무방비 상태였다. 만약 도둑 떼가 급습했더라면 어떻게 되었겠는가?

그 순간 불안과 두려움이 엄습했다. 그러다가 순례자는 눈을 들어 하늘을 보았고 거기서 답을 얻었다. "내가 산을 향하여 눈을 들리라. 나의 도움이 어디서 올까. 나의 도움은 천지를 지으신 여호와에게서로다"(시편 121:1-2). 낮과 밤, 하늘과 별을 지으신 창조주 하나님을 만났다. "여호와께서 너를 실족하지 아니하게 하시며 너를 지키시는 이가 졸지 아니하시리로다"(시편 121:3). 창조주 하나님의 보호하심을 느꼈다. "여호와께서 너희 출입을 지금부터 영원까지 지키시리로다"(시편 121:8). 창조주 하나님에 대한 믿음이 생기면서 두려움이 확신으로, 불안이 평안으로 바뀌었다. 하나님의 보호하심과 인도하심, 그것이 광야와 사막에서 누릴 수 있는 행복이었다.

사막으로 들어가 영적 순례를 시작한 교부와 교모가 추구한 '내적 평화'(inner peace)도 거기서 비롯되었다. 그들은 마음속 불안과 두려움, 특히 분노를 다스리는 법부터 배웠다.

~

둘라스 압바의 말이다. "적이 우리의 내적 평화를 깨뜨리려 유혹할지라도 그의 말에 귀를 기울이지 마십시오. 음식을 빼앗길지언정 내적 평화는 빼앗기지 마시오. 서로 힘을 합쳐 적을 물리치시오. 그렇게 해서 내적 세계를 지켜 내기 바랍니다." 그는 또 이런 말도 했다. "대중이 좋아하는 것을 멀리하시오. 그렇지 않으면 적이 그대 영혼을 시험하여 내적 평화를 깨뜨릴 것입니다."

~

에바그리우스 압바의 말이다. "많은 사람이 좋아하는 것을 멀리하시오. 그래야 그대 영혼이 격동하지 않고 내적 평화를 유지할 수 있을 것입니다. 격동함이 없는 기도도 귀중하지만 격동함이 없는 찬미는 더욱 귀중합니다."

~

포에멘 압바의 제자들이 와서 말했다. "여기를 떠나시지요. 이곳 수도원 일들 때문에 우리가 정신을 잃을 정도입니다. 어린 꼬맹이들의 울음소리 때문에 내적 평화를 얻을 수 없습니다." 그러자 성자가 말했다. "이곳을 떠나려는 이유가 천사들의 소리 때문입니까?"

~

한 형제가 루푸스 압바에게 물었다. "내적 평화가 어떤 것이며 무슨 유익이 있습니까?" 성자가 답했다. "내적 평화란 교만했던 마음과 괴롭혔던 악한 것들에 대한 기억을 물리치면서 하나님에 대한 지식과 두려움에 충만하여 자기 움막 안에서 지내는 것입니다. 그렇게 내적 평화를 얻으면 나머지 덕행도 얻을 수 있고 적들의 불화살도 막을 수 있으며 저들의 공격에도 아무런 상처를 입지 않습니다. 형제들이여, 이것을 취하십시오. 장차 맞이할 죽음을 염두에 두시오. 도둑이 언제 올지 그 시간을 알지 못함을 기억하시오. 그렇게 그대 마음을 늘 감찰하시오."

사제 이시도레 압바는 40년 동안 마음으로는 죄의 유혹을 받은 적이 있지만 탐심과 분노의 유혹에 넘어간 적은 없었다고 한다. 한 수도사가 이시도레 압바에게 물었다. "모든 사탄이 압바를 두려워하는 이유는 무엇입니까?" 성자는 이렇게 답했다. "내가 수도자가 된 후 엄격하게 금욕생활을 하면서 분노가 내 입에 닿지 않도록 노력했기 때문일 겁니다."

사제 이시도레 압바의 말이다. "언젠가 작은 물건들을 팔러 시장에 갔다가 분노가 내게 몰려오는 것을 느끼고 가져갔던 물건들을 그대로 둔 채 도망쳐 나온 적도 있습니다."

~

닐루스 압바의 말이다. “내적 평화를 사랑하는 수도자는 적이 쏘는 화살을 능히 물리칠 수 있을 것입니다. 그러나 무리에 섞여 사는 자는 끊임없이 날아드는 주먹을 맞아야 할 것입니다.”

~

포에멘 압바의 말이다. “그대 자신에게 집착하지 않는다면 어디 가서 지내든 평안할 것입니다.” 그는 이런 말도 했다. “침묵하면 어디에 있든 평안할 것입니다.”

~

안토니 압바의 제자인 피티리온 압바의 말이다. “마귀를 물리치기 원한다면 감정부터 다스려야 합니다. 왜냐하면 마귀는 감정을 부리기 때문입니다. 예를 들어 마귀는 분노와 같이 오는데 그대가 분노를 다스릴 줄 알면 분노의 마귀도 사라집니다. 그런 식으로 모든 감정의 마귀를 물리칠 수 있습니다.”

~

한 형제가 포에멘 압바에게 물었다. “이유 없이 형제에게 화를 내지 말라는 것은 무슨 뜻입니까?” 성자가 말했다. “형제가 거만하게 굴어서 그대가 해를 입었고 그로 인해 그대가 화를 낸다면 그것은 이유 없이 형제에게 화를 내는 것입니다. 만약 형제가 그대의 오른눈을 빼고 오른쪽 팔을 잘랐을 때 그대가 화를 내는 것도 이유 없이 화를 내는 것입니다. 다만 형제가 그대를 하나님으로부터 떼어 놓으려고 할 때는 화를 내어야 합니다."

~

신클레티카 암마의 말이다. "화를 내지 않는 것이 좋습니다. 화를 내더라도 그 감정을 하루 종일 간직하지는 마십시오. 사도께서도 '해가 지도록 분을 품지 말라'(에베소서 4:26)고 하셨습니다. 그대에게 주어진 시간이 다 소진되기까지 기다리겠습니까? 그대를 괴롭게 만든 사람을 미워하지 마십시오. 잘못을 저지른 것은 그 사람이 아니라 그를 이용한 마귀입니다. 이는 병은 미워하되 환자는 미워하지 말아야 하는 것과 같습니다."

~

암모나스 압바의 말이다. "나는 스케티스에서 십사 년을 살면서 내 안에 분노를 다스리게 해달라고 밤낮으로 하나님께 기도하였습니다."

~

히페레키우스 압바의 말이다. "화가 났을 때 자기 혀를 다스리지 못하면 다른 어떤 감정도 다스리지 못할 것입니다."

~

마카리우스 압바의 말이다. "만약 누군가를 비난한다면 그것은 자신의 감정을 만족시키려고 분노에 몸을 맡긴 결과입니다. 그러니 남을 구하기 위해서라도 자신을 잃지 말아야 합니다."

~

누군가 실바누스 압바에게 "압바님, 어떻게 하셨기에 그렇게 지혜로운 분이 되셨습니까?" 하고 물었다. 성자는 이렇게 대답했다. "하나님의 진노를 불러올 생각을 내 마음에 품지 않으려 애를 썼을 뿐입니다."

~

엘리아스 압바의 말이다. "사람의 마음은 죄나 사람이나 주님, 이 셋 중 하나로 향하게 되어 있습니다."

~

한 형제가 포에멘 압바에게 물었다. "성경에 '삼가 누가 누구에게든지 악으로 악을 갚지 말게 하라'(데살로니가전서 5:15)는 말씀은 무슨 뜻입니까?" 성자는 이렇게 말했다. "감정은 네 단계로 작용합니다. 첫째 마음, 둘째 얼굴, 셋째 말, 그리고 넷째 행동입니다. 여기서 악을 악으로 갚아서는 안 됩니다. 마음을 정결하게 하면 감정이 표정에 나타나지 않습니다. 감정이 얼굴에 나타나더라도 입에 올리지는 마십시오. 설혹 말을 하게 되더라도 악으로 악을 갚는 것이라고 생각될 때에는 대화를 짧게 끝내십시오."

~

포에멘 압바의 말이다. "사람의 마음이 말로 하는 온갖 대화, 온갖 부조리, 인간적인 훼방에서 벗어나면 하나님의 영이 그 안에 거하게 되어 잉태하지 못했던 그에게 열매가 맺힐 것입니다."

~

신클레티카 암마의 말이다. "수도사들 중에는 산에 있으면서도 도시에 있는 것처럼 사는 이들이 많은데 이는 시간만 낭비할 뿐입니다. 반면에 군중 속에 살면서도 홀로 있는 것처럼 사는 사람도 있습니다. 그런 사람은 군중 속에 있어도 홀로 사는 것처럼 자기 마음을 다스릴 수 있습니다."

~

한 형제가 티토에스 압바에게 물었다. "어떻게 해야 내 마음을 지킬 수 있습니까?" 성자가 말했다. "입과 배를 열어 둔 채 어떻게 마음을 지킬 수 있겠습니까?"

~

한 형제가 포에멘 압바를 찾아와 "압바님, 너무 많은 생각이 나를 위험한 지경으로 몰아냅니다" 하였다. 성자가 그를 밖으로 데리고 나가 "가슴을 펴시오. 그리고 숨을 들이쉬지 마시오" 하자 그는 "그렇게 할 수 없습니다" 하였다. 그러자 성자가 말했다. "그것도 할 수 없으면서 어찌 그대 안에 떠오르는 생각들을 막을 수 있으리오. 다만 그것을 다스릴 뿐입니다."

~

한 형제가 포에멘 압바를 찾아와 생각의 번민으로 인한 고통을 호소했다. 성자는 이렇게 말했다. "이는 마치 사람이 왼손에 불, 오른손에 물 잔을 가지고 있는 것과 같습니다. 만약 한 손에 불이 나면 다른 손의 물로 꺼야만 합니다. 마귀가 불씨를 던지더라도 자기 자신을 하나님 앞에 던지면 꺼집니다. 그것이 물입니다."

12

잠잠하여 그분만 바라라

침묵 수행에 대한 가르침

여호와께서 이르시되 "너는 나가서 여호와 앞에서 산에 서라" 하시더니 여호와께서 지나가시는데 여호와 앞에 크고 강한 바람이 산을 가르고 바위를 부수나 바람 가운데에 여호와께서 계시지 아니하며 바람 후에 지진이 있으나 지진 가운데에도 여호와께서 계시지 아니하며 또 지진 후에 불이 있으나 불 가운데에도 여호와께서 계시지 아니하더니 불 후에 세미한 소리가 있는지라. 엘리야가 듣고 겉옷으로 얼굴을 가리고 나가 굴 어귀에 서매 소리가 그에게 임하여 이르시되 "엘리야야, 네가 어찌하여 여기 있느냐?" (열왕기상 19:11-13)

너희는 떨며 범죄하지 말지어다. 자리에 누워 심중에

말하고 잠잠할지어다. (시편 4:4)

나의 영혼이 잠잠히 하나님만 바람이여, 나의 구원이 그에게서 나오는도다. 오직 그만이 나의 반석이시요 나의 구원이시요 나의 요새이시니 내가 크게 흔들리지 아니하리로다. 넘어지는 담과 흔들리는 울타리같이 사람을 죽이려고 너희가 일제히 공격하기를 언제까지 하려느냐? 그들이 그를 그의 높은 자리에서 떨어뜨리기만 꾀하고 거짓을 즐겨 하니 입으로는 축복이요 속으로는 저주로다. 나의 영혼아, 잠잠히 하나님만 바라라. 무릇 나의 소망이 그로부터 나오는도다. (시편 62:1-5)

대제사장들과 온 공회가 예수를 죽이려고 그를 칠 거짓 증거를 찾으매 거짓 증인이 많이 왔으나 얻지 못하더니 후에 두 사람이 와서 이르되 "이 사람의 말이 내가 하나님의 성전을 헐고 사흘 동안에 지을 수 있다 하더라" 하니 대제사장이 일어서서 예수께 묻되 "아무 대답도 없느냐? 이 사람들이 너를 치는 증거가 어떠하냐?" 하되 예수께서 침묵하시거늘 대제사장이 이르되 "내가 너로 살아 계신 하나님께 맹세하게 하노니 네가 하나님의 아들 그리스도인지 우리에게 말하라." (마태복음 26:59-63)

누구보다 '열정적으로' 하나님께 충성했던 선지자 엘리야는 갈멜 산에서 왕과 백성들이 지켜보는 가운데 바알 선지자 450명과 겨루어 혁혁한 승리를 거둔 후 이제는 자신이 생각했던 대로 이스라엘에 '바른 정치', '바른 종교'가 세워질 것으로 기대했다. 그러나 예상과 달리 그는 도망자 신세가 되었고 로뎀나무 아래서 단식투쟁을 벌이다가 결국 하나님의 천사에 이끌려 시나이 광야 호렙 산 동굴에 숨어들었다. 거기서 엘리야는 '하나님의 임재'를 경험했다. 모든 것을 날려 버리는 질풍노도, 땅을 뒤집는 지진, 맹렬한 불. 그러나 그 속에 하나님은 계시지 않았다. 광풍과 지진, 화염이 지난 후 '세미한 소리'로 하나님은 엘리야에게 임하셨다.

여기서 '세미한 소리'로 번역한 히브리어는 침묵, 고요를 뜻하는 '다맘'(*damam*)과 아주 여리고 작은 것을 뜻하는 '다크'(*daq*)를 합친 것이다. 따라서 '세미한 소리'를 직역하면 '아주 작은 침묵의 소리'(a sound of sheet silence, NRSV)가 된다. 쉽게 풀면 "침묵으로 말씀하셨다"이다. 경험해 본 사람은 알지만 하나님과 통할 수 있는 기도 주파수는 '침묵'이다. 그래서 하나님과 대화하려면 하나님의 주파수에 맞추어야 한다. 즉 잠잠해야 한다는 말이다.

사막에 들어간 교부와 교모가 침묵 기도에 집중한 것도 그 때문이었다. 그들은 시끄러운 도시에서 사람들과 교제하고 대화하는 것보다 하나님과 대화하는 데 더 큰 행복을 느꼈기에 사람이 없는 사막과 광야를 택했다. 그리고 침묵하며 하나님을 만나 대화하는 일에 마음과 뜻과 힘을 다했다. 바람 소리와 모

래알 굴러가는 소리만 들리는 고요한 사막에서 세미한 소리로 들리는 하나님의 음성. 그것은 무엇과도 바꿀 수 없는 행복이요 은총이었다.

~

대주교 테오필루스가 하루는 스케티스를 방문했다. 그곳에 있던 수도사들이 팜보 압바를 찾아가 "대주교님께 뭔가 말씀 좀 해주세요. 그분이 깨우침을 얻을 수 있도록 말입니다" 하였다. 그러자 성자는 이렇게 말했다. "그분이 내 침묵을 통해 깨우침을 얻을 수 없다면 내가 무슨 말을 해도 깨우침을 얻을 수는 없을게요."

~

테오도라 암마의 말이다. "경건한 자라 할지라도 누군가에게서 상처를 입을 수 있습니다. 그때는 이렇게 말해야 합니다. '나도 당신에게 할 말이 있습니다. 다만 하나님의 계명은 나로 하여금 입을 다물라 하십니다.'"

~

포에멘 압바의 말이다. "사람이 입을 다물고 있더라도 속으로 남을 저주하고 있으면 그는 쉬지 않고 입을 나불대고 있는 것과 같습니다. 반면에 아침부터 저녁까지 쉬지 않고 말을 하는데도 침묵을 지키는 사람이 있습니다. 허튼 말은 한마디도 하지 않는 사람입니다."

한 형제가 포에멘 압바에게 물었다. "만약 제가 뭔가를 보았을 때 그것을 압바님께 말씀드리기를 원하십니까?" 성자는 이렇게 답했다. "성경말씀에 '사연을 듣기 전에 대답하는 자는 미련하여 욕을 당하느니라'(잠언 18:13) 하였습니다. 내가 무엇을 봤느냐고 물어보면 대답하십시오. 묻지 않으면 침묵하십시오." 한번은 포에멘 압바가 팜보 압바에게 "이웃을 칭찬하는 것이 좋습니까?" 하고 묻자 성자는 이렇게 말했다. "침묵하는 것이 더 좋습니다."

한 형제가 사순절 둘째 주일에 포에멘 압바를 찾아와 자기 고민을 털어놓은 후 평안을 얻었다. 그는 포에멘에게 "하마터면 오늘 오지 못할 뻔했습니다" 하였다. 성자가 왜냐고 묻자 그는 이렇게 답했다. "사순절이기 때문에 압바님께서 저를 들여놓지 않을 것이라고 혼자서 생각했습니다." 포에멘 압바는 그에게 이렇게 말했다. "우리는 나무로 만든 문을 닫지 말고 혀의 문을 닫으라고 가르침을 받았습니다."

하루는 티토에스 압바가 앉은 자리 옆에 한 형제가 우연히 앉게 되었다. 성자는 옆에 누가 앉았는지도 모른 채 황홀경에 들어가 신음 소리를 내면서 기도했다. 기도를 마친 후 성자는 옆에 있던 형제에게 사과하면서 이렇게 말했다.

"형제님, 용서하세요. 제가 아직 수도사가 되지 못했네요. 형제님 옆에서 신음 소리를 냈으니."

~

한 형제가 시소에스 압바에게 물었다. "무엇을 해야 할까요?" 성자가 말했다. "그대에게 필요한 것은 무한한 침묵과 겸손입니다. 성경말씀에도 '그를 기다리는 자마다 복이 있도다'(이사야 30:18) 하였습니다. 그렇게 하면 넘어지지 않습니다."

~

포에멘 압바의 말이다. "그대에게 엄습하는 모든 시련을 물리칠 수 있는 비결은 오직 침묵뿐입니다." 그는 또 이런 말도 했다. "만약 '네 말로 의롭다 함을 받고 네 말로 정죄함을 받으리라'(마태복음 12:37)는 성경말씀을 기억하는 사람이라면 마땅히 침묵을 선택할 것입니다."

~

알로니우스 압바의 말이다. "하나님과 자신만 있는 곳에서는 마음으로 말하지 않으면 평안을 얻을 수 없습니다."

13

혀에 재갈을 물려 말의 실수 줄이기

언행에 대한 가르침

여호와여, 악인에게서 나를 건지시며 포악한 자에게서 나를 보전하소서. 그들이 마음속으로 악을 꾀하고 싸우기 위하여 매일 모이오며 뱀같이 그 혀를 날카롭게 하니 그 입술 아래에는 독사의 독이 있나이다. (시편 140:1-3)

여호와여, 내 입에 파수꾼을 세우시고 내 입술의 문을 지키소서. (시편 141:3)

모든 지킬 만한 것 중에 더욱 네 마음을 지키라. 생명의 근원이 이에서 남이니라. 구부러진 말을 네 입에서 버리며 비뚤어진 말을 네 입술에서 멀리하라. (잠언 4:23-24)

내가 너희에게 이르노니 "사람이 무슨 무익한 말을 하든지 심판 날에 이에 대하여 심문을 받으리니 네 말로 의롭다 함을 받고 네 말로 정죄함을 받으리라."
(마태복음 12:36-37)

우리가 다 실수가 많으니 만일 말에 실수가 없는 자라면 곧 온전한 사람이라. 능히 온몸도 굴레 씌우리라. 우리가 말들의 입에 재갈 물리는 것은 우리에게 순종하게 하려고 그 온몸을 제어하는 것이라. 또 배를 보라. 그렇게 크고 광풍에 밀려가는 것들을 지극히 작은 키로써 사공의 뜻대로 운행하나니 이와 같이 혀도 작은 지체로되 큰 것을 자랑하도다. 보라, 얼마나 작은 불이 얼마나 많은 나무를 태우는가. 혀는 곧 불이요 불의의 세계라. 혀는 우리 지체 중에서 온몸을 더럽히고 삶의 수레바퀴를 불사르나니 그 사르는 것이 불에서 나느니라. 여러 종류의 짐승과 새와 벌레와 바다의 생물은 다 사람이 길들일 수 있고 길들여 왔거니와 혀는 능히 길들일 사람이 없나니 쉬지 아니하는 악이요 죽이는 독이 가득한 것이라. 이것으로 우리가 주 아버지를 찬송하고 또 이것으로 하나님의 형상대로 지음을 받은 사람을 저주하나니 한 입에서 찬송과 저주가 나오는도다. 내 형제들아, 이것이 마땅하지 아니하니라. 샘이 한 구멍으로 어찌 단물과 쓴물을 내겠느냐. (야고보서 3:2-11)

간음하다 현장에서 잡힌 여인이 있었다. 사람들은 그를 당시 판관 역할을 하던 서기관과 바리새인들에게 끌고 갔다. 서기관과 바리새파들에게 이 사건은 아주 간단했다. 모세의 율법에 그런 여인은 '돌로 쳐 죽이라'고 했기 때문이다(신명기 22:22-24). 그런데도 그들은 이 사건을 예수님께 가져왔다. 그 바람에 성전에서 말씀하시던 예수님의 설교가 중단되었다.

그들이 예수님을 찾아온 것은 가르침을 받기 위해서가 아니라 시험하여 올무를 놓기 위함이었다. 그들은 "모세의 율법에 이런 여자는 돌로 치라 하였는데 선생은 어떻게 말하겠는가?" 하며 예수님에게 답을 요구했다. "돌로 치지 말라" 하면 율법을 어기는 것이고 "돌로 치라" 하면 평소 강조했던 사랑과 용서에 배치될 것이었다.

이런 그들 앞에서 예수님은 몸을 굽혀 땅바닥에 글만 쓰셨다. 침묵을 택하셨다. 그러자 사람들은 예수님이 외통수에 걸렸다고 생각하여 더욱 많은 소리로 답을 재촉하였다. 그러자 예수님은 긴 침묵 끝에 일어나서 한마디 던지셨다. "너희 중에 죄 없는 자가 돌로 치라." 그 한마디 말씀에 사람들은 '양심에 가책을 느껴' 어른으로 시작하여 젊은이까지 자리를 떠나갔다. 주님의 '조용한' 말씀 한마디가 살기등등했던 사람들의 수백 마디 주장과 고함을 물리쳤다. '한 말씀'의 위력이었다.

사막과 광야로 나간 교부와 교모가 사모한 것도 그런 '한 말씀'이었다. 침묵 속에서 들려오는 주님의 말씀에서 용기와 지혜를 얻은 사람들이다. 그런 사막 성자들을 찾아온 제자와 교인들이 원했던 것도 "한 말씀 주십시오"(Give me a word)였다.

그렇게 들려진 사막 교부와 교모의 말씀이 입에서 입으로 전달되어 오늘 우리에게까지 들리게 되었다.

~

유프레피우스 압바가 수도생활 초기에 어떤 성자를 찾아가 "압바님, 한 말씀 주십시오. 제가 구원을 받기 위해 무엇을 해야 하는지요" 하고 여쭈었다. 그러자 성자는 "그대가 정녕 구원을 받으려면 누구를 만나든 그가 당신에게 말하기 전에 당신이 먼저 말하지 마시오" 하였다. 이 말씀에 큰 깨달음을 얻은 유프레피우스는 엎드려 이렇게 말했다. "지금까지 많은 책을 읽었지만 이런 가르침은 없었습니다."

~

한 형제가 포에멘 압바에게 물었다. "사람이 어떻게 행동해야 합니까?" 성자가 말했다. "다니엘을 보십시오. 그의 입에서는 하나님 여호와를 향한 기도 외에는 어떤 불평도 나오지 않았습니다."

~

스케티스에 있던 수도사 몇 명이 안토니 압바를 찾아 나섰다. 안토니가 있는 곳으로 가려면 배를 타야 했는데 마침 방향이 같은 노인이 있어 함께 탔다. 수도사들은 배를 타고 가면서 압바들의 교훈이나 성경말씀 혹은 자신의 일상생활 등에 대해 말하였다. 다만 그 노인은 침묵을 지켰다.

부두에 도착한 그들은 노인도 안토니 압바가 있는 곳으로 간다는 사실을 알았다. 목적지에 도착했을 때 안토니는 수도사들에게 "이처럼 훌륭한 분과 함께한 여행이었으니 어땠습니까?" 하였다. 그들은 아무 말도 하지 못했다. 안토니는 노인에게 "이처럼 귀한 분들을 모시고 왔네요, 스승님" 하였다. 그러자 노인이 말했다. "훌륭한 분들이기는 합니다만 마치 문이 없는 집 같아서 누구든 원하기만 하면 마구간까지 들어가 나귀를 풀어놓은 것 같았소이다." 수도사라면 아무 말이든 생각나는 대로 입에 담아서는 안 된다는 것을 지적한 것이다.

에피파니우스 압바의 말이다. "불량한 사람은 온몸으로 죄를 짓지만, 선량한 사람은 입으로 죄를 짓습니다. 그래서 다윗은 '여호와여, 내 입에 파수꾼을 세우시고 내 입술의 문을 지키소서'(시편 141:3) 하였고 또 '나의 행위를 조심하여 내 혀로 범죄하지 아니하겠다'(시편 39:1) 하였습니다."

누군가 테오도라 암마에게 사람들의 대화에 대하여 물었다. "하나님 한 분만을 위해 살고 싶은데 어쩔 수 없이 세속적인 말을 들어야 하는 경우에는 어떻게 해야 합니까?" 암마는 이렇게 말했다. "그대가 앉아 있는 테이블에서 여러 가지 대화가 오고 가던 중 설혹 어떤 대화에 참여하게 되었을 때 그것을 즐기지는 마십시오. 세속적인 대화가 진행될 때는 그대 마음을 하나님께로 향하십시오. 그리고 그런 자세를 취할 수 있게 된 것에 감사하십시오. 그러면 어떤 소리가 들려도 흥미를 느끼지 못할 것이며 그대는 그런 대화로 인해 전혀 해를 입지 않을 것입니다."

~

마카리우스 압바가 하루는 제자를 데리고 스케티스를 떠나 니트리아 산으로 가고 있었다. 목적지에 다다르자 성자는 제자에게 먼저 가라고 했다. 그렇게 앞장서서 가던 제자 눈에 이교도 사제가 오는 것이 보였다. 제자는 그를 향해 "어이! 이 사악한 놈, 어디를 가는 게냐?" 하고 외쳤다. 그러자 이교도 사제는 제자에게 달려들어 죽도록 때렸다. 그러고는 지팡이를 들고 도망쳤다.

그렇게 달려오는 이교도 사제를 마카리우스 압바가 보았다. 성자는 그를 보고 "안녕하시오. 지치고 지친 인생이여, 안녕하시오" 하였다. 그러자 이교도 사제는 "저를 좋게 보신 겁니까? 그런 인사를 하시다니요?" 하였다. 성자는 "그대가 헛된 것인지도 모른 채 그것을 위해 애쓰다가 지치고 지친 모습이 내 눈에 보이는구려" 하였다. 이교도 사제는 "그렇게 인사를 하시니 내 마음이 감동됩니다. 당신은 하나님 편에 있는 것이 확실합니다. 아까는 어떤 못된 놈이 나를 모욕하기에 죽도록 패주고 오는 길입니다" 하였다. 성자는 그가 언급한 사람이 제자인 것을 알았다. 그런데도 그를 나무라지 않았다. 이교도 사제는 성자 앞에 엎드려 "나를 수도사로 만들어 주지 않으면 당신을 떠나보내지 않겠습니다" 하였다.

그렇게 해서 두 사람은 동행하게 되었고 얼마 안 가서 쓰러져 있는 제자를 발견하고 부축해서 니트리아 산에 있는 교회로 데리고 갔다. 그곳 사람들은 이교도 사제가 마카리우스 압바와 함께 오는 것을 보고 놀랐다. 이교도 사제는 거기서 수도사가 되었고 그를 통해 많은 이교도 신자들이 주께 돌아왔다. 그 일을 회상하며 마카리우스 압바는 이렇게 말했다. "악한 말 한마디가 선한 사람을 악하게 만들고 선한 말 한마디가 악한 사람을 선하게 만듭니다."

오르 압바는 제자 바울에게 당부하기를, "쓸데없는 말이 우리 처소에 들어오지 않도록 주의하십시오" 하였다. 오르 압바는 한 번도 거짓말하거나 맹세하거나 남에게 해를 끼친 적이 없었고 필요하지 않은 말은 하지도 않았다고 한다.

시소에스 압바가 하루는 제자들에게 허심탄회하게 말했다. "자신감을 가지십시오. 나는 사십 년 동안 내 잘못을 가지고는 기도하지 않았습니다. 다만 '주 예수여, 내 입술로부터 나를 지켜 주소서'라고만 기도했습니다. 그런데도 지금까지 매일 입술 때문에 죄를 지었습니다."

~

요셉 압바가 니스테루스 압바에게 "내 혀를 다스릴 수 없으니 어떻게 하면 좋습니까?" 하고 물었다. 성자가 "말을 할 때 평안이 느껴집니까?" 하니 그는 "아니요"라고 대답했다. 그러자 성자는 이렇게 말했다. "평안을 느끼지 못한다면 말은 왜 하시오? 침묵하시오. 대화가 시작되면 말하는 것보다 듣는 것이 유익합니다."

~

한 형제가 마토에스 압바에게 말했다. "어찌하면 좋을까요? 내 입 때문에 고통을 받습니다. 사람들과 대화하다 보면 혀를 제어할 수 없습니다. 사람들이 잘하고 있는데도 그것을 정죄하고 비난합니다. 어떻게 하면 좋습니까?" 성자가 대답했다. "그것은 병입니다. 그대가 자신을 다스릴 수 없다면 사람들을 피해 홀로 사십시오. 사람들과 함께 살려면 각이 져서는 안 됩니다. 둥글어야 합니다. 모든 사람에게 부드러워야 합니다." 성자는 계속해서 말했다. "내가 홀로 사는 것은 덕이 많아서가 아닙니다. 약하기 때문입니다. 사람들 속에 사는 자는 정말 강한 사람입니다."

~

한 형제가 포에멘 압바에게 물었다. "말을 하는 게 좋습니까? 침묵하는 게 좋습니까?" 성자는 이렇게 답했다. "하나님을 위해 말한다면 좋은 것입니다. 하나님을 위해 침묵

한다면 좋은 것입니다."

❧

포에멘 압바의 말이다. "그대 입에게 그대 마음속에 있는 것만 말하도록 가르치시오."

❧

히페레키우스 압바의 말이다. "하와를 에덴동산에서 쫓아낸 것은 뱀의 속삭임이었습니다. 이웃에 대해 나쁜 말을 하는 사람도 뱀과 같습니다. 자신의 영혼을 구하지 못할 뿐 아니라 그런 말을 듣는 사람의 영혼까지도 무너뜨리기 때문입니다."

14

바른 말씀에 바른 생각

성경과 교리에 대한 가르침

오늘 내가 네게 명하는 이 말씀을 너는 마음에 새기고 네 자녀에게 부지런히 가르치며 집에 앉았을 때에든지 길을 갈 때에든지 누워 있을 때에든지 일어날 때에든지 이 말씀을 강론할 것이며 너는 또 그것을 네 손목에 매어 기호를 삼으며 미간에 붙여 표로 삼고 또 네 집 문설주와 바깥문에 기록할지니라. (신명기 6:6-9)

내가 주의 말씀을 지키려고 발을 금하여 모든 악한 길로 가지 아니하였사오며 주께서 나를 가르치셨으므로 내가 주의 규례들에서 떠나지 아니하였나이다. 주의 말씀의 맛이 내게 어찌 그리 단지요? 내 입에 꿀보다 더 다니이다. 주의 법도들로 말미암아 내가 명철하게 되었으므로 모든 거짓 행위를 미워하나이다.

(시편 119:101-104)

악한 사람들과 속이는 자들은 더욱 악하여져서 속이기도 하고 속기도 하나니 그러나 너는 배우고 확신한 일에 거하라. 너는 네가 누구에게서 배운 것을 알며 또 어려서부터 성경을 알았나니 성경은 능히 너로 하여금 그리스도 예수 안에 있는 믿음으로 말미암아 구원에 이르는 지혜가 있게 하느니라. 모든 성경은 하나님의 감동으로 된 것으로 교훈과 책망과 바르게 함과 의로 교육하기에 유익하니 이는 하나님의 사람으로 온전하게 하며 모든 선한 일을 행할 능력을 갖추게 하려 함이라.

(디모데후서 3:13-17)

이 말이 미쁘도다. 원하건대 너는 이 여러 것에 대하여 굳세게 말하라. 이는 하나님을 믿는 자들로 하여금 조심하여 선한 일을 힘쓰게 하려 함이라. 이것은 아름다우며 사람들에게 유익하니라. 그러나 어리석은 변론과 족보 이야기와 분쟁과 율법에 대한 다툼은 피하라. 이것은 무익한 것이요 헛된 것이니라.

(디도서 3:8-9)

성경은 광야에서 기록되기 시작했다. 하나님은 이스라엘

백성을 애굽에서 끌어내신 후 여러 광야를 거쳐 시나이 광야에 이르게 하셨다. 그리고 그곳 산으로 모세를 불러올려 '친히 쓰신' 십계명 돌판을 손에 들려 주셨다. 그것이 말씀 기록의 시작이다. 이어서 모세는 40일 동안 산에 있으면서 하나님께 받은 율법과 계명을 기록했고 이후 요단 강 동편 느보 산에서 숨을 거두기까지 광야 40년 역정을 기록했다. 그렇게 해서 출애굽기로부터 신명기까지 광야의 기록이 나왔다. 여기에 이스라엘 민족의 기원과 애굽에 들어가게 된 유래를 적은 창세기를 합쳐 '모세 오경' 혹은 '율법'(torah)이라 했다.

구약의 나머지 부분은 '예언서'(nebiim)라 하여 하나님의 선지자들을 통해 율법과 계명, 율례와 법도를 지키도록 권면하시고 훈계하시는 하나님의 말씀을 기록했다. 율법과 예언, 이것이 '옛 약속'(Old Testament)으로서 구약의 내용이었다. '새 약속'(New Testament)으로서 신약은 구약의 율법과 예언의 성취로서 오신 예수 그리스도(마태복음 5:17, 7:12, 17:3, 22:40)의 말씀을 기록한 '복음'(gospel)과 그 말씀에 따라 산 사도들의 '서신'(epistle)으로 꾸며져 있다. 그리하여 하나님의 사람들은 구약과 신약에 기록된 말씀을 통해 하나님의 뜻을 파악할 수 있고 그 뜻을 이루며 살아가는 방법도 알게 되었다.

또한 성경은 예수 그리스도를 통하여 하나님의 자녀로서 지위를 회복한 그리스도인들의 생각과 의지와 행동의 기준이 되었다. 말씀에서 얻는 위로와 용기, 감동과 지혜는 덤으로 얻는 축복이었다. 사막으로 들어간 교부와 교모가 성경 읽기와 쓰기, 낭송과 묵상에 많은 시간을 할애한 것도 그 때문이다. 수

도자들에게는 성경말씀에 대한 바른 이해와 실천만큼 중요한 것이 없었다.

~

에피파니우스 압바의 말이다. "죄를 방지할 수 있는 가장 안전한 길은 성경 읽기다." 또 이런 말도 했다. "성경을 모르면 낭떠러지에서 깊은 계곡으로 빠지게 된다."

~

마르키아누스 황제에게 추방당했던 요한 압바가 시리아로 포에멘 압바를 찾아가 '마음의 청결'에 대해 물었다. 성자는 이렇게 대답했다. "물은 부드럽고 돌은 딱딱합니다. 그러나 돌 위에 물병을 올려놓고 한 방울씩 한 방울씩 계속 떨어뜨리면 돌도 깨지고 맙니다. 하나님의 말씀도 그와 같습니다. 말씀은 부드럽고 우리 마음은 딱딱합니다. 하나님의 말씀을 계속 듣고 있노라면 그 마음이 깨지면서 하나님을 두려워하는 마음이 생깁니다."

~

한 형제가 테베 사람 시소에스 압바에게 "한 말씀 주십시오" 하자 성자가 말했다. "제가 무슨 말씀을 드리겠습니까? 신약을 읽었으니 이제 구약으로 돌아가야지요."

ᔓ

수도자들이 안토니를 찾아왔다. "한 말씀만 해주세요. 어떻게 해야 구원을 받을 수 있을까요?" 성자가 말했다. "성경말씀에 있습니다. 말씀대로 행하시오." 그러자 제자들이 또 물었다. "스승님, 스승님 말씀으로 듣고 싶습니다." 그러자 성자는 이렇게 말했다. "복음서에 나오는 말씀입니다. '누군가 한쪽 뺨을 때리면 다른 쪽 뺨을 돌려 대라'(마태복음 5:39)." 그들이 "그렇게 할 수 없어요" 하자 성자가 말했다. "다른 쪽 뺨을 댈 수 없거든 한쪽 뺨을 맞은 것으로 그만두시오." "그것도 할 수 없어요." "그것도 할 수 없으면 악으로 악을 갚지 마시오." 그들이 "그것도 할 수 없는걸요" 하자 성자는 이렇게 말했다. "이 무익한 자들에게 콩 한 줌만 내주시오. '이렇게도 못 하겠다, 저렇게도 못 하겠다' 하면 내가 해줄 수 있는 게 뭐요? 그대들에게 필요한 것은 기도뿐이오."

ᔓ

다니엘 압바가 스승 아르세니우스 압바에게서 들은 이야기다. 스케티스에 단순한 믿음으로 남다른 삶을 살던 노수도자가 있었다. 그는 순진해서 이런 말을 했다. "우리가 성찬 때 받는 빵은 진짜 그리스도의 몸이 아니라 상징일 뿐이다."

다른 곳에 있던 수도사 두 사람이 그 말을 듣고 그를 찾아왔다. 그들은 그가 그런 말을 한 것은 악의가 있어서가 아니라 순진해서 한 말임을 알고 있었다. "듣자 하니 누군가 우리의 신앙과 배치되게 성찬 빵이 진짜 그리스도의 몸이 아니라 상징일 뿐이라고 말하였다지요?" 하고 그들이 묻자 그는 "내가 그렇게 말했소이다" 하였다. 이에 그들이 말했다. "그런 입장을 취하면 안 됩니다. 공교회가 우리에게 가르쳐 준 대로 따라야 합니다. 우리는 상징이 아니라 빵은 곧 그리스도의 몸이요 잔의 포도주는 그리스도의 피임을 믿습니다. 태초에 하나님께서 흙을 취하여 사람을 그분의 형상대로 만드신 것을 우리가 본 적이 없지만 그렇게 믿듯이 빵도 그의 몸이라고 말할 수 있는 것입니다. 우리는 빵이 곧 그리스도의 몸인 것을 믿어야 합니다." 그러나 그는 "그에 대한 확신이 생기기까지는 그렇게 고백할 수 없습니다" 하였다.

그러자 그들은 "우리 모두 한 주간 동안 하나님께 이 신비에 대하여 기도합시다. 그러면 주님께서 우리에게 보여 주실 것입니다" 하였다. 그도 흔쾌히 그렇게 하겠다고 하였다. 그는 한 주간 동안 이렇게 기도했다. "주님, 제가 악의로 이것을 믿지 못하겠다 한 것이 아님을 주님은 아십니다. 내가 무지하여 오류에 빠질까 두렵사오니 주 예수 그리스도여, 이 신비를 제게 가르쳐 주소서." 다른 수도자들도 각기 처소로 돌아가 하나님께 기도하였다. "주 예수 그리스도여, 이 신비를 주의 종에게 가르쳐 주소서. 그리하여 그가 바로 믿어 상급을 잃지 않도록 이끄소서." 하나님은 양쪽 기도를 모두 들으셨다.

한 주간이 지난 후 주일이 되어 모두 교회로 왔다. 세 사람은 한 의자에 나란히 앉았다. 노수도사가 가운데 앉아 있었다. 사제가 손에 들었던 빵을 성찬대에 내려놓았을 때 그들의 눈이 열리면서 빵이 어린아이의 몸으로 보였다. 사제가 빵을 두 손으로 떼었을 때 하늘에서 칼을 든 천사가 내려와 아이의 몸을 가르고 그 피를 성배에 담았다. 사제가 빵을 작은 조각으로 떼어 놓을 때도 천사가 내려와 어린아이의 몸을 조각냈다. 세 사람이 성체를 받기 위해 다가갔을 때 오직 노수도사만 살점을 받았다. 그러자 그는 놀라서 소리쳤다. "주님, 이 빵은 당신 살이고 이 포도주는 당신의 피인 것을 믿습니다." 그 순간 그의 손에 있던 살점이 빵으로 변했다. 노수도사는 그렇게 신비를 체험하여 빵을 먹은 후 하나님께 감사드렸다. 그러자 다른 두 수도사가 이렇게 말했다. "하나님은 인간이 본성으로 생살을 먹을 수 없다는 것을 아시기 때문에 믿음으로 그것을 받는 이들에게는 그 몸을 빵으로, 피를 포도주로 바꾸신 것입니다." 그리하여 세 사람은 모두 하나님께 감사 찬미를 드린 후 자기 처소로 돌아갔다.

다니엘 압바가 들려준 이야기다. 저지대 이집트에 한 성자가 살고 있었는데 지나치게 단순한 믿음으로 "멜기세덱은 하나님의 아들이다"라고 말하곤 하였다. 그 소문을 듣고 알렉산드리아 대주교 키릴이 사람을 보내 알아보도록 했다. 그 결과 그는 기적을 행하며 무엇이든 하나님께 아뢰어 답을 얻곤 했는데, 단지 단순한 믿음 때문에 그런 말을 했다는 것을 알았다. 그래서 대주교는 그를 찾아가 이렇게 말했다. "압바님, 저는 멜기세덱이 하나님의 아들이라고 생각하는데 제 안에 다른 생각이 있어 그가 사람의 아들로서 하나님의 대제사장이 아닌가 하는 의심도 듭니다. 그 문제로 제가 고심하고 있으니 압바님께서 하나님께 기도해서 멜기세덱이 누구인지를 알아봐 주시겠습니까?" 성자는 주저하지 않고 "내게 사흘 말미를 주시오. 하나님께 이 문제를 여쭙고 그 답을 알려 드리리다" 하였다. 그리고 성자는 물러가 이 문제를 갖고 기도하였다.

사흘 후 그는 키릴에게 돌아와 "멜기세덱은 사람입니다"라고 말했다. 대주교가 놀라 "어떻게 아셨습니까? 압바님" 하고 물었더니 이렇게 대답했다. "하나님께서 내게 아담으로부터 멜기세덱에 이르기까지 선대 어르신들을 쭉 보여 주십디다. 그래서 그가 사람인 것을 알았지요." 그때부터 성자는 멜기세덱이 사람이라고 말하기 시작했다. 키릴 대주교도 대단히 기뻐했다.

예루살렘 수도원에 있던 포카스 압바가 스케티스에 있을 때 야고보 압바와 함께 있었다. 야고보는 포카스의 육적인 아버지이자 영적인 스승이기도 했다. 그때 수도사들이 사는 곳에는 교회가 두 곳 있었는데 하나는 정통파 교회이고 다른 하나는 단성론파 교회였다. 야고보는 대단히 겸손하여 양쪽 교회 교인들이 모두 좋아했다. 정통파 교인들은 그에게 "야고보 압바님, 단성파 사람들이 압바님을 꾀어 성찬식에 끌고 가지 않도록 주의하십시오" 하였고, 단성파 사람들도 같은 방식으로 "야고보 압바님, [성자의] 두 본성을 주장하는 교리를 따르는 저들과 교제하지 마십시오. 저들은 네스토리우스파로서 진리를 왜곡하여 압바님 마음을 흐리게 만들 것입니다" 하였다.

야고보 압바는 매우 단순하여 자신이 양쪽 가운데 끼어 있음을 알았다. 그 때문에 괴로워하던 야고보는 하나님께 기도하러 나갔다. 그는 죽음을 맞이하려는 듯 수의를 입고 수도원 밖으로 몰래 나가 외딴곳 동굴에 들어갔다. 그때 이집트 교부들에게는 죽은 후에 입을 거룩한 성의를 준비해 두었다가 주일 성찬식 때 잠깐 입고 성찬식 후에는 벗어 두는 풍습이 있었다. 그런 식으로 야고보는 굴속에 들어가 금식하면서 기도했다. 야고보는 그때 동굴 속에서 많은 것을 경험했는데 마귀로 인해 생각의 번민이 많았다고 훗날 말했다.

그렇게 40일이 지난 후 한 어린아이가 기뻐하면서 압바에게 뛰어오더니 "야고보 압바님, 여기서 무얼 하고 계십니까?" 하였다. 야고보는 순간적으로 정신을 차린 뒤 그 소년이 천사인 것을 알고 "주님, 주님도 내 고충을 아시지요? 한쪽 사람들은 저에게 정통교회를 떠나지 말라고 합니다. 다른 쪽 사람들은 두 본성을 가르치는 이단들의 속임에 넘어가지 말라고 합니다. 양쪽 사이에서 어찌할 바를 알 수 없어 고민하다가 여기까지 왔습니다" 하였다. 그러자 주님께서는 "지금 네가 있는 자리, 그곳에서 잘하렴" 하였다. 그 말씀을 듣는 순간 야고보는 정통교회 문 앞에 서 있는 자신의 모습을 발견했다고 한다.

어떤 사람이 소파트루스 압바에게 "압바님, 가르침을 주십시오. 그대로 따르겠습니다" 하였다. 성자는 이렇게 말했다. "그대 움막에 여자를 들이지 마십시오. 종말에 대한 글은 읽지 마시오. 성상에 관한 논쟁에도 끼지 마시오. 이런 것이 이단은 아니지만 양편으로 나뉘어 논쟁하기 좋아하는 사람들이 있어 그 무지를 드러낼 뿐입니다. 피조물로서 이런 것을 확실하게 깨닫기는 불가능합니다."

포에멘 압바의 말이다. "성경말씀에 '하나님이여, 사슴이 시냇물을 찾기에 갈급함같이 내 영혼이 주를 찾기에 갈급하니이다'(시편 42:1) 하였습니다. 실제로 사막에서는 사슴들이 도마뱀을 많이 잡아먹는데 그 독으로 인해 몸에 불이 나면 물을 들이켜서 열을 식힙니다. 마찬가지로 수도사들도 사막에서 지내다 보면 악마들이 쏘는 독으로 몸이 불타게 됩니다. 그래서 샘물을 마실 수 있는 토요일과 주일을 기다립니다. 즉 성찬을 통해 주님의 몸을 먹고 피를 마심으로 악한 독을 씻어 낼 수 있기 때문입니다."

~

세속적인 것을 끊지 못한 수도사 몇 명이 펠릭스 압바를 찾아가 한 말씀 부탁했다. 그러나 성자는 침묵만 지켰다. 그들이 떠나지 않고 계속 부탁하자 성자는 입을 열어 "정말 한 말씀을 듣고 싶습니까?" 하였다. 그들이 "예, 압바님" 하자 성자는 이렇게 말했다. "지금은 해줄 말이 없습니다. 하나님은 그분이 하신 말씀을 그대로 준행할 때 성자들을 통해 다시 말씀을 주십니다. 그런데 그분의 말씀을 듣고도 행하지 않을 때는 은혜의 말씀을 거두십니다. 그래서 성자를 찾아가도 더 이상 말씀을 들을 수 없습니다." 그 말을 듣고 수도사들은 신음을 하면서 "압바님, 우리를 위해 기도해 주세요" 하였다.

15

자신을 돌아보고 남을 비판하지 말 것

자기반성과 판단에 대한 가르침

여호와여, 주의 장막에 머무를 자 누구오며 주의 성산에 사는 자 누구오니이까? 정직하게 행하며 공의를 실천하며 그의 마음에 진실을 말하며 그의 혀로 남을 허물하지 아니하고 그의 이웃에게 악을 행하지 아니하며 그의 이웃을 비방하지 아니하며 그의 눈은 망령된 자를 멸시하며 여호와를 두려워하는 자들을 존대하며 그의 마음에 서원한 것은 해로울지라도 변하지 아니하며 이자를 받으려고 돈을 꾸어 주지 아니하며 뇌물을 받고 무죄한 자를 해하지 아니하는 자이니 이런 일을 행하는 자는 영원히 흔들리지 아니하리이다. (시편 15:1-5)

비판을 받지 아니하려거든 비판하지 말라. 너희가

비판하는 그 비판으로 너희가 비판을 받을 것이요 너희가 헤아리는 그 헤아림으로 너희가 헤아림을 받을 것이니라. 어찌하여 형제의 눈 속에 있는 티는 보고 네 눈 속에 있는 들보는 깨닫지 못하느냐? 보라, 네 눈 속에 들보가 있는데 어찌하여 형제에게 말하기를 나로 네 눈 속에 있는 티를 빼게 하라 하겠느냐? 외식하는 자여, 먼저 네 눈 속에서 들보를 빼어라. 그 후에야 밝히 보고 형제의 눈 속에서 티를 빼리라. (마태복음 7:1-5)

남을 판단하는 사람아, 누구를 막론하고 네가 핑계하지 못할 것은 남을 판단하는 것으로 네가 너를 정죄함이니 판단하는 네가 같은 일을 행함이니라. 이런 일을 행하는 자에게 하나님의 심판이 진리대로 되는 줄 우리가 아노라. 이런 일을 행하는 자를 판단하고도 같은 일을 행하는 사람아, 네가 하나님의 심판을 피할 줄로 생각하느냐. (로마서 2:1-3)

형제들아, 서로 비방하지 말라. 형제를 비방하는 자나 형제를 판단하는 자는 곧 율법을 비방하고 율법을 판단하는 것이라. 네가 만일 율법을 판단하면 율법의 준행자가 아니요 재판관이로다. 입법자와 재판관은 오직 한 분이시니 능히 구원하기도 하시며 멸하기도 하시느니라. 너는 누구이기에 이웃을 판단하느냐. (야고보서 4:11-12)

에덴동산에서 아담과 하와의 범죄는 하나님께서 따 먹지 말라고 한 열매를 따 먹은 것도 있지만, 그보다 하나님의 마음에 들지 않았던 것은 범죄 후 행한 인간의 '남 탓하기'였다. "예, 제가 죄를 지었습니다" 하면 될 것을 아담은 하와에게, 하와는 뱀에게 잘못을 전가하며 핑계를 댔다. 그들의 아들 가인도 마찬가지였다. 자신의 제물을 받지 않고 동생 아벨의 제물을 받은 하나님의 결정에 대해 '상대적 열등감'을 느낀 가인은 결국 동생을 죽이고 말았다.

신약의 예수님 비유에 나오는 맏아들이 그러했다. 맏아들은 아버지 집에서 말 잘 들으며 효자 노릇을 하고 있었는데, 집을 나갔던 동생이 허랑방탕하게 살다가 돌아오니 아버지가 이를 기뻐하여 동네잔치를 벌인 것에 '상대적 박탈감'을 느끼고 아버지에게 불평을 털어놓았다.

이와 같이 완전한 경지에 이르지 못한 사람들은 '나는 잘했다', '나만 옳다'는 착각에 빠져 남을 평가하고 판단하고 정죄함으로 자신뿐 아니라 공동체의 평화를 깨뜨린다.

'마음의 평화'를 구하러 사막으로 들어간 교부와 교모가 가장 경계했던 것이 이런 판단과 비판이었다. 독수도(獨修道) 할 때도 그러했지만 특히 공동체 생활을 할 때 사탄은 불평과 불만, 비난을 미끼로 수도자들을 유혹했다.

~

니케타스 압바가 들려준 이야기다. 수도자 두 명이 같이 살기로 결심했다. 한 수도자는 "내 형제가 무엇을 원하든 그대로 해주리라"고 결심했다. 다른 수도자도 "내 형제가 하는 대로 나도 하리라" 결심했다. 그렇게 두 수도자는 서로 사랑하며 몇 년을 함께 지냈다. 그것을 본 사탄이 두 사람을 떼어 놓기로 작정했다.

사탄은 움막 입구에 서 있다가 변신했는데 한 사람에게는 비둘기로, 다른 한 사람에게는 까마귀로 보였다. 먼저 한 수도자가 "작은 비둘기를 보았습니까?" 하자 다른 수도자는 "그건 까마귀였습니다" 하였다. 둘은 논쟁을 벌였고 결국엔 일어나 피를 흘리기까지 주먹다짐을 했다. 악마는 쾌재를 불렀고 둘은 헤어졌다. 그러고 사흘이 지나 그들은 제정신을 차리고 돌아와 서로에게 용서를 빌었다. 둘은 자기 눈에 보이는 것만 믿은 것이 잘못이었고 다툼이 악마로부터 비롯된 것임을 깨달았다. 그래서 두 수도자는 죽는 날까지 함께 살았다.

❧

한번은 안토니 압바가 하나님의 판단에 대해 깊이 생각하다가 주님께 여쭈었다. "주님, 어떤 사람은 어릴 때 죽고 또 어떤 사람은 나이 들었는데도 질질 끌면서 죽지 않으니 무슨 연고입니까? 또 어떤 사람은 가난하고 어떤 사람은 부유하고, 나쁜 짓을 하는데도 돈이 많고 착하게 사는데도 가난한 이유는 무엇입니까?" 그때 이런 답이 들려왔다. "안토니, 네 일에만 신경을 써라. 이 모든 일은 하나님의 판단에 따른 것이다. 그런 것들에 대해 안다 한들 그것이 네게는 아무런 도움이 되지 않는다."

~

알렉산드리아의 마카리우스 압바가 타베니시에 있는 파코미우스 압바를 만나러 갔다. 파코미우스가 그에게 묻기를 "형제들이 규율을 어겼을 때 그들을 바로잡아 주는 것이 옳습니까?" 하였다. 성자는 이렇게 대답했다. "그대의 지도 아래 있는 자들이라면 바르게 고쳐 주어야 합니다. 하지만 다른 이들은 판단하지 마세요. 성경에 '밖에 있는 사람들을 심판하는 것이, 나에게 무슨 상관이 있습니까? 여러분이 심판해야 할 사람들은 안에 있는 사람들이 아니겠습니까?'(고린도전서 5:12-13, 새번역)라고 기록되어 있습니다."

~

한번은 스케티스에서 죄를 범한 수도사 문제로 재판이 열렸다. 모든 수도사가 발언하였는데 피오르 압바만 침묵을 지키고 있다가 일어나 밖으로 나갔다. 그는 자루 하나를 취하여 속에 모래를 가득 채우고 어깨에 멨다. 그리고 작은 주머니 하나를 취하여 거기에도 모래를 담아 그것은 앞쪽으로 매달았다. 수도사들이 왜 그렇게 하느냐고 묻자 성자는 이렇게 말했다. "모래가 많이 담긴 이 자루는 많고 많은 내 죄입니다. 나는 그것을 뒤에 메었기 때문에 거추장스럽지 않아 그것 때문에 울지도 않습니다. 그리고 여기 작은 주머니는 내 형제의 죄입니다. 나는 그것을 심판하는 데 많은 시간을 허비하였습니다. 이건 옳지 않습니다. 오히려 내 죄를 앞에 걸고 오직 내가 지은 죄만 생각하며 하나님께 용서를 빌어야 합니다." 수도사들은 "진실로 이것이야말로 구원받는 길입니다" 하면서 재판을 중단하고 일어났다.

하루는 테베 사람 이삭 압바가 수도원에 갔다가 한 형제가 죄지은 것을 보고 그를 정죄했다. 그가 사막의 움막으로 돌아왔을 때 주의 천사가 나타나 그의 방문 앞에 막아서서 "들어갈 수 없다"고 하였다. 그가 들어가려고 하며 "무슨 일입니까?" 하자 천사가 말했다. "그대가 정죄한 형제를 어디에다 던져 버리길 원하는지 하나님이 알기 원하신다오. 그래서 내가 왔소이다." 천사의 말을 들은 그는 즉시 꿇어 엎드려 참회하였다. "내가 죄를 지었습니다. 용서해 주십시오." 그러자 천사가 이렇게 말했다. "일어나시오. 하나님께서 그대를 용서해 주셨습니다. 그러니 이제부터는 하나님께서 심판하시기 전에 그대가 먼저 사람을 판단하지 않도록 주의하십시오."

이사야 압바의 말이다. "사람이 악을 악으로 갚으려고 생각하면 단지 고개 하나 끄덕이는 것으로도 자기 형제의 영혼에 상처를 입힐 수 있습니다."

~

오르 압바의 말이다. "내가 누군가에 대하여 달리 생각하고 있음을 보거든 그 사람 역시 나에 대하여 달리 생각하고 있음을 아십시오."

~

한 형제가 포에멘 압바에게 물었다. "어떻게 하면 이웃에게 악한 말을 하지 않을 수 있을까요?" 성자가 답했다. "우리에겐 두 가지 면이 있습니다. 자기 자신을 성찰하면서 자책하다 보면 남이 자신보다 낫다는 생각을 하게 됩니다. 반면에 자신이 옳다고 생각하면 남을 자신과 비교하면서 악하다고 말하게 됩니다."

~

포에멘 압바가 요셉 압바에게 물었다. "어떻게 해야 수도자가 될 수 있습니까?" 성자는 이렇게 답했다. "이 낮은 곳에서 편히 거하기 원한다면 어떤 상황에서든 '나는 누구인가?' 하고 물으시기 바랍니다. 그리고 결코 남을 판단하지 말아야 합니다."

~

이집트인 마가 압바는 자기 움막을 떠나지 않고 40년 동안 살았다. 사제 한 사람만 성체를 나누기 위해 성자를 만났다. 성자의 인내심을 질투한 악마가 그를 시험하여 사제를 비난하는 말을 하도록 만들려고 했다. 그래서 악마는 어느 원로에게 들어가 기도를 핑계로 압바를 만나도록 했다. 귀신에 사로잡힌 원로는 압바를 만나자마자 "당신의 사제에게서 죄로 인한 악취가 진동합니다. 그를 더 이상 가까이 하지 마시오" 하고 소리쳤다. 그러나 하나님의 성령에 충만했던 마가 압바는 그에게 이렇게 말했다. "어르신, 누구든 먼저 자기 죄를 씻어야 합니다. 그런데 그대는 죄를 그대로 가지고 왔군요. 성경말씀에 '비판을 받지 아니하려거든 비판하지 말라'(마태복음 7:1) 하셨습니다. 설혹 그가 죄를 지었다 할지라도 하나님께서 사해 주실 것입니다. 왜냐하면 '너희 죄를 서로 고백하며 병이 낫기를 위하여 기도하라'(야고보서 5:16)고 하셨기 때문입니다." 그러고 나서 성자는 노인을 위해 기도하였고 그에게서 악마를 쫓아낸 후 돌려보냈다.

사제가 예전처럼 올라왔을 때 성자는 그를 기쁘게 맞이했다. 성자에게 흠이 없음을 아신 하나님께서 그에게 놀라운 이적을 보여 주셨다. 사제가 성찬을 준비하고 식탁에 섰을 때 성자가 말했다. "주님의 천사가 하늘로부터 내려와 사제님 머리에 손을 얹자 불기둥처럼 변했습니다. 그 광경에 놀란 내게 이런 음성이 들려왔습니다. '인자야, 어찌 이것을 보고 놀라느냐? 세상의 신하들도 군왕 앞에 나아갈 때 더러운 옷을 벗고 영광스러운 옷을 입어야 할진대 하물며 거룩한 신비를 경험한 하나님의 종들이 하늘의 영광스러운 자리에 나아갈 때 하나님의 능력으로 그 옷을 정결하게 바꾸시지 않겠느냐?'" 그렇게 그리스도의 신실한 종 마가는 남을 판단하지 않음으로 사람들로부터 '하나님의 크신 은총을 입은 자'라는 평가를 받았다.

~

키 작은 요한 압바가 스케티스에 있는 성전에 갔다가 형제들끼리 말다툼하는 것을 우연히 보고 자기 처소로 돌아갔다. 성자는 자기 처소 주위를 세 바퀴나 돈 뒤 방 안으로 들어갔다. 그 모습을 본 수도사들이 왜 그렇게 했느냐고 묻자 그가 답했다. "내 귀에 분노와 다툼의 말들이 가득 차 있어 그것을 씻어 내기 위해 집 주변을 돌았습니다. 그렇게 해서 내 마음이 진정된 후에야 방에 들어갈 수 있었습니다."

~

이단 신도 몇 명이 포에멘 압바를 찾아와 알렉산드리아 대주교가 사제들이 거둔 뇌물을 받았다며 험담했다. 성자는 그들의 말이 끝날 때까지 조용히 있다가 자기 제자를 불러 이렇게 말했다. "식탁을 차려 이분들에게 뭘 좀 드시게 한 후 잘 가시도록 하시오."

~

한 수도사가 다른 형제들과 함께 숙소를 사용하게 되었다. 그가 베사리온 압바에게 "제가 어떻게 해야 하겠습니까?" 하고 묻자 성자는 이렇게 말했다. "그저 침묵하고 자신을 다른 사람과 비교하지 마시오."

~

메게티우스 압바가 동료 수도사들에게 한 말이다. “우리가 처음 만났을 때에는 서로가 서로에게 도움이 되는 말을 하였지요. 서로가 격려하며 지냈던 그때에 우리는 마치 천사와 같았습니다. 우리는 천상으로 올라가곤 했지요. 그런데 지금 우리는 만나기만 하면 험담을 하면서 서로 깎아내립니다. 그래서 우리는 지옥으로 떨어지고 있습니다.”

~

한 수도사가 히에락스 압바에게 물었다. “구원을 받으려면 어떻게 해야 합니까?” 성자가 대답했다. “그대 움막에 앉아 배고프면 먹고 목마르면 마시시오. 다만 어느 누구에 대해서도 나쁘게 말하지 마시오. 그러면 구원을 얻을 것입니다.”

~

오르 압바의 말이다. “만약 형제에 대해서 험담을 했고 그것 때문에 후회가 되면 그를 찾아가 무릎을 꿇고 이렇게 말하십시오. ‘내가 당신에 대해 나쁜 말을 하였습니다. 이것으로 다시는 험담을 하지 않겠다는 징표로 삼고자 합니다.’ 비방은 영혼을 죽이는 독입니다.”

~

하루는 키 작은 요한 압바가 성전 앞에 앉아 수도사들

과 대화를 나누었다. 성자는 수도사들의 생각에 대해 조언을 하고 있었다. 그 광경을 본 어느 노수도사가 질투심에 사로잡혀 "요한, 그대의 배에는 악독이 가득 차 있구려" 하였다. 그러자 요한은 이렇게 답했다. "압바님, 압바님 말씀이 맞습니다. 겉만 보고도 그런 말씀을 하셨으니 속까지 보실 수 있다면 어떤 말씀을 하실지 궁금하네요."

~

카시안 압바가 들려준 사막 교부 이야기다. 그는 하나님과 영적 대화를 나눌 때는 졸리지 않게, 세속적이고 무익한 말을 들을 때는 곧바로 잠들게 해달라고 기도했다. 그래서 그의 귀는 세상 헛된 이야기에 물들지 않을 수 있었다. 그는 영적인 가르침을 훼방하고 아무 유익이 없는 대화를 조장하는 것이 마귀가 하는 일이라며 이런 예를 들었다.

"한번은 내가 형제 몇 명과 유익한 주제를 갖고 대화를 시작했는데 오래지 않아 형제들에게 졸음이 덮쳐 와 눈도 제대로 뜨지 못할 정도가 되었습니다. 그래서 그들에게 마귀의 능력이 어떤 것인지 보여 주려고 대화 주제를 시답지 않은 것으로 바꾸었습니다. 그러자 그들은 정신이 번쩍 들어 즐거워하며 대화에 끼어들었습니다. 그래서 나는 한숨을 쉬면서 이렇게 말했습니다. '방금 전까지 우리는 신령한 것에 대해 대화를 나누었는데 여러분은 졸음으로 눈을 내려 감았지요. 그런데 쓸데없는 이야기를 꺼내니까 놀란 듯 깨어났습니다. 바로 이것이 마귀의 능력입니다. 여러분은 그의 능력을 보았습니다. 이제부터라도 영적인 대화를 나누거나 가르침을 받을 때 잠들지 않고 깨어 있도록 주의를 기울이시기 바랍니다."

~

어떤 사람이 이사야 압바에게 비방에 대해 묻자 그는 이렇게 답했다. "하나님의 영광을 망각함이며 자기 이웃을 미워함입니다."

~

파프누티우스 압바가 스승 마카리우스 압바에게 "한 말씀 주십시오" 하자 성자가 말했다. "남을 해하지 마시오. 남을 판단하지 마시오. 이것만 지키면 구원을 받을 수 있습니다."

~

포에멘 압바의 말이다. "음욕과 험담, 이 두 가지는 마음에 두지도 말고 입에 올리지도 말 것입니다. 행여 그것들이 어떤 것인지 마음으로 알아보려 하는 것만으로도 그대는 해를 입을 것입니다. 이것을 부끄러워하며 물리치시오. 그러면 평안을 얻을 것입니다."

~

신클레티카 암마의 말이다. "보물을 드러내 놓으면 그

가치는 소멸됩니다. 마찬가지로 덕행도 드러나면 가치가 사라집니다. 밀랍을 불에 대면 녹아내리듯 사람의 공덕도 칭찬을 받는 순간 소멸되고 그동안의 수고도 헛것이 됩니다."

~

오르 압바의 말이다. "분수에 넘치는 칭송과 명예를 얻는 사람은 나중에 화를 입게 됩니다. 그러나 세상에서 알아주지 않던 사람은 하늘에서 영광을 얻을 것입니다."

16

마음을 다하고 뜻을 다하고 힘을 다하여

하나님 사랑에 대한 가르침

이스라엘아, 들으라. 우리 하나님 여호와는 오직 유일한 여호와이시니 너는 마음을 다하고 뜻을 다하고 힘을 다하여 네 하나님 여호와를 사랑하라. (신명기 6:4-5)

너는 네 하나님 여호와 앞에서 완전하라. (신명기 18:13)

그중의 한 율법사가 예수를 시험하여 묻되 "선생님, 율법 중에서 어느 계명이 크니이까." 예수께서 이르시되 "네 마음을 다하고 목숨을 다하고 뜻을 다하여 주 너의 하나님을 사랑하라" 하셨으니 이것이 크고 첫째 되는 계명이요 둘째도 그와 같으니 "네 이웃을 네 자신같이 사랑하라" 하셨으니 이 두 계명이 온 율법과 선지자의

강령이니라. (마태복음 22:35-40)

"또 네 이웃을 사랑하고 네 원수를 미워하라" 하였다는 것을 너희가 들었으나 나는 너희에게 이르노니 "너희 원수를 사랑하며 너희를 박해하는 자를 위하여 기도하라. 이같이 한즉 하늘에 계신 너희 아버지의 아들이 되리니 이는 하나님이 그 해를 악인과 선인에게 비추시며 비를 의로운 자와 불의한 자에게 내려주심이라. 너희가 너희를 사랑하는 자를 사랑하면 무슨 상이 있으리요? 세리도 이같이 아니하느냐? 또 너희가 너희 형제에게만 문안하면 남보다 더하는 것이 무엇이냐? 이방인들도 이같이 아니하느냐? 그러므로 하늘에 계신 너희 아버지의 온전하심과 같이 너희도 온전하라."

(마태복음 5:43-48)

내가 이미 얻었다 함도 아니요 온전히 이루었다 함도 아니라. 오직 내가 그리스도 예수께 잡힌 바 된 그것을 잡으려고 달려가노라. 형제들아, 나는 아직 내가 잡은 줄로 여기지 아니하고 오직 한 일 즉 뒤에 있는 것은 잊어버리고 앞에 있는 것을 잡으려고 푯대를 향하여 그리스도 예수 안에서 하나님이 위에서 부르신 부름의 상을 위하여 달려가노라. (빌립보서 3:12-14)

기독교인들이 요한복음 3장 16절을 좋아하듯이 유대인들은 신명기 6장 4-5절을 중요시한다. 유대인들은 어린이들이 말을 배우기 시작할 때 '쉐마'(*shema*, '들으라'는 뜻)로 일컫는 이 성경 구절부터 외우게 한다. 그래서 예수님도 "율법 중에 가장 중요한 계명이 무엇이냐?"는 율법학자의 질문에 이 구절을 댔다. 하나님을 사랑하되 마음(생각)과 뜻(의지)과 힘(생명)을 '다하여'(with all) 사랑하라는 말씀이다. '다하여'라는 말은 50퍼센트나 80퍼센트가 아니라 100퍼센트를 의미한다. 온 마음과 온 뜻, 온 힘을 다하라는 말이다. 기도를 하더라도 그렇게 하고 주님 일을 하더라도 그렇게 하라는 뜻이다. 그렇게 하면 하나님과 나 사이에 그 어떤 것도 끼어들 수 없는 완전 합일이 이루어진다.

그것이 가능한가? 예수 그리스도 안에서 가능하다. 우선 예수님은 하나님과 완전일치했다. 예수님은 이를 '내가 아버지 안에 거하고 아버지는 내 안에 계신다'(요한복음 14:10-11)고 표현했다. 그리고 제자들에게도 "그날에는 내가 아버지 안에, 너희가 내 안에, 내가 너희 안에 있는 것을 너희가 알리라"(요한복음 14:20)고 하셨다. 그리스도 안에서 이루어지는 하나님과의 합일, 이를 '그리스도의 완전'(*perfectio Christi*)이라고 한다. 그것이 그리스도를 따르는 제자들의 지상 목표가 되었다.

그 '완전'을 사모하는 구도자들은 유혹과 방해 거리가 많은 세속도시에서는 이것을 구현하기 어려움을 알고 본인들이 가지고 있던 모든 것을 버리고 사막과 광야로 들어갔다. 사막 수도자들의 꿈은 오직 하나, '그리스도의 완전'을 체험하는 것

이었다. 광야는 이를 위한 영적 투쟁 현장이었다.

어떤 사람이 아르세니우스 압바를 찾아와 물었다. "우리가 교육도 많이 받고 아는 것도 많음에도 아무 쓸모가 없는 것에 반해 저 이집트 농부들은 많은 덕을 쌓고 있으니 어찌된 일입니까?" 아르세니우스는 이렇게 말했다. "세속 교육에서 우리가 얻을 것은 아무것도 없다오. 단지 저 농부들은 고된 일을 하면서 덕을 쌓고 있을 뿐이라오."

하루는 아르세니우스가 농사를 지으며 살던 나이 든 수도자를 찾아가 자기 생각에 대한 의견을 구했다. 어떤 사람이 그 사실을 알고 아르세니우스를 찾아와 이렇게 물었다. "아르세니우스 압바님, 라틴어와 히브리어 교육까지 받으신 분이 어떻게 무식한 농부에게 의견을 구합니까?" 그러자 성자는 이렇게 대답했다. "내가 라틴어와 히브리어를 배운 것은 사실이오. 하지만 나는 이 농부 성자가 알고 있는 것의 기본조차 모른다오."

동굴에서 수도생활을 하던 수도사가 엘리아스 압바를 찾아와 "스승님, 어떻게 살아야 하는지 가르쳐 주십시오" 하였다. 성자는 이렇게 말했다. "우리 선조들 때에는 가난과 순종과 금욕, 이 세 가지를 소중하게 여겼습니다. 그런데 요즘 수도사들은 탐욕과 자만과 포만을 취하고 있습니다. 어느 것을 소중하게 여길지 스스로 선택하십시오.”

~

키 작은 요한 압바의 말이다. “수도자는 모든 덕행을 조금씩이라도 실천하는 것이 좋습니다. 매일 아침 일찍 일어나 모든 덕행과 하나님의 계명을 기초부터 실천하시오. 참된 인내와 두려움과 오래 참음으로 영과 육을 하나님을 사랑하는 데 힘쓰시오. 내적인 고통을 견디고 참된 겸손을 실천하시오. 늘 깨어서 경외와 탄식으로 기도하고 말은 깨끗하게 하고 눈을 잘 다스리시오. 무시를 당하더라도 화를 내지 마시오. 평안을 잃지 말고 악을 악으로 갚지 마시오. 남의 허물에 관심을 두지 말고 나를 남과 비교하지 마시오. 그대가 모든 피조물보다 못하다는 것을 잊지 마시오. 물질적인 것이나 육적인 것은 무엇이라도 버리시오. 십자가 곁에 살면서 투쟁하는 마음으로 심령을 가난하게 하시오. 영적인 금욕을 취하고 참회의 눈물과 영의 분별과 순결을 구하고 선한 것을 잡으시오. 평안 가운데 일하시오. 항상 주리고 목마르며 추위와 헐벗음, 고난 가운데 깨어 있으시오. 마치 죽은 사람처럼 무덤 문을 닫으시오. 죽음이 가까이 있다는 것을 항상 기억하시오.”

~

수도자 몇 명이 요셉 압바를 만나러 파네피시스로 갔다. 수도원을 찾아온 방문객들을 받아들여야 하는지, 그들에게 숙소를 제공해야 하는지, 그들과 섞여 대화를 나눠도 되는지 묻기 위해서였다. 그들이 찾아온 이유를 채 말하기도 전에 성자는 그들에게 말했다. "오늘 내가 하는 일을 잘 보고 조용히 있으시오." 그는 자리를 오른쪽과 왼쪽에 펴놓고 손님들을 거기 앉도록 했다. 그리고 자기 숙소로 들어가더니 거지 옷을 입고 나와 그들 사이를 걸었다. 그런 다음 다시 숙소로 들어가 이번에는 평상복을 입고 나와 그들 사이에 앉았다.

성자가 그들에게 물었다. "제가 한 것을 잘 보았습니까?" "그렇습니다." "제가 비루한 옷을 입었을 때 제가 바뀌었습니까?" "아닙니다." 이에 성자는 이렇게 말했다. "어느 옷을 입어도 나는 나일 뿐입니다. 먼젓번 옷이 나를 바꾸지 못했고 나중 옷도 내게 해를 끼치지 않았습니다. 방문객을 맞이할 때도 우리는 그렇게 해야 합니다. 복음서 말씀에 '가이사의 것은 가이사에게, 하나님의 것은 하나님께 바치라'(마태복음 22:21) 하신 것처럼 말입니다. 따라서 손님들이 오면 우리는 그들을 맞이하고 자유롭게 대화할 수 있습니다. 반면에 홀로 있을 때는 우리가 지켜야 할 것들에 간절해야 합니다." 방문한 목적을 말하지도 않았는데도 성자가 이런 말을 하는 것을 듣고 놀라 그들은 하나님께 영광을 올렸다.

한 형제가 포에멘 압바에게 물었다. "수도원 생활은 어떻게 해야 합니까?" 성자가 답했다. "수도원에서 사는 사람은 모든 형제를 하나같이 대해야 합니다. 그리고 눈과 입술을 다스려야 합니다. 그러면 어려움 없이 평화롭게 지낼 수 있을 것입니다."

ᔓ

어떤 수도자가 키 작은 요한 압바에게 "수도는 무엇입니까?" 하고 묻자 그는 이렇게 답했다. "고역(苦役)입니다. 하는 모든 일이 고역입니다. 수도자는 그런 일을 하는 사람입니다."

ᔓ

한 수도사가 요셉 압바에게 물었다. "악을 이겨 낼 힘도 없고 선한 일을 할 능력도 없으니 어찌하면 좋습니까?" 성자가 답했다. "이것도 못 하고 저것도 못 하겠거든 최소한 그대가 이웃과 함께 살면서 악으로부터 그대 양심을 지키시오. 그러면 구원받을 것입니다."

ᔓ

롱기누스 압바가 그 스승 루키우스 압바를 찾아가 세 가지를 여쭈었다. 첫 번째로 "유배를 떠나렵니다" 하자 성자는 이렇게 말했다. "그대가 혀를 다스리지 못한다면 어느 곳으로도 유배될 수 없을 것입니다. 그러니 이곳에 머물러 있으면서 혀를 다스리시오. 그러면 유배자가 될 것입니다." 두 번째로 "금식하렵니다" 하자 성자는 이렇게 말했다. "이사야 말씀에 '그의 머리를 갈대같이 숙이고 굵은 베와 재를 펴는 것을 어찌 금식이라 하겠느냐(이사야 58:5). 너희 악한 생각을 다스리라' 하지 않았습니까?" 세 번째로 "사람들을 떠나서 홀로 지내고 싶습니다" 하자 성자는 이렇게 말했다. "그대가 먼저 사람들과 어울려 지내면서 바르게 살지 못한다면 홀로 지낸다 해도 바로 살지는 못할 것입니다."

~

스케티스가 이교도들의 공격을 받아 폐허가 되자 그곳에서 수도생활을 하던 요한과 아눕, 포에멘 압바 등이 테레누티스로 옮겨 그곳의 고대 신전에 머문 적이 있다. 그때 아눕이 이렇게 말했다. "친애하는 형제님들, 여기서 각자 침묵하며 살기로 하지요. 주간 중에는 서로 만나지도 말고요." 포에멘이 "말씀대로 하지요" 하였다. 그래서 그들은 그렇게 했다. 그런데 그 신전에는 돌로 만든 신상이 하나 있었다. 아눕은 아침에 일어나면 그 석상 얼굴에 돌을 던져 맞혔다. 그리고 저녁이 되면 석상을 향해 "용서해 달라"고 하였다. 아눕은 일주일 내내 그렇게 하였다.

토요일이 되어 그들이 한자리에 모였을 때 포에멘이 아눕에게 물었다. "압바님, 내가 보니 지난 주간 내내 압바님이 신상 얼굴에 돌을 던지고는 무릎을 꿇고 용서를 빌더군요. 신자로서 그럴 수 있습니까?" 그러자 성자는 이렇게 말했다. "그대를 위해 그렇게 했소이다. 당신이 보기에 내가 돌을 신상 얼굴에 던졌을 때 그것이 말을 하거나 화를 냅디까?" 포에멘이 "아니요" 하였다. "그러면 내가 그 앞에 엎드려 용서를 구할 때 그게 움직이거나 내게 용서한다고 말합디까?" 그러자 다시 "아니요" 하였다.

이에 성자는 이렇게 말했다. "보시오. 우리는 모두 일곱 명입니다. 우리가 함께 살려면 이 석상처럼 지내야 합니다. 누가 때리거나 흔들어도 움직이지 않는 것처럼 말입니다. 이처럼 되기를 원치 않으면 여기 신전 문이 네 곳으로 나 있으니 각자 원하는 대로 나가도록 하지요." 그들은 아눕의 말에 큰 깨달음을 얻고 "스승님, 말씀대로 하겠습니다. 우리에게 가르침을 주십시오" 하였다. 포에멘이 말을 이었다. "우리 남은 생을 여기서 함께 삽시다. 성자님의 말씀에 따라 일하면서 말입니다."

그들은 수도자들 가운데 한 사람에게 살림을 맡기고 그가 무엇을 가져오든 그것을 먹고 살았다. 그들 가운데 어느 누구도 "다음엔 다른 것 좀 가져오시오" 하거나 "이건 못 먹겠소" 하는 이가 없었다. 그렇게 그들은 침묵과 평안 속에서 끝까지 함께 살았다.

포에멘 압바의 말이다. "수도원에서 살려면 세 가지가 필요합니다. 첫째는 겸손, 둘째는 순종, 그리고 셋째는 이것들을 행동으로 옮기는 것입니다. 수도원 생활은 마른 막대기와도 같습니다." 그는 또 이런 말도 했다. "수도자는 사는 곳에 불평하지 않습니다. 수도자는 악을 악으로 갚지 않습니다. 수도자는 화를 내지 않습니다."

~

신클레티카 암마의 말이다. "수도자의 길을 선택한 이후에는 절제를 온전히 이루어야 합니다. 속세에서도 한 도시의 자유가 유지되려면 절제가 필요합니다. 절제가 없으면 방종이 따르기 마련입니다. 그렇게 되면 모든 감각적인 죄들이 나타납니다. 그 결과 사람들은 수치를 모르고 시시덕거리며 삽니다."

~

한 형제가 포에멘 압바를 찾아와 "한 말씀 주십시오" 하였다. 성자는 이렇게 말했다. "불 위에 올려놓은 항아리가 뜨거울 때는 파리나 어떤 짐승도 그것을 가까이하지 않습니다. 그러나 항아리가 식으면 이런 것들이 그 안으로 스며듭니다. 수도자도 마찬가지입니다. 그가 영적 활동을 활발하게 할 동안에는 어떤 마귀도 그를 넘어뜨릴 수 없습니다."

~

한 형제가 포에멘 압바를 찾아와 말했다. "다른 형제들에게 훼방을 받지 않고 평안히 지낼 수 있는 곳을 찾았습니다. 거기서 어떻게 지내야 할지 가르쳐 주세요." 성자가 말했다. "그대가 그곳에 가서 살게 되었으니 여기 남은 다른 형제들도 그대에게 훼방을 받지 않을 것입니다."

한 형제가 포에멘 압바에게 물었다. “형제 몇 명이 저와 함께 살고 있습니다. 제가 그들을 돌봐 줘야 할까요?” 성자가 답했다. “아니요. 처음부터 끝까지 그대 일만 하시오. 그들이 진정 그대와 함께 살기 원한다면 그들도 본 대로 할 것입니다.” 형제가 또 물었다. “하지만 그들이 바라는걸요? 교부님도 내가 그들을 돌봐 주기를 원하시고요.” 성자는 이렇게 답했다. “아니요. 다만 저들의 본이 되시오. 저들의 감독자가 아니라.”

사막에 사는 사냥꾼이 안토니를 만나러 갔다. 그는 성자가 수도자들과 어울려 노는 것을 보고 놀랐다. 성자는 사냥꾼에게 “당신 활에 화살을 메겨 당겨 보시오” 하였다. 사냥꾼이 그대로 하였다. “더 당겨 보시오.” 그렇게 하였다. “더욱 세게 당겨 보시오.” 그러자 사냥꾼은 “활을 너무 세게 당기면 활이 부러져요” 하였다. 그러자 성자가 이렇게 말했다. “하나님 일도 마찬가지라오. 수도자들을 과도하게 몰아붙이면 부러지기 쉽다오. 그래서 때로는 내려와 그들과 어울려 그들에게 필요한 것을 나눠 준다오.” 그 말에 사냥꾼은 큰 깨우침을 얻고 돌아갔다. 수도자들 역시 힘을 얻고 자기 움막으로 돌아갔다.

❧

하루는 키 작은 요한 압바가 몇몇 수도사들과 함께 스케티스로 올라가던 중 사막 한가운데서 밤중에 길을 잃고 방황했다. 길을 안내하던 형제가 길을 잊어버렸던 것이다. 그러자 형제들이 요한 압바에게 다가와 "저 형제가 길을 잊은 것 같습니다. 우리가 방황하다가 죽게 되었으니 어찌하면 좋겠습니까?" 하였다. 그러자 성자는 이렇게 말했다. "우리가 그렇게 말하면 저 형제는 수치와 슬픔에 가득 차 어찌할 바를 모르게 될 것입니다. 그러니 내가 아파서 더 이상 가지 못하겠다고 하겠습니다. 여기서 날이 밝을 때까지 기다립시다." 그가 그렇게 말하자 다른 형제들도 "우리도 가지 않고 여기 머물겠습니다" 하였다. 하여 그들은 동이 틀 때까지 그 자리에 머물렀다. 그런 식으로 그들은 안내자의 심정을 불편하게 만들지 않았다.

❧

하루는 마카리우스 압바가 제자들과 함께 이집트로 내려갔다가 한 소년이 자기 어머니에게 하는 말을 들었다. "어머니, 저기 부자 어른이 저를 좋아하는데 저는 그가 싫어요. 그리고 저기 가난한 분은 나를 싫어하는데 나는 그가 좋아요." 그 말을 들은 마카리우스 압바는 깜짝 놀라 온몸을 떨었다. 제자들이 "압바님, 무슨 일로 온몸을 떠십니까?" 하고 물었다. 성자는 이렇게 대답했다. "주님은 부요하시고 우리를 사랑하시는데 우리는 그 말씀을 듣지 아니하고, 사탄은 가진 것도 없고 우리를 싫어하는데 우리는 그의 불결함을 사랑하고 있으니 어찌 두렵지 않겠습니까?"

ৎ

하루는 스케티스에 있던 이교도 사제가 올림피우스 압바를 만나러 왔다. 수도사들의 생활을 둘러본 이교도 사제는 올림피우스 압바에게 물었다. "이렇게 살고 있으니 당신네 하나님이 보여 주시는 환상을 본 적이 있겠네요." 압바가 "아니요" 하자 이교도 사제는 이렇게 말했다. "우리가 우리 신께 제물을 바치면 아무것도 우리에게 감추지 않고 그 신비를 보여 주십니다. 그런데 당신들은 이처럼 고행을 하면서 자지도 않고 기도하고 금욕생활을 하는데 아무것도 보지 않았다고요? 정말 당신들이 아무것도 보지 못했다면 그것은 당신들 마음속에 불결한 생각이 있기 때문일 겁니다. 그런 불결한 생각이 당신과 하나님을 떼어 놓기 때문에 하나님이 신비를 보여 주셔도 당신네가 그것을 볼 수 없는 겁니다."

올림피우스 압바는 수도원으로 올라가 이교도 사제의 말을 원로들에게 전했다. 그러자 원로들은 경외심으로 그 말이 옳다고 하였다. 불결한 생각이 사람을 하나님으로부터 떼어 놓기 때문이다.

ৎ

포에멘 압바의 말이다. "다른 사람과 함께 사는 수도자는 돌기둥과 같아야 합니다. 누가 때려도 화내지 않고 누가 칭찬을 해도 우쭐하지 않아야 합니다."

~

신클레티카 암마의 말이다. "사업하는 사람은 위험한 항해와 많은 수고로 부를 축적했음에도 가진 것에 만족하지 않고 아직도 얻지 못한 것을 얻기 위하여 끊임없이 노력합니다. 우리도 마찬가지입니다. 우리가 바라는 것을 아직 얻지 못했다는 자세로, 모든 것을 허락하시는 하나님을 두려워하는 마음으로 얻을 것을 위해 노력해야만 합니다."

~

안토니 압바의 말이다. "망치로 쇠를 두드리기 전에 먼저 뭘 만들 것인지 정해야 한다. 낫을 만들 것인지, 칼을 만들 것인지, 아니면 도끼를 만들 것인지 결정해야 한다. 우리는 더욱 그러하니 어떤 덕행을 쌓을 것인지 먼저 정해야 한다. 그렇지 않으면 우리의 수고가 헛것이 된다."

~

암모나스 압바의 말이다. "어떤 사람은 하루 종일 도끼를 메고 다니지만 나무 하나 베지 못하고 시간만 때우고, 어떤 사람은 나무 베는 법을 알아 도끼를 몇 번 휘두르면 나무가 넘어집니다. 수도자에게 도끼는 분별력입니다."

ⓐ

안드레 압바의 말이다. "수도사는 세 가지를 잘해야 합니다. 추방과 가난과 침묵을 견디는 일입니다."

ⓐ

아도니아스 압바가 포에멘 압바에게 "무(無)가 된다는 것이 무슨 뜻입니까?" 하고 물었다. "그것은 무지막지한 사람 밑에 들어가 살면서도 흠잡을 것이 없음을 보여 주는 것입니다."

ⓐ

포에멘 압바의 말이다. "모든 사람에게 도움이 되는 세 가지가 있으니, 첫째는 하나님을 두려워함이요, 둘째는 기도요, 셋째는 이웃에게 선한 일을 하는 것입니다."

ⓐ

포에멘 압바의 말이다. "세 사람이 만났습니다. 한 사람은 내적 평화를 잃지 않았고 둘째 사람은 병중에도 하나님께 감사했으며 셋째 사람은 정결한 마음으로 남에게 봉사했습니다. 이 세 사람은 같은 일을 한 것입니다."

ⓐ

포에멘 압바의 말이다. "가난과 고난, 겸소와 금식 같은 것들이 독수도의 도구입니다. 성경말씀에 '비록 노아, 다니엘, 욥, 이 세 사람이 거기에 있을지라도 그들은 자기의 공의로 자기의 생명만 건지리라'(에스겔 14:14) 하였습니다. 노아는 가난, 욥은 고난, 그리고 다니엘은 분별을 대표합니다. 수도자가 이 세 가지를 갖추게 되면 하나님은 그 안에 계십니다."

포에멘 압바의 말이다. "사람이 콧구멍 두 개로 숨을 쉬듯이 수도자에게는 겸손과 하나님을 두려워함이 있어야 합니다."

17

—

네 이웃을 네 몸과 같이 사랑하라

이웃 사랑에 대한 가르침

너는 네 형제를 마음으로 미워하지 말며 네 이웃을 반드시 견책하라. 그러면 네가 그에 대하여 죄를 담당하지 아니하리라. 원수를 갚지 말며 동포를 원망하지 말며 네 이웃 사랑하기를 네 자신과 같이 사랑하라. 나는 여호와이니라. (레위기 19:17-18)

아버지께서 나를 사랑하신 것같이 나도 너희를 사랑하였으니 나의 사랑 안에 거하라. 내가 아버지의 계명을 지켜 그의 사랑 안에 거하는 것같이 너희도 내 계명을 지키면 내 사랑 안에 거하라. 내가 이것을 너희에게 이름은 내 기쁨이 너희 안에 있어 너희 기쁨을 충만하게 하려 함이라. 내 계명은 곧 내가 너희를 사랑한 것같이 너희도 서로 사랑하라 하는 이것이니라.

(요한복음 15:9-12)

사람에게 보이려고 그들 앞에서 너희 의를 행하지 않도록 주의하라. 그리하지 아니하면 하늘에 계신 너희 아버지께 상을 받지 못하느니라. 그러므로 구제할 때에 외식하는 자가 사람에게서 영광을 받으려고 회당과 거리에서 하는 것같이 너희 앞에 나팔을 불지 말라. 진실로 너희에게 이르노니 그들은 자기 상을 이미 받았느니라.
너는 구제할 때에 오른손이 하는 것을 왼손이 모르게 하여 네 구제함을 은밀하게 하라. 은밀한 중에 보시는 너희 아버지께서 갚으시리라.

(마태복음 6:1-4)

이와 같이 좋은 나무마다 아름다운 열매를 맺고 못된 나무가 나쁜 열매를 맺나니 좋은 나무가 나쁜 열매를 맺을 수 없고 못된 나무가 아름다운 열매를 맺을 수 없느니라. 아름다운 열매를 맺지 아니하는 나무마다 찍혀 불에 던져지느니라. 이러므로 그들의 열매로 그들을 알리라. 나더러 주여 주여 하는 자마다 다 천국에 들어갈 것이 아니요 다만 하늘에 계신 내 아버지의 뜻대로 행하는 자라야 들어가리라. (마태복음 7:17-21)

예수님은 예루살렘에 입성하신 후 성전에서 율법학자와 사두개인들과 잦은 토론을 벌이셨다. 그런 중에 한 율법교사가 "율법 중에서 어느 계명이 가장 중요한가?" 하고 묻자 예수님은 "네 마음을 다하고 목숨을 다하고 뜻을 다하여 주 너의 하나님을 사랑하라"는 신명기 말씀과 "네 이웃을 네 자신같이 사랑하라"는 레위기 말씀을 꼽은 후 "이 두 계명이 온 율법과 선지자의 강령이니라" 하셨다(마태복음 22:34-40). 하나님 사랑과 이웃 사랑이 율법과 예언, 즉 구약의 핵심이라는 말씀이었다. 그렇게 예수님은 하나님 사랑이 이웃 사랑으로 연결되어야 하며 그것이 복음의 완성인 것을 강조하셨다.

이 말씀을 받아 요한 사도는 "하나님을 사랑하노라 하고 그 형제를 미워하면 이는 거짓말하는 자니 보는 바 그 형제를 사랑하지 아니하는 자는 보지 못하는 바 하나님을 사랑할 수 없느니라"(요한일서 4:20)라고 단정하였다. 또 야고보 사도는 "하나님 아버지 앞에서 정결하고 더러움이 없는 경건은 곧 고아와 과부를 그 환난 중에 돌보고 또 자기를 지켜 세속에 물들지 아니하는 그것이니라"(야고보서 1:27) 하여 형제와 이웃에 대한 사랑의 실천을 경건한 믿음의 결실로 보았다.

사막으로 들어간 교부와 교모가 '세속에 물들지 않은' 정결을 지키며 그렇게 얻은 영적 에너지를 어려운 이웃과 형제 사랑에 쏟은 것도 그 때문이다. 그런 사랑의 실천을 은밀하게, 즉 '오른손이 하는 일을 왼손이 모르게' 하는 것이 사막 성자들의 생활 원칙이었다.

요한 압바가 이렇게 말했다. "집을 꼭대기부터 시작해서 아래로 지어 내려올 수는 없습니다. 기초부터 지어 꼭대기에 이르는 법입니다." 사람들이 "그 말씀의 뜻이 무엇입니까?" 하고 묻자 그는 이렇게 말했다. "여러분의 이웃이 기초입니다. 여러분은 이웃부터 먼저 얻어야 합니다. 거기서 시작해야 합니다. 그리스도의 모든 계명은 그것에 기초를 두었습니다."

모티우스 압바가 헤라클리오폴리스에 수도원을 지었다. 얼마 후 그는 그곳을 떠나 다른 곳으로 옮겨 거기에도 수도원을 지었다. 그런데 한 수도사가 악마의 계략에 빠져 그를 배척하면서 괴롭혔다. 성자는 그곳을 떠나 다른 곳에 수도원을 짓고 봉쇄 은둔생활을 했다.

세월이 흘러 그가 떠나왔던 곳의 원로 수도사들이 모티우스 압바를 만나러 길을 떠났는데, 성자를 괴롭게 했던 그 수도사도 데려갔다. 그 수도사를 압바에게 맡겨 함께 은둔생활을 하도록 부탁하기 위해서였다. 그들은 가던 중 소레스 압바 처소에 들러 양가죽 옷을 벗어 문제의 수도사와 함께 그곳에 남겨 놓고, 모티우스 압바 처소에 이르러 문을 두드렸다. 모티우스 압바는 출입문 사다리를 들어 올린 후 밖을 내다보고 그들을 알아보았다. 압바가 "양가죽 옷은 어디 두었소?" 하고 묻자 그들은 "저 아래 형제님 처소에 두었습니다" 하였다. 모티우스 압바는 자신을 괴롭혔던 그 수도사도 함께 왔다는 이야기를 듣고 기뻐 손도끼로 문장을 부수고 나와 수도사가 있는 곳으로 달려갔다. 성자는 누구보다 그 수도사를 반갑게 맞이하며 그 앞에 엎드려 인사를 하고 그를 껴안았다. 그리고 자기 처소로 데려가 사흘 동안 그곳에서 즐겁게 지냈다. 지금까지 모티우스 압바가 그렇게 한 적은 없었다.

그 후 성자는 그들과 함께 본래 살던 곳으로 돌아갔다. 훗날 모티우스 압바는 주교가 되었다. 실로 그는 기적을 만들어 내는 성자였다. 말썽을 피웠던 그의 제자도 훗날 키릴 대주교가 주교로 세웠다. 그가 바로 이삭 압바다.

~

원로 몇 명이 포에멘 압바를 찾아와 물었다. "수도자 모임에 참석한 형제들 가운데 몇 명이 조는 것을 보았습니다. 정신 차리도록 그들을 깨워야 할까요?" 성자는 이렇게 답했다. "나라면 조는 형제의 머리를 내 무릎에 뉘어 편히 쉬게 하겠습니다."

~

테오나스 압바의 말이다. "하나님은 누군가 덕을 쌓았더라도 그 은총을 혼자서 누리게 하시지는 않습니다. 하나님은 그가 자신만의 노력으로 그것을 지켜 낼 수 없음을 아시기 때문에 그가 이웃에게 다가갈 때 동행하십니다."

~

포에멘 압바의 말이다. "이웃을 가르치려 드는 태도는 그를 책망하는 것과 같습니다." 그는 또 이런 말도 했다. "당신 뜻대로 하려 들지 마십시오. 오히려 형제 앞에 겸손해야 합니다."

~

사라 암마의 말이다. "내가 하나님께 기도할 때 나의 모든 행동이 모든 사람에게 용납되기를 바란다면, 모든 사람의 문 앞으로 나아가 회개하는 길밖에 없습니다. 그러니 차라리 내 마음이 모든 사람을 향하여 깨끗하기만 위하여 기도하겠습니다."

~

베드로 압바가 들려준 이야기다. 하루는 마카리우스 압바가 어느 은둔 수도자를 찾아갔는데 마침 병상에 누워 있었다. 그 수도자는 마카리우스에게 먹을 것 좀 갖다 달라고 했다. 찾아보니 집 안에는 먹을 것이 전혀 없었다. 게다가 수도자는 "셔벗(과일 넣은 시원한 음료)도 조금 먹고 싶네요" 하였다. 그러자 마카리우스는 그 먼 알렉산드리아까지 가서 그를 위해 먹을 것을 구해 왔다. 베드로 압바가 임종 직전 이 일을 말하기 전까지 그 사실을 아는 사람은 아무도 없었다.

~

미오스 압바가 들려준 스케티스 성자 이야기다. 그는 노예였는데 모든 사람을 감동시키는 지도자가 되었다. 그는 일해서 번 돈을 가지고 매년 알렉산드리아로 가서 자신이 섬겼던 주인들에게 나눠 주었다. 과거 주인들도 모두 그를 존경했다. 성자는 물 대야를 갖고 들어가 주인으로 섬겼던 이들의 발을 씻어 주었다. 그들이 성자에게 "압바님, 이리하지 마십시오. 우리가 곤혹스럽습니다" 하면 성자는 이렇게 말했다. "내가 주인님 종이었던 것을 내가 압니다. 주인님이 나를 떠나게 하사 하나님을 섬길 수 있도록 해주신 것을 내가 압니다. 이제 주인님 발을 씻어 드립니다. 그리고 여기 번 돈을 드립니다. 받아 주십시오."

그들은 그 돈을 받지 않겠다고 실랑이를 벌였다. 그러자 성자가 말했다. "만약 이 돈을 받지 않으시겠다면 저는 이 집에 남아 주인님을 섬기겠습니다." 과거 주인들은 그를 존경했기 때문에 결국 그가 원하는 대로 받아들였다. 그가 돌아가고 난 후에 주인들은 그에게 필요한 것을 가져다주고 돈도 충분히 주었다. 성자는 그것으로 가난한 이들을 구제했다. 그 일로 성자는 스케티스에서 더욱 존경받는 인물이 되었다.

~

한 형제가 니스테루스 압바에게 물었다. "선한 일을 하려면 어떤 일을 하는 것이 좋겠습니까?" 성자는 이렇게 말했다. "모든 일이 똑같지 않던가요? 성경말씀을 보면, 아브라함은 대접을 잘해서 하나님이 그와 함께하셨고 다윗 왕은 겸비했기에 하나님이 그와 함께하셨으며 엘리야는 내적 평화를 사랑했기에 하나님이 그와 함께하셨습니다. 그런 식으로 하나님의 뜻에 따라 그대 마음이 원하고 그대 눈에 띄는 일을 하십시오. 그대 마음을 잘 다스리면서 말입니다."

❧

아폴로 압바의 말이다. "나그네가 들어오면 그에게 허리를 숙여야 합니다. 왜냐하면 나그네가 앞에 있는 것이 아니라 우리 모두가 경배해야 할 하나님이 앞에 계시기 때문입니다." 그는 또 이런 말도 했다. "나그네를 보거든 주 하나님을 뵌 것으로 여기십시오. 아브라함의 이야기(창세기 18장)에서 배우시오. 롯이 나그네를 영접한 것이 천사를 영접한 것이 되었듯이 그대도 나그네를 영접하여 편히 거하도록 하시오."

❧

니스테루스 압바가 옷 두 벌을 껴입고 있는 것을 보고 한 형제가 물었다. "어떤 가난한 사람이 와서 옷 한 벌을 달라고 하면 어떤 것을 주겠습니까?" 성자는 "더 좋은 것을 주지요" 하였다. "만약 또 다른 사람이 와서 옷을 달라고 하면 무엇을 주겠습니까?" "옷을 반으로 잘라 나눠 주지요." 그가 또다시 "또 다른 사람이 와서 달라고 하면 어떻게 하시겠습니까?" 하자 성자는 "나머지도 반을 잘라 주고 남은 것으로 내 몸을 가리겠습니다" 하였다. 그가 "또 어떤 사람이 와서 그것마저 달라고 하면 어떻게 하시겠습니까?" 하자 성자는 이렇게 말했다. "그 남은 것마저 주겠습니다. 그런 후 적당한 곳에 앉아서 하나님께서 내 몸에 걸칠 것을 주시기까지 기다리겠습니다. 사람들에게는 아무것도 구하지 않을 겁니다."

한 수도사가 포에멘 압바에게 "한 말씀 주십시오" 하자 성자는 이렇게 말했다. "스승님들은 자기 성찰을 모든 행동의 출발로 삼으셨습니다." 수도사가 "또 한 말씀 주십시오" 하자 성자는 이렇게 말했다. "남을 구제하기 위해서 할 수 있는 대로 일을 하십시오. 성경에도 구제와 믿음이 죄를 씻어 준다고 하였습니다." 수도사가 "믿음은 무엇입니까?" 하고 묻자 성자는 이렇게 말했다. "믿음은 겸손하게 살면서 남을 구제하는 것입니다."

경건한 생활을 하는 속세인이 포에멘 압바를 만나러 왔다. 그때 마침 다른 수도사들도 성자에게 한 말씀 들으러 모여 있었다. 성자는 경건한 속세인에게 "형제들에게 한 말씀 해주시죠" 하였다. 속세인은 사양하면서 "압바님, 용서하시기 바랍니다. 저는 배우러 온 사람입니다" 하였다. 그래도 성자가 재촉을 하자 이렇게 말했다.

"저는 속세인입니다. 저는 채소를 파는 장사꾼입니다. 싸게 사서 비싸게 파는 일을 합니다. 그 외에는 아는 것이 없습니다. 특히 말씀에 대해서는 할 말이 없습니다. 다만 한 가지 예화를 말씀드리지요. 한 사람이 친구들에게 '황제를 만나고 싶으니 나와 함께 갑시다' 하였습니다. 한 친구는 '같이 가겠지만 중간까지만 동행하겠소' 하였습니다. 그가 또 다른 친구에게 '나와 함께 황제를 만나러 갑시다' 하였더니 '황제가 사는 궁전까지만 함께 가겠소' 하였습니다. 세 번째 친구에게 '나와 함께 황제에게 갑시다' 하였더니 그는 '가겠소. 당신과 궁전까지 함께 가서 거기 머물러 당신이 황제를 알현할 수 있도록 도와주겠소' 하였답니다."

수도사들이 이 이야기의 초점이 무어냐고 묻자 그는 이렇게 대답했다. "첫 번째 친구는 고행입니다. 길을 안내할 수 있습니다. 두 번째 친구는 순결입니다. 천국까지 데려다줄 수 있습니다. 세 번째 친구는 구제입니다. 우리를 왕이신 하나님께 확실하게 데려다줄 수 있습니다." 수도사들은 깨우침을 얻고 돌아갔다.

~

하루는 두 형제가 팜보 압바를 찾아왔다. 한 형제가 "압바님, 저는 이틀 동안 금식하면서 빵 두 조각만 먹었습니다. 제 영혼이 구원을 받을까요, 아니면 잘못하고 있는 걸까요?" 하고 물었다. 다른 형제는 "압바님, 저는 매일 일해서 동전 두 닢을 법니다. 그중 하나로 먹을 것을 사고 다른 하나는 구제하는 데 씁니다. 제가 구원을 받을까요, 받지 못할까요?" 하고 물었다. 그런데 답을 기다리고 있는 그들에게 성자는 오랫동안 아무 말도 하지 않았다.

두 형제는 나흘 동안 그렇게 기다리다가 떠나기로 했다. 그때 사제들이 와서 그들을 위로하며 "형제들이여, 너무 걱정하지 마시오. 성자님은 하나님께서 감동을 주시기 전까지는 아무 말씀도 하지 않으시는 분입니다" 하였다. 그 말을 듣고 형제는 성자에게 가서 "압바님, 저희를 위해 기도해 주시기 바랍니다" 하였다. 그러자 성자는 "가시려고요?" 하였다. 그들이 "예" 하자 성자는 마음이 동하여 땅바닥에 다음과 같이 썼다.

"팜보가 이틀 동안 금식하면서 빵 두 조각만 먹는다고 수도사가 될까요? 아닙니다. 팜보가 일해서 번 동전 두 닢으로 구제를 한다면 그가 수도사가 될까요? 아닙니다. 그런 식으로는 될 수 없습니다. 선행은 좋은 것입니다. 그러나 이웃을 양심으로 대하도록 스스로 다스리지 않으면 구원을 받을 수 없습니다." 그들은 만족해서 기쁨으로 돌아갔다.

스케티스에 몸은 단정했으나 기억력이 흐린 노수도사가 있었다. 그가 키 작은 요한 압바를 찾아와 망각에 대해 조언을 구했다. 그는 요한 압바에게서 한 말씀을 들은 후 자기 처소로 가던 중 압바에게 무슨 말을 들었는지 잊어버렸다. 그래서 다시 압바에게 돌아가서 묻고는 똑같은 이야기를 듣고 처소로 돌아왔으나 역시 잊어버렸다. 그 후로도 여러 번 듣고 잊어버리는 경험을 했다.

얼마 후 노수사가 요한 압바를 찾아가 "압바님, 아시다시피 저에게 해주신 말씀을 자꾸 잊어버립니다. 더 이상 압바님을 귀찮게 해서는 안 되겠기에 이제부터는 뵈러 오지 않겠습니다" 하였다. 그러자 요한 압바는 그에게 "저기 있는 등잔에 불을 붙이세요" 하였다. 그가 등잔에 불을 붙이자 "다른 등잔 몇 개를 가져와 처음 등잔의 불을 옮겨 붙이세요" 하였다. 그는 시키는 대로 하였다. 그러자 요한 압바는 그에게 "첫 번째 등잔이 자기 불을 다른 등잔에 넘겨주면서 손해를 보았거나 어려움을 당한 것이 있나요?" 하고 물었다. 그가 "아니요" 하자 성자는 "나 요한도 마찬가지입니다. 스케티스에 있는 모든 사람이 나를 찾아오더라도 그 누구도 그리스도의 사랑으로부터 나를 떼어 놓을 수 없을 것입니다. 그러니 그대가 원하면 언제든 주저하지 말고 나를 찾아오세요" 하였다. 그렇게 두 성자는 인내심을 발휘했고 다행스럽게도 하나님께서 그의 기억력을 회복시켜 주셨다.

한 수도사가 포에멘 압바를 찾아와 말했다. "제가 형제에게 빵이나 다른 것을 조금이라도 주려고 하면 악마가 그건 사람을 즐겁게 하려는 것이라며 제 생각을 흐리게 만듭니다." 그러자 성자는 이렇게 말했다. "사람을 기쁘게 하는 일이라 할지라도 우리는 궁핍한 사람에게 나눠 주어야 합니다." 그러면서 이런 비유를 들었다. "농부 두 사람이 같은 마을에 살았습니다. 한 사람은 씨를 뿌렸는데 곡식을 조금밖에 거두지 못했습니다. 반면에 다른 사람은 아예 씨 뿌리는 수고조차 하지 않아서 아무것도 거두지 못했습니다. 그들에게 기근이 닥쳤습니다. 둘 중에 누가 살아남았을까요?" 수도사는 "적게라도 거둔 사람입니다" 하였다. 그러자 성자는 이렇게 말했다. "우리도 그와 같습니다. 우리가 비록 조금밖에 거두지 못했을지라도 배고파 죽지는 않을 것입니다."

사라 암마의 말이다. "사람을 위해서 선행을 베푸는 것은 좋은 일입니다. 그것이 비록 사람을 기쁘게 하는 일이라 할지라도 그것을 통해 하나님을 기쁘시게 하는 일을 시작할 수 있기 때문입니다."

한 수도사가 테오도레 압바를 찾아와 말했다. "모든 계명을 다 지키고 싶습니다." 성자는 그에게 테오나스 압바 이야기를 들려주었다. "그분은 '내 영을 하나님으로 충만하게 채우고 싶도다' 하시고는 갖고 있던 가루를 모두 제빵소에 가져가 빵을 만든 후 그것을 가난한 사람들에게 달라는 대로 나누어 주었습니다. 사람들이 더 달라고 하자 빵을 담았던 바구니를 주었고 더 달라고 하자 입고 있던 수도복까지 벗어 주었습니다. 그분은 목도리를 허리에 감고 처소로 돌아왔습니다. 그렇게 하고 나서도 그분은 말하기를 '하나님의 계명을 아직도 지키지 못했노라' 하였습니다."

~

펠루시아 이시도레 압바의 말이다. "덕을 기리되 영광의 노예는 되지 마십시오. 덕은 영원하지만 명예는 순간에 사라지기 때문입니다." 그는 또 이런 말도 했다. "많은 사람이 덕을 얻기 원하지만 막상 덕이 추구하는 대로 나아가기는 두려워합니다. 반면 덕이란 것이 아예 없다고 여기는 사람들도 있습니다. 따라서 게으름을 멀리하고 덕을 추구하면서 다른 사람들에게 덕이 어떤 것인지 가르쳐야 할 필요가 있습니다." 또 이런 말도 했다. "악은 우리를 하나님으로부터 떼어 놓고 사람과 사람 사이를 갈라놓습니다. 그러므로 이런 것에서 속히 떠나 덕을 추구해야 합니다. 덕은 우리를 하나님께로 이끌고 사람들을 하나로 묶어 줍니다. 그러므로 덕과 철학의 요점은 단순함과 근신입니다."

~

야고보 압바의 말이다. "말씀만 있어서는 안 됩니다. 요즘 시대에 말씀 전하는 사람은 많습니다. 정작 있어야 할 것은 실천입니다. 열매를 맺지 못하면 말씀이 아닙니다."

~

포에멘 압바의 말이다. “사람들은 완전을 말하나 그대로 행하는 이는 극히 적습니다.”

~

펠루시아 이시도레 압바의 말이다. “말없이 행동하는 것이 행동 없이 말하는 것보다 낫습니다. 말없이 행동하는 사람은 침묵 속에서 선을 행할 수 있지만 행동 없이 말만 하는 사람은 선을 행할 수 없기 때문입니다. 말과 행동을 일치시키는 것이 모든 철학의 핵심입니다.”

18

—

참 스승으로 본이 되어

스승과 제자 됨에 대한 가르침

여호와여, 주의 도를 내게 보이시고 주의 길을 내게 가르치소서. 주의 진리로 나를 지도하시고 교훈하소서. 주는 내 구원의 하나님이시니 내가 종일 주를 기다리나이다. (시편 25:4-5)

이튿날 요한이 자기 제자 중 두 사람과 함께 섰다가 예수께서 거니심을 보고 말하되 "보라, 하나님의 어린 양이로다." 두 제자가 그의 말을 듣고 예수를 따르거늘 예수께서 돌이켜 그 따르는 것을 보시고 물어 이르시되 "무엇을 구하느냐?" 이르되 "랍비여, 어디 계시오니이까?" 하니 예수께서 이르시되 "와서 보라." 그러므로 그들이 가서 계신 데를 보고 그날 함께 거하니 때가 열 시쯤

되었더라. 요한의 말을 듣고 예수를 따르는 두 사람 중 하나는 시몬 베드로의 형제 안드레라. 그가 먼저 자기의 형제 시몬을 찾아 말하되 "우리가 메시아를 만났다" 하고 데리고 예수께로 오니 예수께서 보시고 이르시되 "네가 요한의 아들 시몬이니 장차 게바라 하리라" 하시니라.
(요한복음 1:35-42)

하나님은 한 분이시요 또 하나님과 사람 사이에 중보자도 한 분이시니 곧 사람이신 그리스도 예수라. 그가 모든 사람을 위하여 자기를 대속물로 주셨으니 기약이 이르러 주신 증거니라. 이를 위하여 내가 전파하는 자와 사도로 세움을 입은 것은 참말이요 거짓말이 아니니 믿음과 진리 안에서 내가 이방인의 스승이 되었노라. (디모데전서 2:5-7)

그런즉 너희가 먹든지 마시든지 무엇을 하든지 다 하나님의 영광을 위하여 하라. 유대인에게나 헬라인에게나 하나님의 교회에나 거치는 자가 되지 말고 나와 같이 모든 일에 모든 사람을 기쁘게 하여 자신의 유익을 구하지 아니하고 많은 사람의 유익을 구하여 그들로 구원을 받게 하라. 내가 그리스도를 본받는 자가 된 것같이 너희는 나를 본받는 자가 되라.
(고린도전서 10:31-11:1)

예수님이 갈릴리 호수에서 고기를 낚던 어부들 가운데 첫 번째 제자를 부르신 것으로 기록하고 있는 공관(마태, 마가, 누가) 복음서와 달리, 요한복음은 요단 강 건너 베다니에서 첫 번째 제자를 얻으신 것으로 기록하고 있다. 즉 세례 요한이 자기를 따르던 제자 둘에게 "하나님의 어린 양을 보라"고 예수님을 소개함으로써 그 둘 가운데 안드레가 예수님과 하룻밤을 함께 지낸 후 '선생을 바꾸기'로 결심하고 자기 형 베드로와 함께 예수님의 첫 번째 제자가 된 것으로 기록하고 있다.

자기 제자를 다른 선생에게 소개하고 넘겨주는 것은 쉬운 일이 아니다. 학생을 빼앗겼다고 칼부림까지 일어나는 것이 현실 교사들의 세계다. 그런데 세례 요한은 어떻게 자기 제자를 선뜻 예수님에게 내줄 수 있었을까? 그는 예수님이 자기에게 세례를 받으러 나오는 순간부터 그분이 누구인지를 알았다. 그는 늘 "나는 물로 세례를 주지만 내 뒤에 오시는 분은 나보다 능력이 많아 성령과 불로 세례를 줄 터인데 나는 그의 신발 끈을 매기도 감당할 수 없다"고 하였다. 그리고 예수님에게 세례를 주는 순간, "이는 내 사랑하는 아들이요 내 기뻐하는 자라"는 하늘의 음성을 들었다. 그런 확신이 있었기에 요한은 제자들을 '더 좋은 선생'에게 넘길 수 있었다. 자기 능력껏 제자를 가르치다가 자기보다 실력이 월등한 선생이 나타나면 제자를 기꺼이 보내 주는 교사가 좋은 선생이다.

사막과 광야에 들어간 교부와 교모가 그러하였다. 10년, 30년 넘는 고된 수련 과정을 거쳐 진리를 터득한 성자들은 그에게 가르침을 받기 위해 찾아온 제자들에게 '참 스승'인 예수

그리스도를 소개하고 깨우쳐 주었다. 그렇게 해서 참 스승을 찾아 광야로 나온 제자들도 말씀과 삶에서 그리스도를 본받아 사는 교부와 교모의 모습을 보면서 미래의 스승으로 훈련을 받았다.

~

수도원장 세 사람이 매년 안토니 압바를 찾아왔다. 두 사람은 영혼 구원에 대한 자기 생각을 말하거나 조언을 듣곤 했는데 한 사람만은 묻지도 않고 아무 말 없이 있다가 갔다. 얼마 후 안토니가 그에게 물었다. "그대도 나를 만나러 여기까지 왔을 텐데 묻지도 않고 한마디도 하지 않는구려." 그가 대답했다. "스승님을 뵙는 것만으로도 만족합니다."

~

이시도레 압바의 말이다. "제자는 스승이 그러했던 것처럼 자신을 가르치는 이들을 사랑해야 합니다. 또한 지도자들이 그러했던 것처럼 스승을 두려워해야 합니다. 사랑한다는 핑계로 두려움을 잊어서도 안 되고 두려움 때문에 사랑이 희박해져서도 안 됩니다."

~

테오도라 암마가 교사에 대해서 한 말이다. "교사는 지배욕과 헛된 영광, 자만을 멀리해야 합니다. 아첨에 넘어가 바보가 되어서도 아니 되며 뇌물에 눈이 멀어서도 아니 됩니다. 먹는 것에 매여서도 아니 되고 분노에 사로잡혀서도 아니 됩니다. 교사는 할 수 있는 대로 참아야 하며 너그러워야 하고 겸손해야 합니다. 교사는 검증을 받아야 하며 편당심이 없어야 하고 온 마음을 다하여 영혼을 사랑하는 자라야 합니다."

~

한번은 시소에스 압바가 홀로 앉아 있다가 큰 소리로 외쳤다. "참으로 불행한 일이로다!" 제자들이 그에게 달려가 "스승님, 무슨 일입니까?" 하고 묻자 성자는 이렇게 대답했다. "나를 꾸짖어 줄 사람을 찾는데 아직도 찾지 못했도다."

~

사제였던 이삭 압바가 임종을 맞게 되었다. 수도사들이 둘러싸 "압바님이 떠나시면 우리는 어떻게 삽니까?" 하자 성자는 이렇게 말했다. "제가 여러분보다 조금 앞서 어떻게 걸었는지 보십시오. 여러분도 나를 따르고 싶거든 하나님의 계명을 지키십시오. 하나님께서 여러분에게 은총을 내려 주실 것이고 이곳을 보호하실 것입니다. 그러나 주님의 계명을 지키지 않으면 여러분은 이곳에 머물 수 없을 것입니다. 우리도 스승님들이 돌아가실 때 얼마나 슬펐는지 모릅니다. 그렇지만 우리는 주님의 계명과 스승님들의 교훈을 지키면서 마치 그분들이 함께 계신 것처럼 살지 않았습니까? 이제 여러분 차례입니다. 여러분도 그렇게 구원을 받을 것입니다."

~

거세한 요한 압바가 제자들에게 한 말이다. "우리 스승님들을 닮읍시다. 그분들은 이곳에서 한층 엄격하면서도 평안하게 사셨습니다." 또 이런 말도 했다. "이곳을 더럽히지 맙시다. 이곳은 우리 스승님들이 악마로부터 깨끗하게 만드신 곳입니다."

~

마카리우스 압바가 위쪽 사막에 거할 때 일이다. 은둔 수도를 하는 이는 마카리우스 혼자뿐이었고 아래쪽 사막에는 그의 지도를 받는 수도사들이 살고 있었다. 하루는 성자가 밖을 내다보고 있는데 사람 모습을 한 사탄이 자기 숙소를 지나가는 것이 보였다. 사탄은 구멍이 숭숭 뚫린 털옷을 입고 있었고 구멍마다 작은 깡통이 매달려 있었다. 성자가 그에게 "어디로 가는 길이오?" 하고 묻자 사탄은 "수도사들의 기억을 되살리러 가는 길이오" 하였다. 성자가 "작은 깡통들은 무엇이오?" 하고 묻자 "그들을 시험할 음식 그릇들이오" 하였다. 성자가 "이 모든 것으로 말이오?" 하고 묻자 사탄은 "그렇소. 수도사들에게 한 가지 음식을 줘봐서 좋아하지 않으면 두 번째 더 좋은 음식을 주고, 그래도 안 되면 세 번째 음식을 줄 것이오. 그렇게 여러 가지 음식을 주다 보면 한 가지 음식에는 걸릴 것이오" 하였다. 그 말을 하고 사탄은 떠났다.

얼마 후 성자가 길을 내다보고 있는데 사탄이 돌아오는 것이 보였다. 성자가 "재미있었소?" 하고 묻자 사탄은 "어찌 재미가 있을 수 있겠소?" 하였다. 성자가 그 이유를 물으니 "모두 거절합디다. 아무도 나를 반기지 않았소" 하고 대답했다. "그랬군요. 거기 당신이 친구로 삼을 만한 사람이 하나도 없었소?" "딱 한 사람, 나를 반겼던 수도사가 있었소. 그러나 그도 나를 친구로 삼을 것 같더니 내 얼굴을 보자 바람처럼 바뀝디다." 성자는 그 수도사의 이름을 물었다. 사탄은 "테오펨투스!" 하고는 사라졌다.

그 후 마카리우스는 일어나 아래 사막으로 내려갔다. 그곳에 있던 수도사들이 그 소식을 듣고 종려나무 가지를 들고 그를 맞이하러 나왔다. 각자 준비하고 있던 그들은 압바가 자기 처소로 올 것이라 기대했다. 그런데 압바는 언덕에서 테오펨투스를 불러내더니 그의 처소로 들어갔다. 테오펨투스는 즐거워하며 그를 집으로 모셨다. 둘만 있게 되자 테오펨투스에게 성자가 물었다. "어떻게 지내고 있습니까?" "기도해 주신 덕분에 잘 지내고 있습니다." "마음에 번민이 없습니까?" "아직까지는 모든 게 괜찮습니다." 그러자 성자는 이렇게 말했다. "내가 금욕생활을 한 지 얼마나 오래되었소? 모든 이들이 나를 칭송하고 있지요. 그런데 나는 아직도 음욕 때문에 고통받고 있습니다. 이 늙은 나이에 말입니다."

그러자 테오펨투스는 "압바님. 사실은 말입니다, 저도 마찬가지입니다"라고 하였다. 성자는 계속해서 그를 괴롭혀 왔던 마음속 생각들을 드러내도록 이끌었다. 성자가 "금식은 어떻게 합니까?" 하고 묻자 그는 "아홉 시까지 합니다"라고 대답했다. 성자는 "금식 시간을 조금만 더 늦추십시오. 복음서와 다른 성경말씀을 묵상하십시오. 그리고 안에서 잡념이 생기면 그것에 집중하지 말고 위를 보십시오. 그러면 주님께서 오셔서 그대를 도울 것입니다" 하였다. 성자는 그렇게 수도사에게 가르침을 주고 자기 처소로 돌아갔다.

얼마 후 그가 길가를 내다보고 있는데 사탄이 지나가는 것이 또 보였다. 성자가 "이번에는 어디로 가는 길이오?" 하고 묻자 사탄은 "수도사들의 기억을 불러일으키려고 갑니다" 하였다. 성자는 돌아오는 사탄을 다시 만났다. 성자가 "수도사들이 어떠했습니까?" 하고 묻자 악마는 "망했습니다" 했다. 성자가 이유를 묻자 악마가 답했다. "모두 고집불통이 되었습디다. 최악은 내게 순종하겠다고 했던 그자였소. 무엇이 그를 그렇게 바꿔 놓았는지 모르겠지만 내게 순종하지 않을 뿐 아니라 그 무리 가운데 가장 고집스러운 자가 되었소이다. 그래서 이후 당분간 그곳에는 다시 가지 않기로 결심하였소." 사탄은 그 말을 하고 자기 길로 갔다. 성자도 자기 숙소로 들어갔다.

~

요셉 압바의 말이다. "우리가 포에멘 압바님과 함께 지낼 때 압바님은 제자 아가톤을 '압바'라 칭하였습니다. 그래서 우리가 '그는 아주 어린데 왜 압바라 하십니까?' 하고 묻자 압바님은 '그가 하는 말이 내게 유익해서 압바 칭호를 받기에 충분하기 때문입니다'라고 하였습니다."

~

펜타시우스 압바, 수루스 압바, 프소이우스 압바는 종종 이런 말을 했다.

"우리가 스승 파코미우스 압바님과 함께 지낼 때에는 정말 뜨거운 열정으로 선한 일을 많이 하였습니다. 그분은 아무 말씀도 하지 않으면서도 행동으로 우리를 가르치셨습니다. 우리는 그분을 보고 놀랐습니다. 우리는 하나님께서 성자를 어머니 태중에서부터 다른 사람들과 구별하여 창조하셨다고 생각했습니다. 반면 죄인은 죄인으로 창조하셨기 때문에 아무리 노력해도 경건한 자가 될 수 없다고 생각했습니다. 그런데 우리 스승님을 보면서 생각을 바꾸었습니다. 스승님은 이교도 집안 출생이면서도 하나님의 선하심으로 경건한 자가 되었고 하나님의 모든 계명을 지키셨습니다. 그렇게 스승님께서 모든 성인의 뒤를 따르셨던 것처럼 우리도 스승님을 따라서 경건을 이룰 수 있게 되었습니다. 성경말씀에 '수고하고 무거운 짐 진 자들아, 다 내게로 오라. 내가 너희를 쉬게 하리라'(마태복음 11:28)라고 하셨습니다. 그러므로 우리도 그와 함께 죽고 그와 함께 삽시다. 그분은 우리를 바른길로 하나님께 인도하였기 때문입니다."

신클레티카 암마의 말이다. "생활하면서 '실제로' 실천해 보지 않은 것을 남에게 가르치는 것은 위험합니다. 낡은 집을 소유한 사람이 내부를 고치지도 않고 손님을 받는다면 오히려 손님에게 해를 끼치게 됩니다. 말로 사람을 개종시킬 수도 있지만 그릇된 행동으로 사람을 해치는 경우가 더 많습니다."

한 형제가 포에멘 압바에게 물었다. "위선이란 무엇입니까?" 성자가 대답했다. "위선이란 자신이 해보지도 않은 것을 다른 사람에게 해보라고 가르치는 것입니다. 성경말씀에도 '어찌하여 형제의 눈 속에 있는 티는 보고 네 눈 속에 있는 들보는 깨닫지 못하느냐?'(마태복음 7:3) 하였습니다."

베사리온 압바가 제자 둘라스와 함께 바닷가를 거닐고 있었다. 제자가 목이 말라 성자에게 말했다. "스승님, 매우 목이 마릅니다." 성자는 기도를 한 후 제자에게 "바닷물을 조금 떠서 마셔 보라"고 하였다. 제자가 바닷물을 떠서 마셨는데 아주 달았다. 그래서 제자는 나중을 위해 바닷물을 조금 떠서 가죽 주머니에 담았다. 그것을 보고 성자는 왜 그렇게 했느냐고 물었다. 제자는 "용서하세요. 나중에 목이 마를까 봐 그랬습니다" 하였다. 그러자 성자는 "그분은 여기도 계시지만 어느 곳이든 계신다오" 하셨다.

~

테베 사람 요한 압바는 젊은 시절 그의 스승 암모나스 압바가 아팠을 때 12년 동안 병시중을 들었다. 그는 스승의 침상에 늘 붙어 있으면서 보살폈다. 그런데 스승은 한 번도 그에게 관심을 표하지 않았다. 그처럼 힘든 일을 묵묵히 하고 있는 제자에게 "구원이 있을지어다"라는 말도 한 번 하지 않았다. 임종이 다가오자 원로들이 찾아왔다. 그때에야 스승은 제자의 손을 잡고 "구원이 있을지어다. 구원이 있을지어다. 구원이 있을지어다" 하고는 주변에 있던 원로들에게 "이는 사람이 아니라 천사입니다" 하였다.

19

—

마지막 날에

종말과 죽음, 심판에 대한 가르침

일의 결국을 다 들었으니 하나님을 경외하고 그의
명령들을 지킬지어다. 이것이 모든 사람의 본분이니라.
하나님은 모든 행위와 모든 은밀한 일을 선악 간에
심판하시리라. (전도서 12:13-14)

그러므로 깨어 있으라. 어느 날에 너희 주가 임할는지
너희가 알지 못함이니라. 너희도 아는 바니 만일
집 주인이 도둑이 어느 시각에 올 줄을 알았더라면
깨어 있어 그 집을 뚫지 못하게 하였으리라. 이러므로
너희도 준비하고 있으라. 생각하지 않은 때에 인자가
오리라. (마태복음 24:42-44)

만일 죽은 자들이 도무지 다시 살아나지 못하면 죽은 자들을 위하여 세례를 받는 자들이 무엇을 하겠느냐? 어찌하여 그들을 위하여 세례를 받느냐? 또 어찌하여 우리가 언제나 위험을 무릅쓰리요. 형제들아, 내가 그리스도 예수 우리 주 안에서 가진 바 너희에 대한 나의 자랑을 두고 단언하노니 나는 날마다 죽노라.
(고린도전서 15:29-31)

이로써 사랑이 우리에게 온전히 이루어진 것은 우리로 심판 날에 담대함을 가지게 하려 함이니 주께서 그러하심과 같이 우리도 이 세상에서 그러하니라. 사랑 안에 두려움이 없고 온전한 사랑이 두려움을 내쫓나니 두려움에는 형벌이 있음이라. 두려워하는 자는 사랑 안에서 온전히 이루지 못하였느니라. 우리가 사랑함은 그가 먼저 우리를 사랑하셨음이라. (요한일서 4:17-19)

하나님이 창조하신 모든 피조물 가운데 죽음을 가장 두려워하는 존재가 인간이다. 사람보다는 짐승이 덜 그러하고 동물보다는 식물이 덜 그러하며 무생물은 아예 그런 감각이 없다. 왜 그럴까? 생명의 가치와 소중함을 알기 때문일 것이다. '살고 싶다'는 생에 대한 집착에서 죽음에 대한 두려움이 생겨났다. 그래서 다른 피조물과 달리 인간은 죽음 이후, '저세상'과 거기로 건너가려면 거쳐야 할 '사후 심판'에 대한 종교적 관념

을 갖게 되었다. 즉 인간은 누구나 육신의 죽음 이후 영혼은 살아서 생전의 소행에 대한 하나님의 심판을 받아야 한다는 생각을 하게 되었다.

모든 종교가 나름대로 '사후 세계와 심판'에 대한 교훈과 가르침을 갖고 있다. 기독교에서는 죽음과 심판, 부활과 영생이라는 개념으로 이 문제를 설명한다. 성경은 에덴동산에서 타락한 인간에게 주어진 벌로서 피할 수 없는 죽음을 언급한 후 죽은 자의 영혼이 거주하는 '스올'과 '하데스' 혹은 '음부'(陰府)**를 살아 있는 사람의 두려움으로 묘사하고 있다. 그러나 동시에 죽음과 심판 이후에 부활하신 그리스도, 그리고 믿음으로 살다 죽은 성도들과 함께 행복하게 살 '천상낙원'에 대한 기대와 소망을 이야기한다.**

여기서 더 나아가 성경은 육신을 갖고 살면서도 '그리스도와 함께 죽고 그리스도와 함께 산' 성도들, 죽음에 대한 두려움을 극복하고 "사망아, 너의 승리가 어디 있느냐. 사망아, 네가 쏘는 것이 어디 있느냐"(고린도전서 15:55) **하며 담대하게 살아 낸 이들의 삶의 길을 제시했다. 즉 '살아서 죽음을 경험한' 믿음의 사람들이 누리는 행복이었다. '죽음의 땅'으로 인식된 사막이나 광야로 들어간 교부와 교모가 추구했던 세상이었다. 그들은 살아서도 본이 되었지만 죽어서도 본이 되었다.**

~

거룩한 교회 원로들이 모여 마지막 세대에 대하여 예언하며 대화를 나누었다. 그들이 "우리가 한 일은 무엇입니까?" 하자 이스키리온 압바가 말했다. "우리는 하나님의 계명을 온전히 이루며 살았지요." 그들이 "우리 다음 세대는 무엇을 할까요?" 하자 이스키리온 압바는 "우리가 한 것의 반도 채우기 어려울 것입니다" 하였다. 그들이 또 "그다음 다음 세대는 어떻게 될까요?" 하자 압바는 이렇게 말했다. "그 세대 사람들은 유혹에 사로잡혀 아무 일도 하지 못할 것입니다. 하지만 그 세대 가운데 주님께 인정받는 사람이 있다면 그는 우리나 우리 선대 스승들보다 훨씬 뛰어난 위인일 것입니다."

~

안토니 압바의 말이다. "때가 되면 사람들이 제정신을 잃을 날이 올 것입니다. 그날이 되면 제정신을 차리고 있는 사람이 주변 사람들로부터 이런 말을 들을 것입니다. '당신 제정신이오? 우리와 같지 않으니.'"

~

엘리아스 압바의 말이다. "내게는 세 가지 두려움이 있습니다. 내 영혼이 육신을 떠나는 순간과 내가 하나님 앞에 설 때, 그리고 나에 대한 선고가 내려질 때입니다."

~

에바그리우스 압바가 한 말이다. "움막에 앉아 마음을 모으시오. 그대 죽음의 날을 기억하시오. 그대 육신의 죽음이 어떠할지 생각하시오. 마음을 신중히 하고 고통을 감수하고 세상의 헛된 것들을 버리시오. 그리하면 그대가 바라던 평안을 잃지 않고 그 안에 거하게 될 것입니다.

또한 지옥에서 일어날 일을 기억하시오. 그곳에 있는 영혼이 어떤 상태일지, 말할 수 없는 고통, 한없는 탄식, 두려움, 죄책감, 갈급함을 생각하시오. 끝 모를 슬픔, 한없이 흘러내리는 눈물을 생각하시오. 또한 부활의 날, 하나님의 심판대 앞에 서게 될 것도 기억하시오. 그 두렵고 무서운 심판 말입니다. 하나님과 대천사와 천사들과 사람들이 보는 앞에서 죄인들이 당할 운명, 그 수치를 생각하시오. 꺼지지 않는 불가마, 계속 기어오르는 벌레, 칠흑 같은 어둠 속에서 두려움에 사로잡혀 슬피 울며 이를 갈며 애타게 울부짖을 그 형벌 말입니다. 그러면서 동시에 의로운 자를 위해 준비된 하늘 곳간의 보물들을 생각하시오. 하늘나라의 성부와 성자 하나님, 대천사와 천사들, 그리고 모든 성인이 보는 앞에서 받을 그 영광과 기쁨과 축복의 상들을 기억하십시오.

이 두 가지 현실을 늘 상기하며 사시오. 심판대에 선 죄인들이 죄로 인해 애통하듯 그대도 그런 심정으로 고통을 감수하시오. 또한 의로운 자에게 주어질 축복을 생각하며 즐거워하고 기뻐하십시오. 그런 고통을 당하지 않고 기쁨을 얻도록 노력하시오. 그대가 움막 안에 있든 밖에 있든 이것을 기억하고 잊지 않도록 하시오. 그렇게 해야 그대는 악하고 잘못된 생각으로부터 자유로울 수 있을 것입니다."

그는 또 이런 말도 했다. "마음으로 늘 죽음을 생각하시오. 영원한 심판이 있음도 잊지 마시오. 그리하면 그대 영혼의 실수를 줄일 수 있을 것입니다."

~

테오필루스 압바의 말이다. "우리 영혼이 몸을 떠나는 순간 우리에게 불안과 공포, 두려움이 밀려올 것이다. 악의 세계를 지배하는 어둠의 권세, 악한 영과 통치자들이 우리를 고발하러 나올 것이다. 그들은 법정에 우리를 세우고 우리가 어려서부터 죽을 때까지 알고 지은 죄는 물론 모르고 지은 죄까지 나열하며 우리를 비난할 것이다. 그렇게 죄를 낱낱이 드러내 고발할 것이다. 판결이 내려지고 재판정에서 풀려나기까지 그 두려움을 견뎌야 한다. 어떤 결과가 나올지 모르니 초조하고 불안한 시간이다.

그러나 그 반대편에 거룩한 능력자들이 자리 잡고 있어 그가 생전에 했던 선한 일들에 대해 증언할 것이다. 그 중간에 서서 두렵고 떨린 심정으로 의로운 재판장의 판결을 기다리고 있는 영혼의 모습을 상상해 보아라. 바른 심판이 내려진 후에 마귀들은 그 벌을 받을 것이며 천사들에 의해 쫓겨날 것이다. 그 후에야 우리의 영혼은 불안에서 해방되어 성경에 기록된 대로 살게 될 것이다. '노래하는 자와 뛰어노는 자들이 말하기를 나의 모든 근원이 네게 있다 하리로다'(시편 87:7), '슬픔과 탄식이 사라지리로다'(이사야 35:10).

그렇게 자유를 얻은 그대 영혼은 기쁨과 형언할 수 없는 영광 안에 거하게 될 것이다. 하지만 사려 깊지 못하게 산 사람의 영혼은 무서운 음성을 들을 것이다. '불의한 자를 쫓아내라. 저가 여호와의 영광을 보지 못하리라.' 그런 다음 분노의 날, 재앙의 날, 어둠과 그림자의 날이 그 위에 임할 것이다. 그리고 바깥 어두운 곳으로 쫓겨나 세상 끝 날까지 꺼지지 않는 불 속에 던져질 것이다.

세상의 헛된 것들은 어디에? 헛된 영광은 어디에? 정욕을 좇아 살았던 생은 어디에? 쾌락은 어디에? 헛된 꿈은 어디에? 안락은 어디에? 자랑은 어디에? 부는? 명예는? 부모와 형제는? 타오르는 불 속에서 고통받는 영혼을 누가 건져 낼 것인가? 누가 쓰라린 형벌에서 구해 줄까? 사정이 이러하니 우리가 거룩하고 경건한 일에 힘써야 할 것인데 어떻게 그 일을 할까? 어떤 사랑을 추구해야 할 것인가? 바른 삶의 자세는 어떤 것인가? 어떤 덕행? 어떤 근면? 어떤 열심? 어떤 기도? 어떤 근신?

성경에 '우리 주 예수 그리스도의 나타나심을 기다림이라. 주께서 너희를 우리 주 예수 그리스도의 날에 책망할 것이 없는 자로 끝까지 견고하게 하시리라'(고린도전서 1:7-8) 하신 말씀, '내 아버지께 복 받을 자들이여, 나아와 창세로부터 너희를 위하여 예비된 나라를 상속받으라'(마태복음 25:34) 하신 말씀을 기억해야 할 것이다."

~

한번은 사제였던 이삭 압바가 중한 병에 걸려 오랫동안 고생하였다. 한 형제가 열매를 조금 넣은 죽을 쑤어 이삭 압바에게 가져왔다. 그러나 성자는 그것을 맛보려고도 하지 않았다. 그 형제가 "조금만 들어 보세요. 병이 나아야지요" 하였다. 그러자 압바는 이렇게 답했다. "형제님, 이 병이 삼십 년을 간다 할지라도 나는 이 병을 사랑할 겁니다."

~

밀레시우스 압바가 페르시아 국경 지역에서 두 제자와 살고 있었을 때였다. 같은 배에서 태어난 왕자 둘이 관습에 따라 그곳으로 사냥을 나왔다. 그들은 65킬로미터나 되는 광활한 지역에 그물을 친 후 그 안에 있는 짐승들은 무엇이든 활로 쏘았다. 마침 그때 두 제자와 함께 성자가 그 안에 있었다. 왕자들은 얼굴이 털로 덮인 데다 야만인처럼 생긴 그를 보고 놀라서 물었다. "당신은 사람이오? 귀신이오?" 성자는 "저는 죄 많은 사람입니다. 그 죄를 애통하며 회개하러 여기까지 왔습니다. 저는 살아 계신 하나님의 아들 주 예수 그리스도를 기리며 삽니다" 하였다. 왕자들은 "태양과 불과 물 외에는 신이 없다" 하면서(페르시아인들은 이 세 가지를 신으로 섬기고 있었다) "나와서 이들 세 신께 제물을 바쳐라" 명하였다. 그러자 성자는 "왕자님들 생각이 틀렸습니다. 그것들은 단지 피조물일 뿐입니다. 그러니 왕자님들이 회개하고 모든 만물을 창조하신 분, 참 하나님을 섬기시기 바랍니다" 하였다. 그들이 "그러면 저주받아 십자가에 매달려 죽은 사람이 하나님이란 말이냐?" 하고 묻자 성자는 "우리 죄를 위해 십자가에 못 박혀 죽임 당한 그분이 제가 말하는 참 하나님이십니다"라고 대답하였다.

이에 왕자들은 성자와 제자들을 때린 후 불에 태워 제물로 바치겠다고 하였다. 그렇게 모진 고문을 가한 뒤 그들은 두 제자의 목을 잘랐고, 성자는 며칠 더 살려 두고 고문을 가했다. 그리고 마침내 두 왕자는 성자를 끌어내다가 한가운데 세워 놓고 멀리 서서 성자를 과녁 삼아 활을 쏘았다. 성자는 그들이 쏜 화살을 양쪽으로 맞아 죽으며 이렇게 말했다. "그대들이 죄 없는 피를 흘리는 데 서로 뜻을 맞추었으니 내일 이와 똑같은 시간에 그대들의 어머니는 더 이상 그대들을 아들로 맞이할 수 없을 것이고 그대들의 사랑도 받을 수 없게 될 것입니다. 그대들은 각기 쏜 화살에 서로 맞아서 피를 흘릴 것입니다." 이에 그들은 성자에게 저주를 퍼부었다.

그리고 이튿날에도 그들은 사냥을 계속했는데 사슴 한 마리가 뛰쳐나와 도망쳤다. 두 왕자는 말을 타고 양쪽에서 추격하다가 사슴을 향해 창을 힘껏 던졌다. 그런데 그들이 던진 창이 상대편 심장을 관통하였다. 성자가 경고했던 대로 그들은 죽었다.

~

하루는 아프리카인 모세 압바가 수도사들과 함께 앉아 있다가 이렇게 말했다. "보시오. 지금 이교도들이 스케티스로 오고 있습니다. 어서 피하시오." 수도사들이 "압바님은요? 피하지 않으시렵니까?" 하고 물었다. 그러자 성자는 이렇게 말했다. "나는 오늘이 오기를 수년째 기다리고 있었다오. 우리 주님께서 하셨던 '칼을 가지는 자는 다 칼로 망하느니라'(마태복음 26:52)는 말씀이 이루어지는 날이라오." 그들은 "우리도 도망가지 않겠습니다. 압바님과 함께 죽겠습니다" 하였다. 성자는 "그건 나와 상관없습니다. 가려면 가고 남으려면 남으십시오" 하였다. 그렇게 해서 수도사 일곱이 남았다. 성자가 그들에게 말했다. "보시오. 이교도들이 문 앞까지 왔습니다." 그리고 이교도들이 들이닥쳐 수도사들을 도륙했다. 그때 도망쳐 밧줄 더미 아래 숨어 있던 한 수도사는 하늘로부터 왕관 일곱 개가 내려와 도륙당한 수도사들 머리에 씌워지는 것을 보았다.

한 수도사가 모세 압바에게 말했다. "뭔가 내 앞에 보이기는 하는데 그것을 잡을 수가 없군요." 그러자 성자는 이렇게 말했다. "그대가 무덤 속에 있는 시체처럼 되기 전까지는 그것을 잡을 수 없을 것입니다." 또 어떤 수도사가 모세 압바에게 "어떻게 해야 자기 이웃에 대하여 죽은 사람처럼 될 수 있습니까?" 하고 물었다. 성자는 이렇게 대답했다. "자신이 무덤 속에 사흘간 있었던 것처럼 생각하지 않고는 그렇게 할 수 없습니다."

모세 압바가 포에멘 압바에게 해준 말이다. "수도자는

자기 이웃에게 죽은 자가 되어야 합니다. 어떤 일이 있어도, 어떤 방식으로도 이웃을 판단해서는 아니 됩니다." 또 이런 말도 했다. "수도자는 영혼이 육신을 떠나기 전에 모든 것에 죽어야 합니다. 그래야 아무에게도 해를 입히지 않습니다."

~

한 수도사가 마카리우스 압바를 찾아와 물었다. "압바님, 어떻게 해야 구원을 얻을 수 있을까요?" 성자는 그에게 "무덤에 가서 죽은 자에게 욕을 하고 오시오" 하였다. 수도사는 무덤에 가서 욕설을 퍼붓고 돌을 던졌다. 그리고 성자에게 돌아와 그렇게 했노라고 하였다. 성자가 그에게 "죽은 자들이 그대에게 뭐라고 대꾸합디까?" 묻자 "아무 말 없었습니다" 했다. 성자는 "내일 다시 가서 이번에는 칭찬을 하시오" 하였다. 수도사는 시키는 대로 무덤에 가서 "그대는 사도이고 성자이고 의로운 자들입니다" 하였다. 그는 성자에게 돌아와 "그들에게 찬사를 늘어놓고 왔습니다" 하였다. 성자가 물었다. "그들이 대답을 합디까?" 그는 아니라고 하였다.

성자는 이렇게 말했다. "그대도 알다시피 죽은 자들은 그대가 모욕을 해도 대꾸하지 않았고 칭찬을 해도 응하지 않았습니다. 그대가 진정 구원받기 원한다면 죽은 자가 되어야 합니다. 죽은 자처럼 사람들이 욕을 해도, 칭찬을 해도 아무런 대응을 하지 않게 될 때 그대는 구원을 받을 것입니다."

포에멘 압바와 함께 지내던 수도자 파에시우스가 움막 밖의 사람들과 친구를 삼은 적이 있었다. 포에멘 압바는 그것이 싫었다. 그래서 일어나 암모나스 압바에게 달려가 "내 형제 파에시우스가 세상 사람들과 교제하고 있습니다. 그래서 내 마음이 편치 못합니다" 하였다. 이에 암모나스 압바가 말했다. "포에멘, 아직도 살아 있소? 일어나 당신 움막으로 돌아가 앉아 있으시오. 그대는 이미 무덤 속에 일 년 동안 있어 봤으니 그런 생각일랑 그대 가슴속에 묻어 두시오."

디오스코루스 압바의 말이다. "형제들이여, 우리가 천국 옷을 입으면 우리의 벗은 몸이 드러나지 않겠지만 만약 그 옷을 구하지 못하면 우리는 어떻게 되겠는가? 천국 잔치에 예복을 입지 않고 참석했던 자에게 하신 주님의 말씀, '그 손발을 묶어 바깥 어두운 데에 내던지라. 거기서 슬피 울며 이를 갈게 되리라'(마태복음 22:13) 하신 심판을 받게 될 것입니다. 그러니 형제들이여, 우리가 이 오랜 세상의 습관을 벗어 버리지 못해 정작 혼인잔치에서 입어야 할 옷을 입지 못한 채 참석한다면 우리가 당할 수치가 얼마나 크겠는가? 그 죄책감은 또 얼마나 크겠는가? 성자와 형제들이 보는 앞에서 어둠 속으로 쫓겨나 천사의 심판을 받아야 하는 그 고통이 얼마나 심하겠는가?"

❧

누군가 암모나스에게 물었다. "좁고 협착한 길(마태복음 7:14)은 무엇입니까?" 성자가 대답했다. "좁고 협착한 길은 오직 주님을 위하여 당신 생각을 다스리고 당신 의지를 죽이는 것입니다. 또한 '보소서. 우리가 모든 것을 버리고 주를 따랐나이다'(마태복음 19:27) 함과 같습니다."

❧

아르세니우스 압바는 임종이 임박했을 때 제자들에게 이렇게 말했다. "나에게 뭔가를 해주려고 수고들 마시오. 그동안 나 스스로 필요한 것을 해결해 왔소. 이번에도 그렇게 할 예정이오."

아르세니우스의 임종이 더욱 가까워 오자 제자들은 불안했다. 그러자 성자는 이렇게 말했다. "아직은 아니오. 때가 되면 말해 주리라. 행여나 내 시신을 남에게 넘겨주는 자가 있다면 그는 심판 날 엄중한 벌을 받을 것입니다." 그러자 제자들이 "그러면 우리는 어떻게 해야 합니까? 우리는 다른 사람을 묻어 본 적이 없습니다" 하였다. 성자는 이렇게 말했다. "줄로 내 다리를 묶는 것도 못 합니까? 그렇게 해서 산 위로 끌고 올라가면 됩니다." 성자는 평소 자신에게 이렇게 말하곤 하였다. "아르세니우스, 그대는 왜 세속을 떠났는가? 그동안 말해 온 것을 회개한 적은 있었지만 온전히 침묵한 적이 없었다네."

그런데 죽음이 임박해서 성자가 우는 것을 보고 제자

들이 물었다. "스승님, 정말 두렵습니까?" 그러자 성자는 이렇게 대답했다. "그럼. 지금 내가 느끼고 있는 이 두려움은 내가 수도자가 되기로 한 순간부터 내 안에서 떠난 적이 없었지." 이 말을 한 후 성자는 깊이 잠들었다.

~

임종을 앞둔 로마누스 압바 주변에 모여든 제자들이 물었다. "남은 우리는 이제 어떻게 해야 합니까?" 성자가 말했다. "내 생각에는 그동안 내가 그대들 가운데 어느 누구에게도 무엇을 하라고 지시한 적이 없는 것 같습니다. 나는 내가 말한 대로 되지 않더라도 화를 내지 않겠다고 제일 먼저 결심하였지요. 그런데도 우리는 평화롭게 잘 살아왔습니다."

~

임종을 앞둔 팜보 압바가 마지막 순간을 맞이할 때 주변에 모인 성자들에게 이런 말을 했다. "내가 여기 사막에 와서 내 움막을 짓고 살게 된 후로 내 손으로 마련하지 않은 빵을 먹어 본 적이 없고 지금까지 후회할 말은 한마디도 해 본 적이 없지만 이제 막상 하나님께 가려 하니 마치 한 번도 하나님을 섬겨 본 적이 없는 자가 된 것 같습니다."

~

임종이 다가와 즐거운 마음으로 떠날 준비를 하던 요한 압바를 만나러 수도사들이 몰려왔다. 그들은 요한 압바에게 그리스도의 완전을 이루기 위해서 어떻게 해야 하는지 교훈이 될 말씀을 들려 달라고 요청했다. 압바가 신음을 토한 후 말했다. "이제껏 내 의지로 한 일은 없었소. 내가 먼저 실천해 보지 않은 것은 남에게 가르친 적이 없었소."

시소에스 압바가 병석에 누워 있을 때 여러 원로가 찾아와 곁을 지켰다. 그들이 "압바님, 무엇이 보입니까?" 하고 묻자 성자는 이렇게 답했다. "천사들이 나를 데리러 내려오는 것이 보입니다. 나는 회개할 시간을 조금만 더 달라고 요청하였습니다." 원로 가운데 한 명이 "시간을 조금 준다고 해서 그것이 과연 회개하는 데 얼마나 도움이 될까요?" 하자 성자는 이렇게 답했다. "충분히 회개할 수는 없다 할지라도 내 영혼을 향하여 깊은 탄식을 할 수만 있다면 그것만으로도 충분합니다."

시소에스 압바는 원로들이 둘러앉은 자리에서 임종을 맞았다. 그때 그의 얼굴이 해처럼 밝게 빛났다. 시소에스 압바가 그들에게 말했다. "보십시오, 안토니 압바님이 오십니다." 그리고 조금 후에는 "보십시오, 예언자들의 찬양대가 오고 있습니다" 하였다. 그의 얼굴은 다시 한번 빛나면서 누군가와 대화를 나누었다. 그러자 원로들이 "압바님, 누구와 말씀을 나누셨습니까?" 하고 물었다. 성자는 "보십시오, 천사들이 나를 부축하러 오고 있습니다. 그래서 조금만 더 회개할 시간을 달라고 부탁을 한 겁니다" 하였다. 그러자 원로들은 "압바님, 압바님은 회개할 것이 없을 텐데요" 하였다. 성자는 이렇게 말했다. "무슨 소립니까? 저는 아직 회개를 시작도 못 했는데요."

그들은 시소에스 압바를 완전한 사람으로 알고 있었다. 그때 성자의 얼굴은 다시 태양처럼 빛났다. 그들은 모두 두려워했다. 성자는 그들에게 이렇게 말했다. "보십시오, 주님께서 오고 계십니다. 그분이 '저 사막에 있는 배를 내게로 가져오라' 말씀하시는군요." 그 순간 섬광이 비치면서 방 안은 향기로 가득 찼다.

20

—

오직 하나님의 영광을 위하여

인생 목표에 대한 가르침

너는 나 외에는 다른 신들을 네게 두지 말라. 너를 위하여
새긴 우상을 만들지 말고 또 위로 하늘에 있는 것이나
아래로 땅에 있는 것이나 땅 아래 물속에 있는 것의
어떤 형상도 만들지 말며 그것들에게 절하지 말며
그것들을 섬기지 말라. 나 네 하나님 여호와는 질투하는
하나님인즉 나를 미워하는 자의 죄를 갚되 아버지로부터
아들에게로 삼사 대까지 이르게 하거니와
나를 사랑하고 내 계명을 지키는 자에게는
천 대까지 은혜를 베푸느니라. (출애굽기 20:3-6)

오늘 네 하나님 여호와께서 이 규례와 법도를 행하라고
네게 명령하시나니 그런즉 너는 마음을 다하고 뜻을

다하여 지켜 행하라. 네가 오늘 여호와를 네 하나님으로 인정하고 또 그 도를 행하고 그의 규례와 명령과 법도를 지키며 그의 소리를 들으리라 확언하였고 여호와께서도 네게 말씀하신 대로 오늘 너를 그의 보배로운 백성이 되게 하시고 그의 모든 명령을 지키라 확언하셨느니라. (신명기 26:16-18)

그러므로 너희는 이렇게 기도하라. "하늘에 계신 우리 아버지여, 이름이 거룩히 여김을 받으시오며 나라가 임하시오며 뜻이 하늘에서 이루어진 것같이 땅에서도 이루어지이다." (마태복음 6:9-10)

그 생물들이 보좌에 앉으사 세세토록 살아 계시는 이에게 영광과 존귀와 감사를 돌릴 때에 이십사 장로들이 보좌에 앉으신 이 앞에 엎드려 세세토록 살아 계시는 이에게 경배하고 자기의 관을 보좌 앞에 드리며 이르되 "우리 주 하나님이여, 영광과 존귀와 권능을 받으시는 것이 합당하오니 주께서 만물을 지으신지라. 만물이 주의 뜻대로 있었고 또 지으심을 받았나이다" 하더라. (요한계시록 4:9-11)

교회에서 주일마다 낭송하는 〈사도신경〉의 첫 구절, "전능하사 천지를 만드신 하나님 아버지를 내가 믿사오며"나 성

경의 첫 구절 "태초에 하나님이 천지를 창조하시니라"는 하나님을 믿는 신도들의 보편적 신앙 고백이다. 즉 기독교인들은 믿음의 대상인 하나님을 '창조주'로 표현하고 그를 '아버지'라 칭한다. 자신이 '하나님으로부터 비롯된' 존재임을 고백하는 것이다. 자신은 창조주 하나님의 절대적 능력과 의지(뜻)에 따라 만들어진 존재이며 그의 전폭적인 사랑과 기대를 안고 태어난 존재임을 고백하는 것이다. 그런 인간이라면 "마음을 다하고 뜻을 다하고 힘을 다하여" 창조주 하나님을 사랑하여야 할 것은 당연했다.

그런데 타락한 인간은 그러하지 못했다. 오히려 창조주의 의지와 기대에 어긋나는 행동으로 하나님께 실망과 분노만 안겨 드렸다. 그러니 멸망은 불가피했다. 그럼에도 불구하고 하나님은 "세상을 이처럼 사랑하사" 독생자 예수 그리스도를 이 땅에 보내 주심으로 멸망이 아닌 영생의 길로 나아갈 수 있는 기회를 주셨다.

그리스도를 통해 구원받고 창조주 하나님을 다시 '아바 아버지'로 부를 수 있게 된 그리스도인들은 하나님을 사랑하고 그 뜻을 이루는 일에 매진할 책임이 있다. 그런데 풍요와 안락을 추구하는 세속도시에는 여전히 하나님 외에 사랑할 것이 너무 많다. 자식과 물질, 명예와 권력이 우상이 되어 하나님을 향한 시선을 돌려놓았다. 그래서 '하나님 한 분만'을 사랑하고 구하려는 구도자들은 도시와 가족을 떠나 사막과 광야로 들어갔다. 그들은 하나님이 창조하신 자연 외에는 볼 것이 없는 그곳에서 '하나님 외에' 다른 것을 포기하고 버리는 훈련부터 받았

다. '오직 하나님 사랑, 하나님께 영광.' 그것이 구도생활의 목적이요 내용이었다.

~

키 작은 요한 압바가 제자에게 한 말이다. "우리가 한 분만 높이면 모든 사람이 우리를 높일 것이요 우리가 한 분을 무시하면 모든 사람이 우리를 무시할 것입니다. 그 한 분이 하나님입니다."

~

마르코 압바가 스승 아르세니우스 압바에게 물었다. "왜 우리를 멀리하시는 겁니까?" 성자는 이렇게 대답했다. "내가 당신들을 얼마나 사랑하는지 하나님은 아십니다. 하지만 하나님과 함께 산다고 하면서 사람들과 함께 살 수는 없습니다. 하늘의 수천, 수만 천사들은 그 뜻이 오직 하나이지만 사람들의 뜻은 제각각입니다. 그래서 내가 하나님을 떠나 사람들과 함께 살 수 없는 겁니다."

~

한 형제가 아르세니우스 압바에게 한 말씀 부탁하자 이렇게 말했다. "온 힘을 다해 내적으로 하나님과 호흡을 맞추려고 애쓰시오. 그러면 능히 외적인 욕망을 이길 수 있을 것입니다." 그는 또 이런 말도 하였다. "우리가 하나님을 구하면 하나님께서 자신을 우리에게 보여 주실 것이요, 우리가 하나님을 지키면 그분은 우리 곁에 가까이 계실 것입니다."

~

팜보 압바는 3년 동안 하나님께 이런 기도만 했다 한다. "주여, 나로 하여금 세상에서 영광을 얻지 않게 하소서." 그러나 하나님은 그를 영화롭게 하셔서 사람들이 그를 계속 바라보지 못할 정도로 용모에 광채가 드러나게 하셨다. 사람들 보기에 팜보 압바는 모세와 같았다고 한다. 에덴의 아담이 하나님의 영광을 입은 것처럼, 왕좌에 앉은 왕처럼 그 얼굴이 빛났다고 한다.

~

누군가 이사야 압바에게 탐욕이 무엇이냐고 묻자 이렇게 답했다. "하나님께서 자신을 지켜보고 계시다는 것을 믿지 않음이며 하나님의 약속을 무시함이며 자랑하기를 좋아함입니다."

~

한 수도사가 테오도레 압바에게 물었다. "지금 우리가 나중 것으로 생각하고 있는 마음의 일은 어떤 것입니까? 전에는 나중 것이라 생각했는데 지금은 우선으로 생각하고 있는 일은 또 무엇입니까?" 성자가 답했다. "하나님의 명령에 따라 하는 모든 것이 마음으로 하는 일입니다. 개인적 동기에서 일을 하거나 물질을 모으는 일은 나중 것으로 여겨야 합니다."

수도사가 "좀 더 자세히 설명해 주십시오" 하자 성자는 이렇게 말했다. "그대가 한창 일하던 중 내가 아프다는 소식을 들었다 칩시다. 나를 보러 와야 하는데 그대는 속으로 '일하지 말고 지금 가야 하나? 아니다. 일을 마치고 가는 것이 더 좋겠다' 생각하고 오지 않을 수 있습니다. 또한 어느 형제가 그대에게 와서 '나를 좀 도와주시오' 하였다 칩시다. 그러면 그대는 생각하기를 '내가 하던 일을 멈추고 가서 그와 함께 일해야 할까?' 할 것입니다. 만약 그 형제에게 가지 않는다면 그대는 하나님의 명령을 어기는 것이 됩니다. 그것이 마음의 일입니다. 그대 손으로 하는 일은 그다음입니다."

포에멘 압바의 말이다. "그대 자신을 하나님 앞에 내던지시오. 그대가 얼마나 발전했는지 측량하지도 마시오. 자기 의지는 모두 내려놓으시오. 이런 것들로 마음 챙김의 도구를 삼으십시오." 그는 또 이런 말을 했다. "조심하는 것, 자신을 아는 것, 그리고 분별력, 이 세 가지로 마음의 안내를 받으십시오."

사제 이시도레 압바의 말이다. "하나님의 뜻을 깨닫는

것이 성자들의 지혜입니다. 진실로 진리에 복종함으로 다른 모든 것을 이길 수 있습니다. 그들은 하나님의 형상으로 하나님을 닮았기 때문입니다. 사탄의 유혹 중 가장 무서운 것은 너 자신의 생각을 따르라는 것입니다. 하나님의 법이 아니라 자기 생각대로 하라는 것입니다. 그렇게 하면 후에 불행하게 됩니다. 성자들이 살면서 얻은 지혜의 신비를 모르기 때문입니다. 그러므로 심판 날에 구원을 얻으려면 지금부터 주님을 위해 일하기 바랍니다. '너희의 인내로 너희 영혼[생명]을 얻으리라'(누가복음 21:19)."

언젠가 다니엘 압바가 제자 암모나스와 함께 수도 여행을 했다. 암모나스가 물었다. "스승님, 언제쯤이면 우리도 처소를 마련해서 거할 수 있을까요?" 성자가 대답했다. "누가 우리를 하나님으로부터 떼어 놓으리오. 하나님은 처소 안에도 계시지만 밖에도 계신다오."

사제 이시도레 압바의 말이다. "진정 하나님의 나라를 원한다면 재물을 무시하고 거룩한 일에 몰두하시오." 그는 또 이런 말을 하였다. "쾌락과 돈을 사랑하는 한 하나님의 뜻을 따라 살 수는 없습니다."

거세한 요한 압바가 젊었을 때 한 성자에게 질문했다. “어떻게 해서 스승님은 하나님 일을 쉽게 하실 수 있었습니까? 우리는 아무리 힘을 써도 그렇게 할 수 없는데 말입니다.” 성자는 이렇게 말했다. “그렇게 할 수 있었던 것은 하나님 일을 최우선으로 생각하고 육적으로 필요한 일을 다음으로 여겼기 때문입니다. 그런데 그대는 육적인 것을 우선으로 여기고 하나님 일을 다음으로 생각하고 있습니다. 힘들게 애쓰는 이유가 그것입니다. 그래서 우리 구세주께서 제자들에게 ‘먼저 그의 나라와 그의 의를 구하라. 그리하면 이 모든 것을 너희에게 더하시리라’(마태복음 6:33) 하셨던 것입니다.”

안토니 압바가 늘 하던 말이다. “더 이상 하나님을 두려워 않나니 내가 하나님을 사랑함이라. ‘사랑은 두려움을 내쫓는다’(요한일서 4:18).” 안토니는 또 이런 말도 했다. “항상 하나님 앞에서 두려워하라. 그가 생명과 죽음을 주시는 분임을 기억하라. 세상과 그 안에 있는 것들을 미워하라. 이생을 떠나라. 그리하면 하나님과 함께 살리라. 하나님께 한 약속을 잊지 말라. 심판 날에 판단하시리라. 주리고 목마르고 헐벗음을 견디라. 깨어 있어 슬피 울라. 네 마음으로 통곡하라. 너 자신을 시험하여 하나님께 유익한 자인지 돌아보라. 육적인 것을 멀리하라. 그러면 내 영혼을 지킬 수 있으리라.”

~

어떤 사람이 안토니 압바에게 물었다. "하나님을 기쁘시게 하려면 어떻게 해야 하나요?" 성자가 말했다. "당신이 누구이든지 눈앞에 오직 하나님만 두시오. 당신이 무슨 일을 하든지 성경말씀만 따라서 하시오. 당신이 어디에 있든지 쉽게 떠나지는 마시오. 이 세 가지만 잘 따라 하면 구원을 얻을 것입니다."

~

한 수도사가 유프레피우스 압바에게 물었다. "어떻게 해야 하나님을 경외함이 내 안에 거하는지요?" 성자가 답했다. "겸손과 청빈을 가지면 됩니다. 그리고 남을 판단하지 않으면 하나님을 경외함이 그대에게 임할 것입니다."

~

유프레피우스 압바의 말이다. "하나님을 알면 믿음과 능력이 생깁니다. 주님을 믿으면 주님의 것을 공유할 수 있습니다. 낙심했다는 것은 믿음이 없다는 것입니다. 주님의 전능하심을 믿는다면 우리는 모든 것이 그분에게 가능하심을 믿어야 합니다. 그대가 어떤 일을 하든지 믿음을 갖고 하면 하나님께서 당신을 통해서 기적을 행하실 것입니다."

~

세라피온 압바의 말이다. "황제의 군사들은 황제 앞에

설 때는 바로 서서 좌로도 우로도 고개를 돌려서는 아니 됩니다. 그와 마찬가지로 하나님 앞에 선 자들은 항시 두려운 마음으로 하나님만 주목해야 합니다. 그러면 적들의 어떤 위협에도 두렵지 않습니다."

~

니스테루스 압바는 수도자들에게 매일 밤과 매일 아침마다 "하나님께서 원하시는 일을 얼마나 하였나? 하나님께서 바라시지 않는 일을 얼마나 멀리했나?" 자문해야 한다고 가르쳤다. 그는 말했다. "아르세니우스 압바는 이렇게 사셨습니다. 그분은 매일 아침 죄 없이 하나님께 나아가기를 힘썼습니다. 늘 하나님의 임재 안에서 기도하기를 힘썼습니다. 하나님은 아니 계신 곳이 없으신 분이기 때문입니다. 자기 스스로 규율을 세우지 않았습니다. 남을 판단하지 않았습니다. 남을 욕하지 않았고 헛된 약속을 하지 않았으며 거짓말과 분 냄과 조롱이나 남을 해치는 말을 하지 않았습니다. 수도자들은 이런 것을 멀리해야 합니다. 자기가 감당하지 못할 것을 추구하거나 얻은 것처럼 자만하면 그에게 큰 화가 미칠 것입니다."

~

포에멘 압바는 성찬에 참석할 때 매번 한 시간 동안 홀로 앉아 자기 생각을 점검해 보고 나서야 성찬대로 나아갔다고 한다.

~

어떤 형제가 파에시우스 압바에게 물었다. "내 마음이 무뎌서 하나님을 두려워하지 않으니 어떻게 하면 좋습니까?" 성자는 이렇게 답했다. "가서 하나님을 두려워하는 사람과 함께 지내시오. 그를 가까이하시오. 그러면 그가 하나님을 두려워하는 법을 가르쳐 줄 것입니다." 그는 또 이런 말을 하였다. "스스로 안 된다고 판단하지 말고 자신을 잘 다스릴 줄 아는 형제와 함께 지내시오."

~

그레고리 압바의 말이다. "세례 받은 자는 다음 세 가지를 하나님께 드려야 합니다. 가슴에는 바른 신앙, 입에는 진실, 몸에는 절제."

~

안토니 압바의 말이다. "하나님을 두려워할 때, 하나님의 영이 그 안에 거하게 됩니다."

~

야고보 압바의 말이다. "하나님을 두려워하면 어두운 방을 밝히는 등잔불처럼 그 두려움이 사람의 마음을 비추어 온갖 덕행과 하나님의 계명이 무엇인지 가르쳐 줄 것입니다."

~

알로니우스 압바의 말이다. "어떤 일을 가지고 새벽부터 밤까지 그것만 사모하면 하나님의 분량에 이를 수 있습니다."

~

나이 많은 한 신도가 하나님께 성자들을 보여 달라고 기도했는데 안토니 압바만 보여 주셨다고 한다. 그가 한 수도자를 찾아가 "안토니 성자님은 어디 계시나요?"라고 묻자 수도자는 이렇게 대답했다. "하나님이 계신 곳이 안토니가 있는 곳이라오."

~

시소에스 압바의 말이다. "하나님을 찾으십시오. 하나님이 계신 곳을 찾지 말고."

맺음말

오늘의 사막은 어디에?

사막 교부와 교모의 말씀을 풀어 옮기는 중 끊임없이 던져지는 질문이었다.

> "천오백 년 전 이집트 사막에서 과학이나 문명과 담을 쌓고 살았던 교부와 교모의 영성이 4차 산업혁명과 인공지능 시대를 살고 있는 오늘 우리에게 어떤 의미가 있는가?"
> "어디에 있든 위성통신으로 위치 추적이 가능한 요즘 같은 세상에 과연 세속과 단절된 사막이나 움막 공간을 찾을 수 있겠는가?"

그렇다고 한 번 들어가면 죽어서도 나올 수 없다는 '봉쇄수도원'으로 들어갈 수도 없는 형편이다. 높은 담을 둘러친다고 과연 그 안쪽과 바깥 사이의 소통이나 교류가 불가능할까? 그런 모험도 이십, 삼십대라면 시도해 볼 것이지만 정년 은퇴까지 한 나이에 무모할 뿐 아니라 의미도 없다. 그렇다고 포기할 수도 없는 영적 갈급함이 아직 내게 남아 있다. 세속으로부터 피하기도, 숨기도 어려운 오늘 현실에서 사막 교부와 교모에게 영적 깨우침과 가르침을 주었던 사막을 어디서 찾을까? 암마와 압바들이 하나님과 친밀한 교제를 나누었던 움막을 어디서 구할까? 고민하던 중 신클레티카 암마의 말씀이 들렸다.

> 수도사들 중에는 산에 있으면서도 도시에 있는 것처럼 사는 이들이 많은데 이는 시간만 낭비할 뿐입니다. 반면에 군중 속에 살면서도 홀로 있는 것처럼 사는 사람도 있습니다. 그런 사람은 군중 속에 있어도 홀로 사는 것처럼 자기 마음을 다스릴 수 있습니다.

장소가 아니라 마음이 문제였다. 몸은 교회에 와 예배를 드리면서도 마음으로 집안일과 회사 일을 생각하고 있다면 그는 교회가 아닌 세상 속에 있는 것이고, 몸은 시장 한복판에 있더라도 마음으로 주님과 교통하고 있다면 그는 성전 안에 있는 셈이다. 예수님이 사마리아 여인에게 "이 산에서도 말고 예루살렘에서도 말고" 하시고 "아버지께 참되게 예배하는 자들은 영과 진리로 예배할 때가 오리라" 하신 말씀대로였다(요한복음 4:21-23). 공간과 시간을 구별하는 것은 몸의 자리가 아니라 마음의 방향이었다. 주님을 사모하고, 주님과 하나 되어, 주님의 일을 하는 사람의 마음이 향하는 곳, 그곳이 곧 사막이요 광야였다.

움막에 대한 불안감도 해소되었다. 사막의 압바와 암마가 주님과 은밀한 교제를 나누었던 움막은 곧 주님께서 제자들에게 기도 장소로 지정해 주신 '골방'이었다. "너는 기도할 때에 네 골방에 들어가 문을 닫고 은밀한 중에 계신 네 아버지께 기도하라"(마태복음 6:6). 세속인은 물론 함께 사는 동료 수도자들의 간섭이나 훼방을 받지 않는 곳, 오직 그 분과의 은밀한 대화가 이루어질 수 있는 공간이면 곧 골방이고 움막이었다. 포에멘 압바의 말씀이다.

> 우리는 나무로 만든 문을 닫지 말고 혀의 문을 닫으라고 가르침을 받았습니다.

나무 빗장이 아니라 혀의 빗장을 다스리라는 말씀이다. 여기서 '은밀'(*kruptos*)은 곧 '침묵'을 의미한다. 사막의 압바와 암마는 "문을 닫으라"는 구절을 "입을 닫으라"는 말씀으로 읽었다. 그들에게 사막이나 광야, 동굴이나 움막은 주님과의 대화가 가능한 침묵 공간이었다. 그래서 소중하게 여겼다. 침묵이 불가능하다면 아무리 혼자 있어도 그곳은 더 이상 골방이 아니다. 반면에 주변이 아무리 시끄러워도 '영적 침묵'이 이루어진다면 그곳은 움막이 될 것이다. 굳이 사막이나 광야로 나가지 않아도 언제 어디서든 마음만 먹으면 '영적 골방'을 만들 수 있다는 말이다. 결국 사막이든 움막이든 그것은 마음먹기에 달린 것이다.

로마제국하에 박해시대를 끝내고 바야흐로 '기독교 융성시대'(*pax Christiana*)에 접어든 시점에 가족과 재물, 편안과 풍요를 버리고 불편과 고행, 침묵과 청빈을 선택하여 사막과 광야로 들어갔던 압바와 암마, 그들이 오늘 우리에게 주는 메시지는 무엇일까? '융성했던' 부흥과 성장의 시대를 마감하고 침체와 하강의 위기를 맞이한 오늘의 한국 교회, 3년째 지속되는 코로나 팬데믹 상황에서 추락하는 한국 교회의 지도력과 권위, 이를 어떻게 회복할 것인가? 고민하고 기도하는 중 사막 영성을 처음 세웠던 암마와 압바로부터 들리는 음성.

> 집과 가족, 교회를 떠날 수 없다면 그것을 사막과
> 움막으로 바꾸라. 그리고 거기서 은밀한 중에 계시는
> 주님을 만나라.

그런 깨달음으로 사막 교부와 교모가 넘었던 '스무고개' 영적 순례의 길을 떠나기로 한다.

> 1. **떠나라!** : 내 안에 주님보다 더 소중하게 여겼던 모든 우상들, 그것이 가족이든, 재물이든, 명예든, 권력이든, 나 자신이든 주님 앞에서 포기할 수 있기를 간구할 것이다.
> 2. **사막과 광야를 찾아**: 사람이 없다고, 혼자 있다고 사막이 아니라 주님이 계셔야 사막이고 광야이기에 내가 주님

안에, 주님이 내 안에 함께 있기를 사모할 것이다.

3. **무엇을 먹고 입고 어디서 살까?**: 선택의 기회가 주어진다면 비싼 것보다는 싼 것으로, 화려한 것보다는 검소한 것을 택하고 즐기며 살도록 노력할 것이다.

4. **쉬지 말고 기도하라**: 먼저 '골방'을 만드는 데 집중하여 사람 만나는 시간을 줄이고 은밀한 중에 그분하고만! 대화하는 기도 시간을 늘릴 것이다.

5. **일하기 싫거든 먹지도 말라**: 내게 유익을 주기보다는 주님께 기쁨과 영광을 돌리는 일이 무엇인지 분별하여 그분 주시는 능력으로 감당하기를 힘쓸 것이다.

6. **시험에 들게 하지 마시옵고**: 밖으로부터 오는 유혹과 시험보다 내 안에 솟구치는 욕망과 유혹이 더 위험한 것을 알기에 이를 제어할 능력 얻기를 간구할 것이다.

7. **애통하며 회개할 맘**: 매일 매순간 '오늘 나는 무슨 실수를 저질렀는가?', '내 말과 행실로 상처 입은 영혼은 없는가?' 회개하는 심령으로 살아갈 것이다.

8. **절대 순종 절대 복종**: 부리기보다는 부림을 당하며, 지시하기보다는 복종하면서, 명령보다는 순종하면서, 주인보다는 종의 자리를 행복으로 알고 빼앗기지 않을 것이다.

9. **사랑은 오래 참고 모든 것을 견디며**: 포기할 수밖에 없지만 일어나게 하시고 절망적인 상황에서 소망을 갖게 하는 사랑의 능력, 그 힘으로 하루하루 살아갈 것이다.

10. **낮은 자리에서 무릎을 꿇고**: 잘나가던 교회 지도자들이

막판에 교만과 오만으로 타락하는 것을 보았으니 마지막 순간까지 겸손과 겸비를 잃지 않기를 기도할 것이다.

11. **마음 수련과 내적 평화**: 내 마음의 평화를 깨뜨리는 불평과 불만, 분노와 폭언을 다스려 사탄이 틈타지 못하도록 마음의 청결과 내적 평안을 유지할 것이다.

12. **잠잠하여 그분만 바라기**: 은밀한 중에 침묵으로 말씀하시고 당신 뜻을 밝히시는 주님을 만나기 위해 입으로 침묵하고 눈으로 바라보며 마음으로 사모할 것이다.

13. **혀에 재갈 물리기**: 사람들과 만나 대화하는 자리라도 가급적 말을 적게 하고, 해야만 한다면 나중에 하되 그것도 본질적인 핵심만 간단히 할 것이다.

14. **바른 말씀에 바른 생각**: 매일 성경 쓰기와 성경 묵상을 통해 말씀과 가까이, 말씀 안에서, 말씀을 살아 냄으로 허튼 생각과 행실을 바로잡을 것이다.

15. **남을 비판하지 말 것**: 무의식적으로 남을 판단하고 비판하던 습관을 고쳐서 밖으로 향했던 손가락과 시선을 내 안쪽으로 돌리도록 애쓸 것이다.

16. **마음과 뜻과 힘을 다하여**: 마음의 생각과 영혼의 의지와 몸의 행실이 오직 주님을 향하여, 내 시선과 의지를 다른 곳으로 돌리려는 사탄의 유혹을 물리칠 것이다.

17. **네 이웃을 네 몸과 같이**: 모르는 사람일수록, 멀리 있는 사람일수록, 나아가 나를 미워하고 싫어하는 사람들까지도 친구와 이웃으로 섬기며 사랑할 것이다.

18. **참 스승으로 본이 되어**: 제자들 앞에 무릎 꿇고 발을

씻겨 주셨던 주님의 그 자세로, 먼저 산[先生] 사람으로
뒤따르는 사람들에게 욕이나 먹지 않기를 바랄 것이다.

19. **마지막 날에**: 언제, 어느 순간 부르시든, "예, 기다리고
있었습니다" 흔쾌히 털고 일어나 천사를 따라갈 수
있도록 살림살이를 줄이고 욕심을 줄일 것이다.

20. **오직 하나님의 영광을 위하여**: 내가 세상을 떠난 후
그곳엔 내 삶의 흔적이나 업적이 아니라 나를 사용하신
주님께 영광만 남겨지기를 기도할 것이다.

서둘 일도 아니다. 그렇다고 늦출 일도 아니다. 부족하고 흠이 많았던 나를 지금까지 붙드시고 잡아 주시고 이끌어 주셨던 그분의 속도에 맞추어 계속 나아갈 뿐이다. 내가 있는 이 자리를 움막으로, 내가 사는 이 세상을 사막으로 바꾸어 가면서 말이다. 그런 내게 사도 바울의 고백은 힘과 용기가 된다.

내가 이미 얻었다 함도 아니요
온전히 이루었다 함도 아니라.
오직 내가 그리스도 예수께 잡힌 바 된 그것을 잡으려고
달려가노라. (빌립보서 3:12)

2021년 12월 성탄절에
서울 외곽 칡고개 언덕 만보재에서
이덕주

주요 사막 교부 및 교모에 대하여

겔라시우스(Gelasius): 이집트의 금욕 수도자. 5세기 중반 닐로폴리스(Nilopolis) 대수도원장이 되었다. 그 시대 교리 논쟁에 적극적으로 참여했고 칼케돈의 유베날리우스(Juvenal) 주교를 지지하는 입장을 취했다.

다니엘(Daniel): 아르세니우스의 제자. 아르세니우스가 죽을 때 수도복과 털옷 그리고 신발을 그에게 남겼으나 "감히 그런 복을 받을 수 없다"며 거절했다.

디오스코루스(Dioscorus): 이집트 니트리아 수도사. 오리게네스와 테오필루스의 논쟁 때 오리게네스를 지지했고, 니트리아 부근 헤르모폴리스 주교가 되어 394년 콘스탄티노플 공의회에 참석했다. 오리게네스를 지지했다는 이유로 주교직에서 해임된 후 5세기 초에 별세했다.

롯(Lot): 이집트 콥트파 수도자. 파네피시스 요셉 압바의 제자로 아르세니우스의 친구였다. 아르시노에의 안토니와 가까운 곳에서 독수도생활을 했다. 대부분의 콥트파 수도사들처럼 그도 오리게네스의 가르침을 반대했다.

롱기누스(Longinus): 루키우스 압바의 제자이자 친구로 후에 루키우스의 뒤를 이어 에나톤 수도원 원장이 되었다. 에나톤 수도원은 이집트에서 가장 영향력 있는 수도원으로 6세기 단성론파 수도사들의 구심점이 되었다. 그는 단성론파를 이단으로 정죄한 칼케돈 공의회(451년)를 반대하는 수도사들의 모임을 이끌었다.

루키우스(Lucius): 시리아 출신 수도자. 후에 에나톤 수도원장이 되었다. 유키트파(Euchites)와 논쟁했다. 유키트파는 메소포타미아에서 시작되어 이집트와 시리아로 확대된 금욕주의 신앙집단으로 이원론적 입장에서 금욕생활을 하면서 '기도 외에는' 육적인 생활을 죄악시했다. 유키트파는 에베소 공의회(431년)에서 이단으로 정죄되었다.

마카리우스(Macarius of Alexandria): 296년 이집트 알렉산드리아에서 출생했다. 처음엔 낙타 상인으로 지내다가 출가하여 수도사가 되었다. 극단적인 금욕생활과 은둔 독수도를 했지만 사순절에는 반드시 파코미우스 압바를 찾아가 가르침을 받았다. 후에 켈스에서 사제로 지냈고 파프누티우스 등 제자를 두었다. 393년에 별세했다.

마카리우스(Macarius the Great): 300년경 이집트에서 출생했고 출가 전에는 니트레에서 낙타를 몰던 상인이었다. 사제로 서품을 받고 마을 근처에서 은둔 수도생활을 하던 중 부정한 마을 처녀의 모함으로 일 년간 주민들의 비난을 받았다. 오해가 풀린 후 스케티스 사막으로 들어가 수도생활을 시작했는데 안토니를 두 번 방문하여 가르침을 받았다. 초창기 스케티스 사막 교부 중 한 명으로 390년에 별세했다.

모세(Moese): 이집트 니트리아에서 강도짓을 하던 중 붙잡혀 노예로 지내다가 풀려나 스케티스로 들어가 수도사가 되었다. 사제였던 이시도레 압바에게 가르침을 받았고 후에 사제로 서품되었다. 마카리우스 압바의 조언을 듣고 페트라로 들어가 수도생활을 하다가 야만인들의 습격으로 일곱 수도사와 함께 순교했다.

베사리온(Bessarion): 391년 알렉산드리아의 파괴된 이교도 신전에서 수도생활을 하던 이코폴리스의 요한을 방문했다. 베사리온에 대한 일화는 그의 제자 둘라스(Doulas)에 의해 전해진다.

사라(Sarah): 이집트 펠루시아에서 금욕적인 독수도 생활을 했던 교모(암마). 그의 명성을 듣고 남자 수도사들도 방문하여 조언을 들었다.

시소에스(Sisoes): 스케티스에서 오르 압바와 함께 금욕적 수도생활을 했다. 357년 사라센인들의 약탈로 수도원이 황폐해진 후에도 그곳에 머물면서 시종이 피스피르에서 구해 온 양식으로 살았다. 안토니 압바가 별세한 후 스케티스를 떠났는데, 이유는 스케티스가 유명해져 사람들이 몰려든 까닭이었다. 스케티스를 떠난 후 안토니가 머물렀던 산으로 가서 72년간 지냈다.

신클레티카(Syncletica): 이집트 알렉산드리아 출생의 사막 교모(암마). 부요한 집안에서 출생했으나 일찍이 출가했고 금욕적인 수도생활로 명성이 높았다. 사막 교모 중에서 가장 많은 어록을 남겼다.

실바누스(Silvanus): 팔레스타인 출생으로, 이집트 스케티스에서 제자 일곱 명과 함께 수도원을 시작했다. 380년 제자들과 함께 시나이로 옮겼고 후에 시리아 가자 지역에 정착했다. 수도사들은 각자 처소에서 독수도 생활을 하다가 토요일과 주일에 교회로 모여 예배를 드리는 형태로 수도원을 운영했다. 414년 이전에 별세했으며 제자로는 마가와 자카리아스가 있다.

아가톤(Agathon): 젊은 시절에 출가하여 테바이드에서 포에멘 압바의 지도를 받았다. 포에멘은 그의 영성을 높이 평가하여 제자임에도 '압바'로 호칭했다. 후에 스케티스로 가서 아르세니우스의 제자가 될 조일루스, 알렉산더와 함께 생활했고 아문과 마카리우스, 요셉, 베드로 등과도 교류했다. 408년 스케티스가 이교도들에게 함락된 후에는 제자 아브라함과 함께 트로에 근처 나일 강변으로 가서 살았다.

아눕(Anoub): 포에멘 압바의 일곱 형제 중 한 명. 포에멘과 아눕, 파에시우스 삼 형제는 스케티스에서 포에멘을 지도자로 삼아 수도생활을 시작했고, 408년 스케티스가 이교도들에게 함락되자 테레누티스로 옮겨 가 수도원을 세우고 아눕이 원장 역할을 했다. 그것이 이집트 수도원 운동의 시작이 되었다.

아르세니우스(Arsenius): 360년경 로마의 명문 귀족 가문에서 출생. 학식이 풍부한 원로원 의원으로 테오도시우스 황제의 궁정에서 왕자들 교육을 맡았다. 394년 수도사가 되기로 결심하고 은밀하게 궁을 빠져나와 이집트 알렉산드리아로 피신했다가 스케티스 사막으로 들어가 키 작은(난쟁이) 요한 압바의 지도를 받으며 수도생활을 시작했고, 후에 스케티스 근방 페트라로 들어가 홀로 은둔생활을 했다. 침묵과 엄격한 수도생활로 일관했으며 스케티스가 이교도들에게 침략당하자 트로에 산으로 옮겨가 살다가 434년 그곳에서 숨을 거두었다. 그는 알렉산더와 조일루스, 다니엘을 제자로 두었다.

아문(Amoun of Nitria): 안토니, 파코미우스와 함께 3대 이집트 수도원 운동 설립자로 꼽힌다. 295년경 태어났고, 결혼 후 아내와 함께 살면서 18년 동안 순결을 지켰다. 330년 니트리아로 들어가 그곳의 첫 번째 수도자가 되었고 353년 별세했다.

아폴로(Apollo): 이집트 스케티스 수도자. 개종 전에는 목동이었는데 태중의 아기 모습을 보겠다며 임신한 여인의 배를 가를 정도로 잔인

하고 폭력적인 삶을 살았다. 출가 후에는 극기와 금욕적인 수도생활을 하면서 학식이 풍부했던 에바그리우스나 로마 귀족 출신 아르세니우스 등과 교류했다.

안토니(Anthony): '수도사의 아버지'로 불리는 안토니는 251년경 이집트 중부지방에서 부요한 농부의 맏아들로 출생했다. 18세 되던 269년경 부모를 모두 여의어 유산을 관리하고 누이동생을 돌봐야 하는 처지가 되었는데, 교회에 갔다가 "네 가진 것을 팔아 가난한 사람들에게 나눠 주고 너는 나를 따르라"라는 성경말씀을 듣고 그대로 실천했다. 처음엔 자기 마을 근처에서 은둔 수도자의 지도를 받으며 수도생활을 하다가 285년 무렵 혼자 사막으로 들어가 굴속에서 홀로 수도생활을 했다. 그에 대한 명성이 높아지자 가르침을 받으려는 제자들이 그 주변에 모이기 시작했고, 이에 305년 무렵 제자들과 공동체 생활을 하다가 5년 만에 다시 혼자 사막으로 들어갔다. 그는 두 차례 알렉산드리아를 방문했는데 한번은 아리우스와 논쟁하고 있던 아타나시우스 주교를 돕기 위해 방문했다. 그는 105세까지 살았고 사후 아타나시우스가 그의 전기를 썼다.

암모나스(Ammonas): 안토니 압바의 제자로 스케티스에 있다가 피스피르 산으로 옮겨 살았다. 후에 주교가 되었다.

에바그리우스(Evagrius): 345년경 소아시아 본도에서 출생. 그레고리 나지안주스에 의해 부제로 서품되었고 그레고리와 함께 콘스탄티노플 공의회에 참석했다. 382년 예루살렘으로 성지순례를 떠났다가 중병에 걸려 거기서 멜라니아 암마의 보살핌을 받았다. 383년 이집트로 가서 니트리아에서 2년간 수도생활을 했고 이후 켈리아에서 마카리우스의 제자로 10년간 지냈다. 학식과 금욕을 겸비한 수도자로 오리게네스 지지파의 구심점이 되었다. 400년에 별세했다.

에피파니우스(Epiphanius): 팔레스타인 출신으로 키프로스 주교가 되었다. 이집트로 가서 힐라리온 압바에게 지도를 받으면서 이집트 수도원 운동을 팔레스타인에 도입했다. 그의 수도원은 예루살렘과 가자 사이의 베산둑에 있었다. 수도사들에 관한 많은 책과 문서를 수집했다.

오르(Or): 이집트 니트리아에서 수도생활을 했다. 테오도레, 시소에스 등과 교류했으며 390년경 별세했다.

요셉(Joseph of Panephysis): 파네피시스에서 소수의 제자들과 함께 떨어져 살았다. 수도 초기에 포에멘 압바의 지도를 받았으며 그의 명성이 높아지자 많은 수도자가 찾아와 조언을 구했다.

요한(John the Dwarf): 선천성 왜소증으로 인해 '키 작은(난쟁이) 요한'으로 불렸다. 339년 이집트 테사 마을의 가난한 집안에서 출생했다. 18세 때 출가하여 스케티스에서 암모나스 압바에게 12년 동안 훈련받았다. 스케티스 사막에서 가장 영향력 있는 수도자 가운데 한 명이 되어 많은 제자들이 따랐으며 후에 사제로 서품되었다. 407년 수에즈로 옮겨 안토니가 거하던 산에서 살았다.

이시도레(Isidore the Priest): 사제였던 이시도레는 스케티스에서 마카리우스와 함께 수도생활을 시작한 것으로 알려져 있다. 그가 세운 수도원은 스케티스의 4대 수도원 중 하나였다.

자카리아스(Zacharias): 카리온 압바의 아들로 스케티스에서 자랐다. 스케티스의 성자 마카리우스와 모세에게 지도를 받았고 포에멘 압바는 일찍이 그의 영성을 알아보고 존경을 표했다. 젊어서 숨을 거둔 것으로 보인다.

제노(Zeno): 이집트 시나이에서 실바누스 압바의 제자로 수도생활을 시작했다. 이집트와 시리아, 팔레스타인 등지를 돌아다니며 수도생활을 하다가 후에 가자 지역에 정착했다. 451년부터 은둔생활에 들어가 숨을 거두기까지 아무도 만나지 않았다.

카시안(Cassian): 360년 팔레스타인에서 출생했고 베들레헴에서 수도생활을 시작했다. 친구인 게르마누스(Germanus)와 함께 이집트와 시리아를 방문하여 여러 수도사를 만났다. 그때 모은 자료들로 후에 《수도강령》(*Institutes*)과 《대화록》(*Conferences*)을 저술했다. 전자는 완전에 이르는 과정에서 넘어야 할 여덟 가지 장애물에 대해 설명하고 있으며, 후자는 그가 만난 이집트와 시리아 성자들과의 대화를 담고 있다. 이 책들을 통해 이집트와 시리아의 수도원 운동이 유럽에 알려졌는데, 특히 성 베네딕투스에게 깊은 영향을 끼쳤다. 415년 마르세이유 근처에 수도원 두 개를 세웠고 435년 별세했다.

크로니우스(Cronius): 285년 출생하여 처음엔 수도원에서 생활했다. 이후 이집트의 안토니를 찾아가 그의 헬라어 통역으로 지내면서 수도생활을 했다. 후에 니트리아에서 은둔 수도생활을 하던 중 사제로 서품되었다. 많은 제자가 따랐으며 386년경 별세했다.

테오도라(Theodora): 사막에서 금욕적인 수도생활을 했던 위대한 교모(암마) 중의 한 사람. 호민관의 아내였던 것으로 알려져 있으며 집과 재물을 포기하고 사막에 들어가 극빈생활을 하며 살다가 지중해 근처 에시카스에서 숨을 거두었다. 생존 시에 알렉산드리아 대주교 테오필루스를 비롯하여 많은 남성 수도자들이 그녀를 찾아와 조언을 구했다.

테오도레(Theodore of Enaton): 아문 압바의 제자로서 오르 압바와 함께 지냈다. 308년 알렉산드리아에서 서쪽으로 15킬로미터가량 떨어진 에나톤에 수도원을 세운 후 364년경까지 살았던 것으로 알려진다. 그가 세운 수도원은 4세기 말에 이르러 이집트에서 가장 대표적인 수도원이 되었다.

테오도레(Theodore of Pherme): 스케티스에서 마카리우스에게 수도사로 훈련을 받은 것으로 알려지고 있다. 학식이 풍부하고 겸손하여 사제로 서품을 받았으나 사제 직분을 두려워하여 도망쳤다. 스케티스가 이교도들에 의해 함락된 후 이집트 산악 지역인 페르메로 피신하여 살았다.

테오필루스(Theophilus the Archbishop): 4세기 말 수도사이자 알렉산드리아의 대주교. 오리게네스의 입장을 반대하여 그의 사상을 추종하는 수도사와 사제들을 니트리아와 켈스에서 추방했다. 오리게네스의 제자들과 치열한 논쟁을 벌였다. 그러나 412년 별세하기 전에 오리게네스파 수도사들과 화해했다.

파프누티우스(Paphnutius): 4세기 초에 출생하여 안토니 압바에게 영향을 받아 수도사가 되었고 이시도레와 마카리우스의 지도를 받았다. 처음엔 수도 공동체에서 생활하다가 후에 독수도를 했다. 홀로 있기를 좋아해서 '들소'라는 별명을 받았다. 카시안이 이집트를 방문했을 때 사막의 4대 수도원 원장으로 그를 맞이했다.

팜보(Pambo): 303년경 출생했다. 이집트 니트리아에서 아문과 함께 수도생활을 시작했다. 처음엔 문맹이었으나 수도자가 된 후 성경을 가르쳤으며 340년 사제가 되었다. 아타나시우스 주교의 부탁을 받고 알렉산드리아를 방문하기도 했다. 히에로니무스는 팜보를 마카리우스, 이시도레와 함께 3대 사막 교부로 꼽았다. 373년경 별세했다.

포에멘(Poemen): '목자'(the Shepherd)로 불렸던 포에멘은 4세기 말 안토니와 암모나스, 피오르, 팜보, 키 작은 요한 등과 함께 대표적인 스케티스 사막 교부로 활동했다. 포에멘에게 일곱 형제가 있었는데 포에멘과 아눕, 파에시우스 삼 형제가 스케티스에서 포에멘을 지도자로 삼아 수도생활을 시작했다. 408년 스케티스가 이교도들에게 함락되자 제자 일곱 명과 함께 스케티스를 떠났으며 테레누티스로 피신했던 키 작은 요한, 아가톤, 모세 등과 교류한 것으로 보인다. 《사막 교부 금언집》(*Apophthegmata patrum*)에는 포에멘과 관련된 내용이 제일 많은데 '포에멘'이라는 이름이 이집트에서는 흔한 이름이라 동명이인으로 활동했던 사막 교부들의 이야기가 포함되었기 때문으로 보인다.

피오르(Pior): 이집트 니트리아에서 안토니와 함께 살았다. 후에 사제가 되었다가 스케티스에서 독수도 생활을 했다.

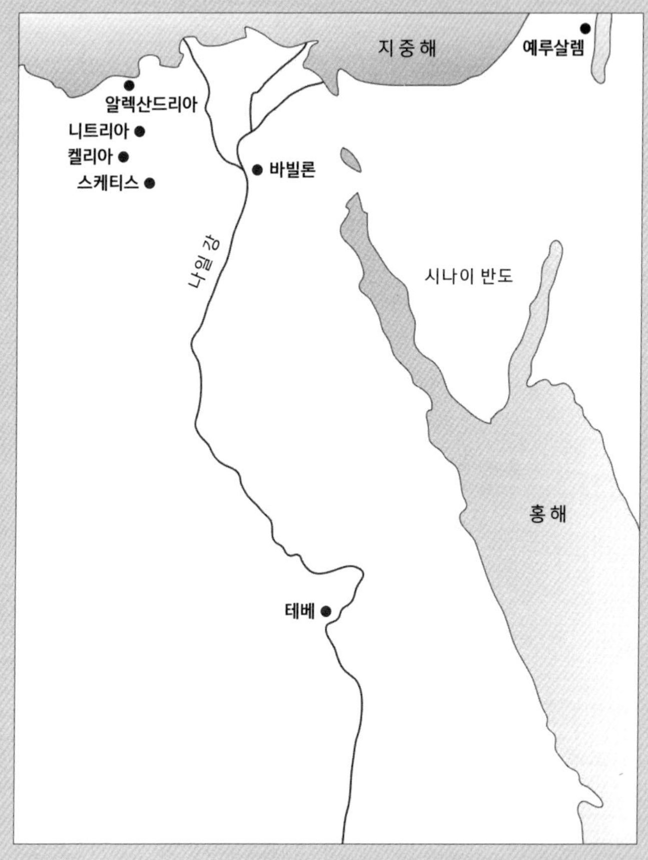

사막 교부와 교모의 주요 활동 지역

참고문헌

Benedicta Ward trans., *The Sayings of the Desert Fathers: The Alphabetical Collection*, Trappist: Cistercian Publications, 1975.

Benedicta Ward trans., *The Desert Fathers: Sayings of the Early Christian Monks*, London: Penguin Books, 1975.

Henri Nouwen, *The Way of the Heart: The Spirituality of the Desert Fathers and Mothers*, New York: HarperCollins Publishers, 1981.

Gregory Mayers, *Listen to the Desert: Secrets of Spiritual Maturity from the Desert Fathers and Mothers*, Chicago: Acta Publications, 1996.

Keith Beasley-Topliffe ed., *Writings of the Desert Fathers & Mothers*, Nashville: Upper Room Books, 2000.

Laura Swan, *The Forgotten Desert Mothers: Sayings, Lives, and Stories of Early Christian Women*, New York: Paulist Press, 2001.

William Harmless, *Desert Christians: An Introduction to the Literature of Early Monasticism*, London: Oxford Scholarship Online, 2004.

Mary Forman, *Praying with the Desert Mothers*, Collegeville: Liturgical

Press, 2005.

Philip G. Bochanski, *Wisdom of the Desert Fathers and Mothers: Ancient Advice for the Modern World*, Gastonia: TAN Books, 2006.

John Chryssavgis, *In the Heart of Desert: The Spirituality of the Desert Fathers and Mothers*, Bloomington: World Wisdom, 2008.

David G. R. Keller, *Desert Banquet: A Year of Wisdom from the Desert Mothers and Fathers*, Collegeville: Liturgical Press, 2011.

John Wortley ed., *The Anonymous Sayings of the Desert Fathers*, Cambridge: Cambridge University Press, 2013.

John Wortley ed., *Give Me a Word: The Alphabetical Sayings of the Desert Fathers*, New York: St Vladimir's Seminary Press, 2014.

John Wortley, *An Introduction to the Desert Fathers*, Cambridge: Cambridge University Press, 2019.

뻴라지오와 요한 엮음(요한 실비아 옮김), 《사막 교부들의 금언집》, 분도출판사, 1990.

노만 러셀 편역(이후정·엄성옥 옮김), 《사막 교부들의 삶》, 은성출판사, 1994.

베네딕타 워드 편역(조영숙 옮김), 《사막 교부들의 지혜》, 은성출판사, 1994.

베네딕타 워드 편역(이후정·엄성옥 옮김), 《사막 교부들의 금언》, 은성출판사, 1995.

콜룸바 스튜어트 편역(이후정 옮김), 《사막 교부들의 세계》, 은성출판사, 1995.

유시 노무라 엮음(이미림 옮김), 《사막의 지혜: 사막 교부들의 말씀》, 분도출판사, 1999.

안셀름 그륀(정하돈 옮김), 《하늘은 네 안에서부터: 오늘 우리에게 들려오는 사막 교부들의 지혜》, 분도출판사, 2002.

뤼시앵 레뇨(허성석 옮김), 《사막 교부 이렇게 살았다》, 분도출판사, 2006.

장 끌로드 귀 엮음(남성현 옮김), 《사막 교부들의 금언집》, 두란노아카데

미, 2011.
토머스 머튼 엮음(안소근 옮김), 《사막의 지혜: 4세기 사막 교부들의 말씀》, 바오로딸, 2011.
허성석 엮음, 《수도영성의 기원》, 분도출판사, 2015.
동방 교회의 수도승(연숙진 옮김), 《예수기도: 사막 교부들이 체험한 기적의 기도》, 보누스, 2015.
베네딕타 워드 엮음(허성석 옮김), 《사막 교부들의 금언: 알파벳순 모음집》, 분도출판사, 2017.
베네딕타 워드 엮음(엄성옥 옮김), 《사막 교부들의 금언》, 은성출판사, 2017.
유재경, 《사막 교부 영성 톺아보기》, 기독교문서선교회, 2017.
플라시드 드세유(허성석 옮김), 《사막에서 피어난 복음》, 분도출판사, 2019.
로완 윌리엄스(민경찬·이민희 옮김), 《사막의 지혜: 로완 윌리엄스의 사막 교부 읽기》, 비아, 2019.

깨달음은 더디 온다

말씀에서 말씀으로 살아 낸 사막 교부와 교모의 인생 가르침

초판 1쇄 발행 2022년 2월 10일

지은이 사막 교부와 교모
엮은이 이덕주
펴낸이 이현주
책임편집 한수경 이현주
디자인 김진성
펴낸곳 사자와어린양
출판등록 2021년 5월 6일 제2021-000059호
주소 (03140) 서울시 종로구 삼일대로 428, 5층 500-28호(낙원동, 낙원상가)
전화 010-2313-9270 **팩스** 02)747-9847
이메일 sajayang2021@gmail.com **홈페이지** https://sajayang.modoo.at

ISBN 979-11-976063-2-8 03230